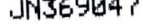

나만의 여행을 찾다보면 빛나는 순간을 발견한다.

잠깐 시간을 좀 멈춰봐.
잠깐 일상을 떠나 인생의 추억을 남겨보자.
후회없는 여행이 되도록
순간이 영원하도록
Dreams come true.

**Right here.
세상 저 끝까지 가보게**

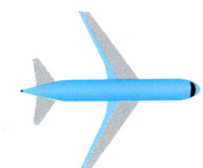

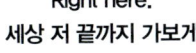

New normal

뉴 노멀^{New normal} 이란?

흑사병이 창궐하면서 교회의 힘이 약화되면서 중세는 끝이 나고, 르네상스를 주도했던 두 도시, 시에나(왼쪽)와 피렌체(오른쪽)의 경쟁은 피렌체의 승리로 끝이 났다. 뉴 노멀 시대가 도래하면 새로운 시대에 누가 빨리 적응하느냐에 따라 운명을 가르게 된다.

전 세계는 코로나19 전과 후로 나뉜다고 해도 누구나 인정할 만큼 사람들의 생각은 많이 변했다. 이제 코로나 바이러스가 전 세계로 퍼진 상황과 코로나 바이러스를 극복하는 인간의 과정을 새로운 일상으로 받아들여야 하는 뉴 노멀New normal 시대가 왔다.

'뉴 노멀New normal'이란 시대 변화에 따라 과거의 표준이 더 통하지 않고 새로운 가치 표준이 세상의 변화를 주도하는 상태를 뜻하는 단어이다. 2008년 글로벌 금융위기를 겪으면서 세계 최대 채권 운용회사 핌코PIMCO의 최고 경영자 모하마드 엘 에리언Mohamed A. El-Erian이 그의 저서 '새로운 부의 탄생When Markets Collide'에서 저성장, 규제 강화, 소비 위축, 미국 시장의 영향력 감소 등을 위기 이후의 '뉴 노멀New normal' 현상으로 지목하면서 사람들에게 알려졌다.

코로나19는 소비와 생산을 비롯한 모든 경제방식과 사람들의 인식을 재구성하고 있다. 사람 간 접촉을 최소화하는 비대면을 뜻하는 단어인 언택트Untact 문화가 확산하면서 기업, 교육, 의료 업계는 비대면 온라인 서비스를 도입하면서 IT 산업이 급부상하고 있다. 바이러스가 사람간의 접촉을 통해 이루어지므로 사람간의 이동이 제한되면서 항공과 여행은 급제동이 걸리면서 해외로의 이동은 거의 제한되지만 국내 여행을 하면서 스트레스를 풀기도 한다.

소비의 개인화 추세에 따른 제품과 서비스 개발, 협업의 툴, 화상 회의, 넷플릭스 같은 홈 콘텐츠가 우리에게 다가오고 있으며, 문화산업에서도 온라인 콘텐츠 서비스가 성장하고 있다. 기업뿐만 아니라 삶을 살아가는 우리도 언택트Untact에 맞춘 서비스를 활성화하고 뉴 노멀New normal 시대에 대비할 필요가 있다.

뉴 노멀(New Normal) 여행

뉴 노멀New Normal 시대를 맞이하여 코로나 19이후 여행이 없어지는 일은 없지만 새로운 여행 트랜드가 나타나 우리의 여행을 바꿀 것이다. 그렇다면 어떤 여행의 형태가 우리에게 다가올 것인가? 생각해 보자.

■ 장기간의 여행이 가능해진다.

바이러스가 퍼지는 것을 막기 위해 재택근무를 할 수 밖에 없는 상황에 기업들은 재택근무를 대규모로 실시했다. 그리고 필요한 분야에서 가능하다는 사실을 알게 되었다. 재택근무가 가능해진다면 근무방식이 유연해질 수 있다. 미국의 실리콘밸리에서는 필요한 분야에서 오랜 시간 떨어져서 일하면서 근무 장소를 태평양 건너 동남아시아의 발리나 치앙마이에서 일하는 사람들도 있다.

이들은 '한 달 살기'라는 장기간의 여행을 하면서 자신이 원하는 대로 일하고 여행도 한다. 또한 동남아시아는 저렴한 물가와 임대가 가능하여 의식주가 저렴하게 해결할 수 있다. 실리콘밸리의 높은 주거 렌트 비용으로 고통을 받지 않지 않는 새로운 방법이 되기도 했다.

■ 자동차 여행으로 떨어져 이동한다.

유럽 여행을 한다면 대한민국에서 유럽까지 비행기를 통해 이동하게 된다. 유럽 내에서는 기차와 버스를 이용해 여행 도시로 이동하는 경우가 대부분이었지만 공항에서 차량을 렌트하여 도시와 도시를 이동하면서 여행하는 것이 더 안전하게 된다.

자동차여행은 쉽게 어디로든 이동할 수 있고 렌터카 비용도 기차보다 저렴하다. 기간이 길면 길수록, 3인 이상일수록 렌터카 비용은 저렴해져 기차나 버스보다 교통비용이 저렴해진다. 가족여행이나 친구간의 여행은 자동차로 여행하는 것이 더 저렴하고 안전하다.

소도시 여행

여행이 귀한 시절에는 유럽 여행을 떠나면 언제 다시 유럽으로 올지 모르기 때문에 한 번에 유럽 전체를 한 달 이상의 기간으로 떠나 여행루트도 촘촘하게 만들고 비용도 저렴하도록 숙소도 호스텔에서 지내는 것이 일반적이었다. 하지만 여행을 떠나는 빈도가 늘어나면서 유럽을 한 번만 여행하고 모든 것을 다 보고 오겠다는 생각은 달라졌다.

유럽을 여행한다면 유럽의 다양한 음식과 문화를 느껴보기 위해 소도시 여행이 활성화되고 있었는데 뉴 노멀New Normal 시대가 시작한다면 사람들은 대도시보다는 소도시 여행을 선호할 것이다. 특히 유럽은 동유럽의 소도시로 떠나는 여행자가 증가하고 있었다. 그 현상은 앞으로 증가세가 높을 가능성이 있다.

■ 호캉스를 즐긴다.

타이완이나 동남아시아로 여행을 떠나는 방식도 좋은 호텔이나 리조트로 떠나고 맛있는 음식을 먹고 나이트 라이프를 즐기는 방식으로 달라지고 있다. 이런 여행을 '호캉스'라고 부르면서 젊은 여행자들이 짧은 기간 동안 여행지에서 즐기는 방식으로 시작했지만 이제는 세대에 구분 없이 호캉스를 즐기고 있다. 유럽에서는 아프리카와 가까운 지중해의 몰타가 호캉스를 즐기기 좋은 곳으로 유럽여행자들에게 인기를 끌고 있다.

코로나 바이러스로 인해 많은 관광지를 다 보고 돌아오는 여행이 아닌 가고 싶은 관광지와 맛좋은 음식도 중요하다. 이와 더불어 숙소에서 잠만 자고 나오는 것이 아닌 많은 것을 즐길 수 있는 호텔이나 리조트에 머무는 시간이 길어졌다. 심지어는 리조트에서만 3~4일을 머물다가 돌아오기도 한다.

Contents

뉴 노멀이란? | *2*

Intro | *14*

ABOUT 이탈리아 | *16*
한눈에 보는 아일랜드
아일랜드 지도
아일랜드 사계절
아일랜드 여행 잘하는 방법
아일랜드 여행이 매력적인 6가지 이유
더블린 공항에서 나와 처음 해야 할 일

아일랜드 여행 꼭 필요한 INFO | *46*
아일랜드를 인기 관광지로 만든 TV와 영화
아일랜드여행에서 알면 더 좋은 지식
아일랜드 여행 밑그림 그리기
패키지여행 VS 자유여행
아일랜드 현지 여행 물가
아일랜드 숙소에 대한 이해 / 호스텔 지도
아일랜드 캠핑여행 / 캠핑장 지도
아일랜드 여행 계획 짜는 방법 / 추천 일정
현지여행 물가 / 아일랜드 여행 비용
아일랜드 여행 복장
여행 준비물
쇼핑
비스킹의 천국 아일랜드
렌트카 예약하기 / 운전

아일랜드 한 달 살기 | 90

솔직한 한 달 살기
한 달 살기의 디지털 노마드
한 달 살기의 대중화
한 달 살기는 삶의 미니멀리즘이다.
경험의 시대
또 하나의 공간, 새로운 삶을 향한 한 달 살기

아일랜드 | 108

아일랜드 IN
공항 미리보기
공항에서 시내 IN
다른 아일랜드 도시에서 더블린 IN
아일랜드 렌트카

더블린 | 118

아일랜드 더블린 IN
더블린 공항 / 공항에서 시내 IN
지도
한눈에 더블린 파악하기
시내교통
시티투어버스 / 핵심 도보여행

오코넬 거리
한눈에 파악하기 / 지도

볼거리
작가 박물관 / 메모리얼 파크 / 중앙 우체국 / 오코넬 거리 / 중앙 시장
스파이어 첨탑 / 오코넬 다리 / 그랜드 운하 / 도크랜드 / 컨벤션 센터
보드 가이스 에너지 씨어터 / 사무엘 베켓 다리
EATING
리피 강을 따라 찾아가는 아일랜드 역사체험

트리니티 칼리지 & 그래프톤 거리
볼거리
트리니티 칼리지(트리니티 칼리지 가이드 투어) / 켈트 복음서 / 몰리말론 동상
그래프톤 거리 / 성 스테판 정원 / 더블린 시청 / 메리온 스퀘어
About 트리니티 칼리지(Trinity College) 가이드 투어
입장료가 무료인 더블린 박물관

템플 바
템플바의 진실 or 거짓
EATING
더블린 라이브 음악
라이브 뮤직의 천국
밤의 좀비들

역사지구
볼거리
더블린 성 / 킬마인햄 감옥
더블린의 대표적인 성당 BEST 2
더블린의 대표적인 공원
더블린의 대표적인 양조장 BEST 2
SLEEPING
제임스 조이스 센터

더블린 근교
볼거리
호스 / 브레이 / 달키 / 킬데어 빌리지 아울렛
더블린 당일치기 투어

남부 아일랜드 | *208*

킬케니
한눈에 보는 킬케니 역사 / 한눈에 킬케니 파악하기
볼거리
킬케니 성 / 킬케니 산책로 / 스미스 윅 맥주 양조장 / 세인트 케이니스 성당

코크
한눈에 보는 코크 역사 / 남부 여행 1일 코스 / 코크 워크 / 시티투어버스
볼거리
잉글리쉬 마켓 / 성 패트릭 다리 / 성 패트릭 거리 / 세인트 핀바 대성당
성 피터와 폴 교회 / 세인트 앤 교회 / 크로퍼드 아트 갤러리 / 피츠제럴드 공원
코크 대학교 / 루이스 글럭스맨 갤러리 / 검은 바위 성 / 코크 시 감옥
조지버나드 쇼

코브
코브라는 이름의 변천사 / 코브의 대기근 역사 / 타이타닉의 마지막 기항지
퀸스타운 스토리 / 한눈에 코브 파악하기
볼거리
세인트 콜먼 대성당 / 퀸스타운 스토리 헤리티지 센터 / 타이타닉 익스피리언스 코브
코브 박물관 / 유령투어 / 밝은 색채로 꾸며진 집들
아일랜드 엑티비티 Best 6
블라니 성

딩글반도
볼거리
인치 비치 / 딩글 타운 / 비하이브 허츠 / 슬리 헤드 / 갈라루스 예배당 / 던퀸
딩글 반도의 양떼들
리머릭

링 오브 케리
볼거리
킬라니 국립공원 / 킬라니 / 토르크 폭포 / 머크로스 하우스 & 수도원 / 로스 캐슬
던로 계곡 / 켄메어 / 이베라 반도 / 스켈리그 마이클 / 카허시빈
와일드 아틀란틱 웨이

골웨이 | *276*
골웨이 사계절 / 다양한 축제 / 골웨이 IN / 지도
볼거리
에어 광장
Eating

라틴지구
볼거리
오스카 와일드 & 에두아르도 빌데 동상 / 린치 캐슬 / 린치 메모리얼
세인트 니콜라스 교회 / 스페인 아치 / 로스트 마리너스 메모리얼 / 골웨이 시립 박물관
솔트힐 비치와 산책로 / 골웨이 항구 / 골웨이 대성당 / 키란스 레인
골웨이 국립 대학교
EATING
골웨이에서 당일치기로 다녀올 수 있는 투어(모허 절벽)

서부 아일랜드 | *310*

아란 섬

코네마라 국립공원
토탄 산지
볼거리
애슈포드 캐슬 호텔 / 콩 / 킬라리 / 카일모어 수도원
크로크 패트릭 / 발린투버 아비

슬라이고
한눈에 슬라이고 파악하기
볼거리
예이츠 메모리얼 빌딩 / 릴리 & 롤리 카페
성모 마리아 축일 성당 / 대기근 가족동상 / 슬라이고 수도원

슬라이고 근교
슬라이고 주 관광지
볼거리
로세스 포인트 / 글렌카 폭포 / 길 호수 / 파크 성 / 물라모어 / 스트레다 / 카로모어
스트레다 스트랜드 / 리사델 하우스

북부 아일랜드 | *336*

벨파스트
About 북아일랜드 / 사계절
1박 2일 코스
볼거리
벨파스트 시청 / 퀸즈 대학교 / 벨파스트 식물원 / 모자이크 물고기 / 그랜드 오페라 하우스
알버트 메모리얼 시계탑 / 세인트 앤 성당 / 타이타닉 벨파스트 / SS 노마딕
벨파스트 성 / 케이브 언덕 컨트리 공원 / 세인트 조지 마켓 / 메트로폴리탄 아트 센터
세인트 말라키 교회 / 크럼린 로드 교도소 / 스토몬트 국회의사당 / 평화의 벽
런던데리

자이언츠 코즈웨이
자이언트 코즈웨이 투어 순서 / 위스키
왕좌의 게임 지도 / 아일랜드 음악

Intro

더블린은 그동안 빈곤의 도시로 말하곤 했다. 그러나 지금 더블린을 자연과 낭만이 있는 활기찬 도시라고 이야기한다. 화려해진 빌딩 앞에는 18세기 아일랜드의 가난한 이민자 모습을 담은 동상이 가난한 더블린을 상징적으로 보여준다. 18세기 후반의 감자기근으로 수많은 아일랜드 인들이 고향을 버리고 이민을 떠날 수밖에 없었던 과거와 외자유치로 경제가 성장한 더블린의 발전된 상반된 모습이 두 눈에 동시에 들어온다.

현재, 현대적인 빌딩과 각종 상점이 즐비한 더블린에는 활기차게 시민들이 오고간다. 오래된 아일랜드적인 성당과 대학, 성 등의 건물에서 힘들었던 역사와 그들의 고된 삶을 느낄 수 있을 것만 같다. 우거진 나무가 둘러싼 공원과 신선한 공기는 미세먼지로 가득찬 서울의 뿌연 하늘과 대비되어 소중하게 느껴진다.

낭만을 좋아하는 아일랜드 인들은 음악을 사랑하여 어디서나 골목의 펍PUB에서 하루의 피로를 풀고 아일랜드의 정서가 품은 리듬을 들을 수 있다. 특히 더블린에서 절절한 중세 역사와 문화, 즐거운 웃음을 쉽게 들을 수 있다.

아일랜드는 여름에도 더위가 심하지 않아서 저녁식사를 하고 바람 부는 리피 강을 따라 걸으면 불어오는 바람이 여행자의 피곤을 덜어주기도 한다. 50센트의 통행료를 받았다고 이름 붙여진 하페니Half Penny 다리의 조명이 더블린의 야경을 대변한다. 다리를 건너 둘러보다 쉬고 싶은 시점에 펍을 방문해 목도 축이고 즐기다 보면 여행자의 하루는 금방 지나간다.

찰랑이는 대서양의 파도 따라 작은 마을을 서핑하며 자연과 문화를 느낄 수 있는 곳, 아일랜드는 가난한 시대를 지나 호황으로 21세기를 살아가고 있다. 정복, 기근, 신대륙 이주로 요약되는 역사를 지

나면서 이들은 놀랄 만한 친절함과 냉소적인 태도를 모두 가지게 되었고 블랙 유머의 감각이 생겨났다. 예이츠, 오스틴 와일드, 제임스 조이스 등 문학가들의 출생지인 더블린은 실제 유네스코가 지정한 문학 도시이다. 인구수대비 노벨 문학상을 가장 많이 배출한 아일랜드는 다양한 종류의 도서와 서점을 만날 수 있다.

아주 오래된 영화인 '원스'의 촬영지인 아일랜드는 음악을 사랑하는 전 세계인들을 끌어모으는 버스킹의 천국이다. TV 프로그램인 '비긴 어게인'도 아일랜드의 많은 도시의 거리 곳곳에서 다양한 음악을 버스킹하기도 하였다. 예이츠가 아일랜드의 와인이라고 했던 기네스 맥주는 흑맥주의 본고장으로 기네스의 역사부터 제조과정까지 모든 것을 만날 수 있다.

ABOUT
아일랜드

아일랜드 국민은 일반적으로 인종에 대한 편견이나 차별이 거의 없으며 외국인에 대해서도 우호적이며 개방적이다. 아일랜드 민족과 문화에 대한 자부심이 매우 강하다.

Ireland

정보 기술의 강국

아일랜드는 영국 바로 옆에 있는 작은 섬나라이다. 옛날에는 강대국인 영국의 지배를 오랫동안 받았다. 농사를 짓기 힘든 척박한 땅이라서 먹을 것이 모자라 굶주리는 등 옛날부터 많은 고난을 겪어 온 나라이다. 하지만 온갖 고난을 이겨 내고 국민들이 열심히 노력해서 정보 기술 산업이 발전하면서 지금은 국민 한 사람당 소득이 세계에서 손꼽힐 정도로 높은 잘사는 나라가 되었다. 아일랜드의 부를 상징하는 스파이어스 탑은 더블린의 부를 상징하고 있다.

뛰어난 정보 기술

아일랜드 정부와 국민들은 부가 가치가 높은 정보 기술 산업이 발전할 수 있도록 힘을 모아 노력했다. 그 결과 외국의 세계적인 정보 기술 기업들이 아일랜드에 많이 투자하게 되었다. 공장을 새로 짓고 새로운 일자리가 생겨나는 등 경제가 크게 발전했다.

문학과 음악을 사랑하는 사람들

아일랜드는 1100년대부터 오랫동안 영국의 지배를 받았다. 혹독한 지배 기간 동안 아일랜드인들은 글을 쓰고 노래를 부르면서 어려움을 이겨냈다. 그래서 아일랜드에는 노벨문학상을 받은 시인 예이츠, 소설가 조지 버나드 쇼, 조너선 스위프트(걸리버 여행기), 그리고 제임스 조이스 등 세계적으로 유명한 작가들이 많다.

아일랜드에는 직업적으로 노래를 부르는 '민스트랄'이라는 사람들이 아일랜드 전통 민요를 불러 왔다. 이 민요를 바탕으로 1800년대에는 영국에 맞서 아일랜드의 정신을 지키자는 문화 운동이 일어나기도 했다. 오늘날에도 아일랜드는 U2, 크린베리스, 엔야 등 세계적으로 유명한 대중음악 가수를 많이 배출했다.

■ 펍(Pub)문화

아일랜드 인들은 저녁 해가 질 무렵 펍Pub을 찾아가 맥주 한잔을 시켜 놓고 친구들과 어울리며 하루의 이야기를 한다. 길거리에서 마주치면 이야기하기 어려운 것도 펍Pub에서 완전 무장 해제되어 서로 인간적인 모습을 볼 수 있다.

펍Pub은 보통 오전 12시~오후 12시 사이에 영업을 하는데 마지막 술 주문 시간을 알리는 종은 대개 문 닫기 15분 전에 울린다. 아일랜드를 비롯해 유럽 어디에도 우리처럼 밤새도록 마시지는 않으니 참고하자. 목은 컬컬한데 돈은 없고 시원하게 맥주를 마시고 싶은 여행자는 절반의 맥주만 주문해도 된다. 하프Half만 시켜도 결코 눈치주지 않는다.

드넓은 초원이 펼쳐진 섬나라

북부 지역은 영국인들이 많이 이주해 와서 영국 땅이 되었다. 최근까지 이곳에서는 영국인과 아일랜드 인 사이에 분쟁이 일어나기도 했다. 아일랜드는 땅이 평평하고 가장 높은 봉우리도 높이가 1,040m정도이다. 국토의 대부분이 넓은 초원으로 덮여 있다고 해서 아일랜드는 '초록 섬'이라고 불리기도 한다.

초원에서는 소와 양을 키우는 드넓은 초원이 무려 국토의 4분의 3에 이른다. 아일랜드는 몽골보다 더 북쪽에 있는 나라이다. 그렇지만 맥시코 난류와 서쪽에서 불어오는 바람의 영향으로 1년 내내 날씨가 따뜻하다. 가장 추운 달의 평균 기온이 섭씨 5도를 웃돌아서 겨울에도 눈을 구경하기가 힘들다.

한눈에 보는 아일랜드

- ▶**국명** | 아일랜드 공화국
- ▶**인구** | 약 416만 명
- ▶**위치** | 영국 서부(북위 51.5~55.5도, 서경 5.5~10.5도)
- ▶**면적** | 70,282㎢(한반도의 약 1/3)
- ▶**수도** | 더블린(Dublin)
- ▶**종교** | 가톨릭(93%), 개신교(3.4%), 성공회(2.8%)
- ▶**화폐** | 유로
- ▶**언어** | 아일랜드어(게일어), 영어
- ▶**인종** | 아일랜드 인
- ▶**시차** | 9시간 늦음
  (서머타임 적용기간인 3월 마지막, 토요일~10월 마지막 토요일 : 8시간 차)
- ▶**콘센트** | 3구 방식의 콘센트로 사용 시 별도의 변환, 콘센트 필요

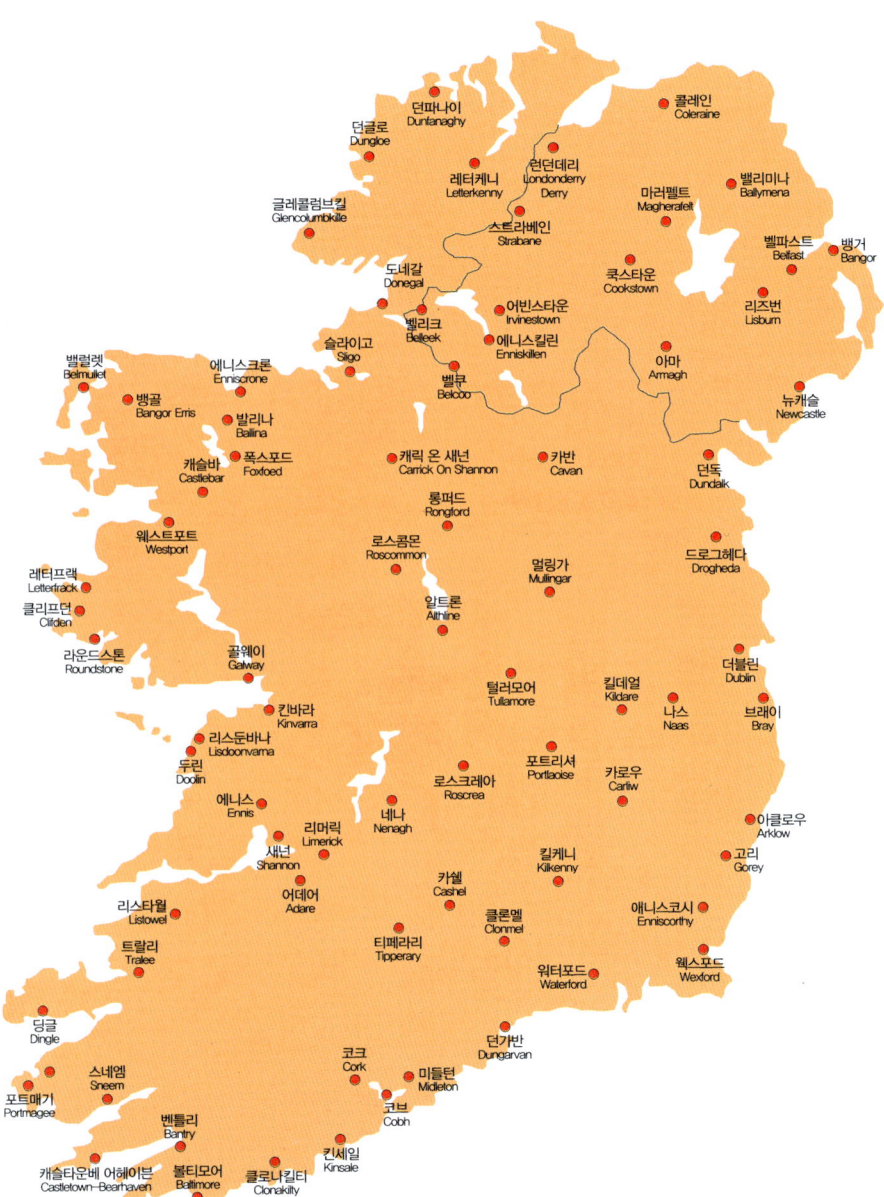

아일랜드 사계절

아일랜드는 연평균 기온이 10℃로 온화하다. 여행하기 좋은 계절은 성 패트릭 축일인 3월 17일 전후 1주일씩과 여름인 7~8월이 가장 날씨가 좋다. 서해안과 동해안은 상대적으로 온화하지만, 금방 흐리고 비바람이 몰아치기도 하는 등 종잡을 수 없는 기후다.

연중 고루 비가 오나, 전체 강우량의 60% 정도가 12월에서 1월까지의 기간에 내리며, 4월에서 6월에 비가 가장 적다. 중앙 저지대의 연평균 강수량은 750~1,000㎜이지만, 서부 일부 지역은 1,000~1,250㎜이며, 산악지대는 2,000㎜ 이상인 곳도 있다.

봄 Spring

온난한 편이지만 비와 안개가 자주 끼고 평균 10℃ 이상을 유지한다. 연중 1,000mm정도의 강수량을 보인다. 봄에는 특히 변화무쌍한 날씨에 대비하기 위해 추위와 비를 막아줄 외투는 필수다. 강우량은 4~6월에 가장 적다.

여름 Summer

여름에는 화창하고 무덥지 않아 여행하기에 좋은 날씨이다. 평균 25℃ 내외로 선선하지만 북대서양 해류의 영향으로 겨울이 같은 위도의 다른 곳에 비해 온난하다. 한여름 낮에는 덥다가 저녁만 되도 바로 긴 겉옷을 꺼내 입어야 할 만큼 비가 오는 변화무쌍한 날씨가 나타나기도 한다.

가을
Autumn

가을은 의외로 비가 많이 오기 때문에 춥다고 느끼기 쉽다. 비가 많이 오고 축축한 날씨로 체감온도가 낮으니 여행에서 날씨를 미리 확인하고 겉옷을 확인하고 출발하는 것이 좋다.

겨울 Winter

1~2월은 평균 4~8˚, 7~9월은 14~16˚이고 일조량은 6~8월이 가장 많고 12~1월에 가장 적다. 아일랜드의 근해는 위도에 비해 수온이 높은데, 멕시코 만류의 영향 때문이다. 강설량은 적은 편으로 겨울에 일부 고지대에 한두 번 눈이 내린다.

유럽 대륙의 북서쪽에 위치한 섬나라로 북쪽의 온난한 걸프 해류의 영향으로 겨울에도 영하로 떨어지는 경우는 많지 않다. 눈도 많이 내리지 않지만 가끔 폭설이 내리기도 한다. 겨울에는 비가 자주 오고, 바람이 강하게 불어 실제 온도보다 훨씬 춥게 느껴질 수 있다.

아일랜드 여행 잘하는 방법

아일랜드는 우리에게 생소한 나라이다. 여행자들이 아이슬란드로 여행을 많이 가면서 아일랜드와 혼동하는 경우도 발생할 만큼 아직 모르는 여행자가 많지만 2016년 jtbc 음악프로그램에서 아일랜드가 소개되면서 알려졌다. 당연히 아일랜드 여행을 어떻게 해야 할지 모르겠다는 질문을 받게 된다. 아일랜드는 잉글랜드 섬 왼쪽에 있는 작은 섬이다.

잉글랜드의 지배를 받았지만 20세기 초에 독립을 하고 지금은 잘사는 나라로 탈바꿈했다. 이런 아일랜드를 여행하는 것은 기존의 유럽여행과는 여행의 방식이 다르다. 여행을 떠나기 전 감이 잘 오지 않는 여행지가 아일랜드일 수 있다. 아일랜드 여행을 잘하는 방법을 알아보자.

■ 아일랜드는 거점도시인 더블린에서 여행이 시작된다.

아일랜드는 더블린 공항이 있지만 대한민국에서 직접 오는 항공사는 없다. 영국의 수도인 런던으로 입국해 다시 저가항공을 타고 더블린으로 이동을 하든지, 영국항공을 이용해 런던을 경유해 가든지 해야 한다. 페리를 타고 아일랜드로 가는 방법이 있지만 선호되는 수단은 아니다. 더블린으로 이동해 여행을 하려고 해도 몇 일정도의 여행기간 정도를 여행할지 모르겠다는 이야기를 많이 한다. 먼저 여행 일정이 정해져야 한다. 그래야 여행하는 도시와 여행코스가 정해진다.

■ 여행자의 숙소는 더블린 구시가지에 정하자.

더블린에서 살아가는 현지인과 여행자는 위치가 다르다. 아일랜드의 각 도시는 현지인이 살아가는 곳은 도시가 개발되면서 도시 외곽의 새롭게 형성된 뉴타운New Town에 집을 구하는 것이 현지인이다. 여행자는 도시를 여행해야 하기 때문에 도시의 중심부에 숙소가 있어야 여행을 쉽게 할 수 있다. 그러므로 숙소는 걸어서 관광지를 여행할 수 있는 위치에 정해야 여행경비도 줄일 수 있다. 많은 숙소는 가든Gardens 스트리트에 몰려 있다.

■ 아일랜드 각 도시는 걸어서 여행할 수 있다.

더블린이 유일한 대도시라고 해도 도시의 규모가 생각보다 크지 않다. 아일랜드에서 가장 큰 도시인 더블린도 시내 중심은 대부분 걸어서 다닐 수 있는 거리에 있다.

더블린의 탬플바Temple Bar에서 시내 중심부를 지나 도시전체를 약 2~3시간 정도면 다닐 수 있다. 각 도시의 대부분을 걸어서 다닐 수 있기 때문에 걸어서 여행하는 코스를 준비해 다니면 어렵지 않다.

■ 아일랜드의 더블린을 제외하면 투어나 렌트카를 이용해야 한다.

아일랜드 도시에서 여행을 하고 나면 다른 아일랜드 지역은 상당히 멀고 대중교통이 잘 되어 있지 않기 때문에 쉽게 이동할 수 없다. 그래서 투어회사들이 근교의 관광지를 매일 투어를 운영한다. 투어여행비는 저렴하지 않기 때문에 여행 전에 미리 경비를 확인해 준비해 두어야 여행경비에서 부족해지지 않는다.

요즈음 늘어나는 것이 렌트카를 이용해 여행하는 것이 다른 추세이기는 하지만 운전방향이 다른 아일랜드에서의 운전은 처음에 조심해야 한다. 대한민국 관광객이 아일랜드에서 운전은 쉽지 않을 수도 있다. 운전방향이 익숙해지면 도시 근교의 여행지는 렌트카로 여행하는 것이 투어상품을 이용하는 것보다 훨씬 저렴하다. 버스를 이용해 여행하는 것이 쉽지 않고 시간이 상당히 오래 소요되므로 렌트카가 편리하다.

마트를 이용해 여행경비를 절감할 수 있다.

아일랜드의 물가는 대한민국보다 상당히 비싸다. 물가가 영국과 비슷하다고 생각하면 이해가 쉽게 된다. 숙박은 되도록 현지인의 아파트에서 숙박하면서 대형마트에서 미리 여행 물품을 구입해 냉장고에 두고 활용하면 여행경비가 줄어들 수 있다. 외국음식이 특히 입맛에 맞지 않는 여행자라면 미리 한국음식을 준비해 오는 것이 좋다.

■ '관광지 한 곳만 더 보자는 생각'은 금물

아일랜드의 각 도시는 크지 않다. 물론 사람마다 생각이 다르겠지만 도시를 여행하면서 바쁘게 다니지 않아도 아일랜드의 각 도시 전체를 여유롭게 볼 수 있다.
자신에게 주어진 휴가기간 만큼 행복한 여행이 되도록 여유롭게 여행하는 것이 좋다. 허둥지둥 서둘러 다니다 소지품을 잃어버리거나 다시 런던으로 돌아가 대한민국으로 귀국하는 비행기를 놓치는 경우도 발생한다. 한 곳을 덜 보겠다는 심정으로 여행한다면 오히려 더 여유롭게 여행을 하고 만족도도 더 높을 것이다.

▧ 아는 만큼 보이고 준비한 만큼 만족도가 높다.

아일랜드 여행은 각 도시의 특징과 관광지에 대한 기본적인 기초 역사지식이 필요하다. 여행 중에 보는 도시와 관광지에 대한 정보는 알고 여행하는 것이 만족도가 높다. 아일랜드의 독특하고 이국적인 장엄한 자연을 보면서 힐링Healing을 한다고 오랜 시간 한 장소에 머무는 대한민국 여행자는 많지 않다. 그런데도 아무런 준비 없이 와서 여행을 제대로 못했다고 푸념을 한다고 해결되지 않는다. 여행하는 도시와 관련한 정보는 습득하고 여행을 떠나는 것 필요하다. 아는 만큼 만족도가 높은 여행지가 아일랜드이다.

아일랜드 여행이 매력적인 6가지 이유

■ 아일랜드 문화를 만드는 펍(Pub)

아일랜드를 직접 체험하며 즐긴다면 문화를 느낄 수 있는 기회를 가질 수 있다. 매일매일 축제의 장소가 더블린의 템플 바$^{Temble\ Bar}$ 구역이다. 아일랜드인 '아만다^{Amanda}'에게 표지를 보여주며 어떤 것을 선택하면 좋겠냐고 물어보았던 적이 있다.
그녀는 표지를 보더니 바로 펍^{Pub}이 옛날 가난하고 애환이 담긴 아일랜드의 문화를 만드는 장소이고 아일랜드의 정신이라고 설명했다. 그중에서 가장 유명한 더블린의 템플 바 Temble Bar를 선택해야 한다는 것이었다. 펍^{Pub}에서는 아일랜드의 와인인 기네스를 마시면서 다양한 라이브 음악을 보고 들으며 매일 다른 축제를 체험할 수 있다. 다양한 공연을 볼 수 있는 아일랜드의 밤은 아름답다.

🟥 초록의 자연

더블린의 회색빛 건물들을 보면 처음부터 숨이 가빠진다. 우리나라와 도로의 좌우가 바뀌어 도로에 보게 되는 '룩 라이프Look Left'도 생경하다. 하지만 도시를 조금만 벗어나도 초록색의 자연이 펼쳐진다. 아일랜드의 와일드 아틀란틱 웨이Wild Atlantic Way를 중심으로 아일랜드의 무너진 성과 주변의 정원과 공원 등 아일랜드의 자연을 볼 수 있다.

아일랜드의 작고 굽은 도로에서 느끼는 아일랜드만의 좁은 골목 어디에서도 초록의 자연을 볼 수 있어 목적지를 찾아가기는 힘들지만 여행이 재미있어진다.

고난을 승화시킨 역사

대영제국이 해가지지 않는 나라가 된 18세기 이후에도 아일랜드의 삶은 나아지지 않았다. 영국의 식민지로 살게 된 아일랜드는 항상 '가난'한 나라였다. 오랜 식민지 생활에서도 그들은 아이리시만의 문학과 문화를 만들어 마침내 20세기 초에 독립을 쟁취했다. 수많은 아일랜드 인들의 죽음에도 끊이지 않는 독립 투쟁으로 독립을 이루었다. 아일랜드는 역사를 이어나가며 전통을 지키고 새로운 첨단을 아일랜드에 입히고 있다. 지금은 영국의 1인당 GDP를 넘어선 아일랜드의 기념은 오코넬 거리에 있는 '스파이어스 첨탑'이다.

🟥 많은 도시 공원들

어디든 문을 나가서 조금만 걸어 다니면 작은 공원부터 각 도시를 차지한 커다란 공원까지 아일랜드는 공원의 나라이다. 아침 일찍 숙소를 나가서 생각을 비우고 천천히 흙을 밟으며 공원을 조깅하다보면 나무의 싱그러운 냄새를 맡게 된다. 시민들과 걷는 아침에 나무들 사이로 비추는 햇빛을 보게 되면 도시 밖으로 멀리 간 것 같은 느낌이다. 아일랜드는 어디서든 휴식을 찾도록 해준다. 매일 공원을 찾는 시민처럼 여행 중 피곤한 몸과 마음을 풀게 해준다.

안전한 치안

현재, 유럽은 치안이 불안한 나라들이 꽤 있다. 하지만 더블린은 밤늦게 도시의 어디를 걸어 다녀도, 야경을 보고 숙소로 돌아가더라도 안전하다. 소매치기도 별로 없어 더블린은 유럽에서 안전한 도시순위에 항상 올라있다.

사람들이 밀집하는 버스킹Busking이나 저녁의 펍Pub에서 라이브 음악연주를 하려면 안전하지 않다면 불가능한 일이다. 음악을 즐기고 싶어도 안전하지 않다면 누구나 즐겁게 펍Pub을 찾을 수 없을 것이다. 아일랜드를 여행을 하다보면 보게 되는 취객, 소매치기, 여행객에게 물건 파는 잡상인들을 찾기는 쉽지 않다.

🟥 버스킹(Busking)의 천국

여행자들에게 아일랜드가 가장 매력적인 점은 어디를 가든 많은 버스킹Busking을 거리에서 볼 수 있는 점이다. 다양한 실력을 가진 다양한 연령대의 버스커Busker들이 거리에서 버스킹Busking을 하면서 자신의 실력을 뽐내고 지나가는 사람들은 매력적인 음악을 듣게 되면 발길을 멈추고 연주를 듣고 마음에 든다면 박수와 함께 약간의 비용도 치른다.
버스커Busker들은 이에 또 힘을 내어 연주를 하고 시민들은 위로나 힘을 얻게 되는 선순환적인 구조를 가지고 살아가게 될 것이다. 세상이 힘들더라도 서로 위로하는 삶을 아일랜드에서 배울 수 있다.

더블린 공항에서 나와 처음 해야 할 일

■ 도착하면 관광안내소(Information Center)를 가자.

어느 도시이든 도착하면 해당 도시의 지도를 얻기 위해 관광안내소를 찾는 것이 좋다. 공항에 나오면 오른쪽에 크게 'i'라는 글자와 함께 보인다. 환전소를 잘 몰라도 문의하면 친절하게 알려준다. 방문기간에 이벤트나 변화, 각종 할인쿠폰이 관광안내소에 비치되어 있을 수 있다.

■ 심카드나 무제한 데이터를 활용하자.

공항에서 시내로 이동을 할 때 버스, 기차, 택시를 이용해 시내로 들어갈 수 있다. 택시라면 숙소 앞까지 데려다 주겠지만 버스와 기차는 숙소 근처의 역에서 내리게 된다. 숙소를 찾아가는 경우에도 구글맵이 있으면 쉽게 찾을 수 있어서 스마트폰의 필요한 정보를 활용하려면 데이터가 필요하다.

심카드를 사용하는 것은 매우 쉽다. 매장에 가서 스마트폰을 보여주고 데이터의 크기만 선택하면 매장의 직원이 알아서 다 갈아 끼우고 문자도 확인하여 이상이 없으면 돈을 받는다. 공항에서 심카드를 끼워 사용이 가능하면 효율적이다.

■ 영국의 파운드(£)가 아니고 유로(€)로 환전해야 한다.

공항에서 시내로 이동하려고 할 때 버스를 가장 많이 이용한다. 이때부터 유로(€)가 필요하다. 한국에서 영국의 파운드(£)로 환전해 오면 아일랜드에서는 사용할 수 없다. 환전을 안했다면 공항에서 환전을 일부 금액이라도 해야 한다. 시내 환전소에서 환전하는 것이 더 저렴하다는 이야기도 있지만 금액이 크지 않을 때에는 큰 차이가 없다.

■ 북아일랜드로 이동시 변동사항도 미리 파악하자.

더블린에서 고속도로 M1을 따라 이동하면 북아일랜드의 벨파스트에 도착한다. 아일랜드에서 북아일랜드로 넘어갈 때 국경이 있을 거라고 생각하는 여행자가 많다. 아일랜드 섬 안에 2개의 나라가 있기 때문에 특별하게 구분이 되지 않는다. 아일랜드에 있는 마지막 휴게소로 던달크Dundalk를 지나면 북아일랜드로 진입한다. 던달크Dundalk 휴게소 지도를 보면 곧 영국령인 북아일랜드Northern Ireland로 표시가 되어 있다. 국경은 없으며 국경에는 Welcome to Northern Ireland라고 표지판이 있다. 그러나 북아일랜드부터는 많은 것이 바뀐다. 아일랜드에서는 영어와 아일랜드어가 같이 표지판에 나타나 있는데 영어만 보인다. 또한 단위가 킬로미터(km)에서 마일Mile로 바뀐다. 경찰차도 가르다Garda에서 폴리스Police로 바뀌는 것도 알고 있으면 편리하다.

I · R · E · L · A · N · D

아일랜드
여행에
꼭필요한
INFO

아일랜드를 인기 관광지로 만든 TV와 영화

2006년 초에 개봉한 영화 〈원스Once〉를 본 사람들은 촬영지에 대해 많이 궁금해 했다. 다들 어디인지 몰랐던 그 장소가 아일랜드였다. 반짝 올라갔던 인기는 금새 시들었고 아일랜드는 어학연수나 유학이 아니면 잘 모르는 곳이었다. 물론 아이슬란드만큼 어디인지 모르는 나라는 아니었지만 유럽의 잘 모르는 나라 중에 하나로 기억하고 있었다.

2017년 여름 JTBC의 〈비긴어게인〉에서 보았던 버스킹 장소가 어디인지를 알고 싶어하면서 아일랜드에 대한 관심이 올라가기 시작했다. 2017년부터 불과 1년 사이에 아일랜드의 인기는 많이 올라갔지만 아직도 많은 이들은 아일랜드에 대해 잘 모른다. 하지만 전 세계의 여행자들은 아일랜드로 몰려들고 있다.

미국 드라마인 〈왕좌의 게임〉은 전 세계적인 인기로 전 세계인들을 아일랜드로 끌어들이고 있다. 하지만 이런 영상물의 인기에도 아일랜드가 별 볼 일 없는 관광지였다면 전 세계인들을 아일랜드로 몰리게 하지는 않았을 것이다.

1. 원스

아일랜드를 촬영지로 버스킹과 사랑에 대해 만들어진 영화는 핫한 여행지를 만들어냈다. 마치 영화의 한 장면처럼 풍경으로 나오는 아일랜드는 사랑이 만들어질 것 같은 풍경이 펼쳐졌다.

사진으로 담을 수 없는 생동감이 있는 아일랜드에서는 옹기종기 이쁘게 모여있는 주택들과 자연풍경이 인상적이었다. 아일랜드를 누구나 아는 여행지로 태어나게 하는데 일조하였다.

대한민국에서는 22만 5천명의 관객을 동원하는데 그쳤지만 13만유로(당시 한화로 약 1억 4천만)만으로 찍은 저예산 영화이나, 높은 완성도로 평론가들의 찬사를 받으며 세계적인 흥행을 거두었다. 이후 2008년 제80회 아카데미상에서 글렌과 마르케타의 곡 '폴링 슬로울리Falling Slowly' 가 주제가상을 받았으며, 사운드트랙이 그래미상에 후보로 오르기도 했다.

이제 사랑은 더 이상 없을 거라고 믿었던 '그'와 삶을 위해 꿈을 포기했던 '그녀'와의 더블린의 밤거리에서 마법처럼

시작된 만남을 다룬 로맨스로 매혹적으로 흔들리며 따라가는 핸드 헬드 카메라가 지켜보는 가운데 그 남자는 이루지 못한 꿈을 더듬으며 배회하는 낭만적인 몽상가이고, 그녀는 오랜 떠돌이 생활에 익숙해진 사람답게 수완과 강인한 기상을 지녔다. 각자의 불완전한 사랑의 경험을 안은 채 서로 짧게 만나고 헤어진다.

〈원스〉는 시작되려다 완전한 관계로 자리 잡지 못한, 그러나 어떻게 삶을 살아갈지에 대한 전망을 넓혀주는 놓쳐버린 사랑에 대해 우리가 갖고 있는 기억들 같고, 붉은 색과 노란 색의 따뜻한 색조로 만들어 낸 감각들의 인상주의적인 축제 같다. 이 두 풋내기를 하나로 묶어주는 것은 누군가 자신의 음악을 들어주기 바라는 좌절된 욕구 하나뿐이다.

둘 다 자기 이름으로 돈을 벌어본 적 없지만, 그들은 함께 음악을 할 방법을 찾아낸다. 어느 주말에 빌린 녹음 스튜디오에서 우리는 함께 음악을 만드는 일시적인 공동체가 발휘하는 매력적인 마법을 목격하며, 그 남자와 그 여자가 그들의 미래를 변화시킬 수 있는 방향으로 자신들의 재능을 서로 주고받을 준비를 갖추는 것도 바로 그곳에서다.

2. 왕좌의 게임

왕좌의 게임에서 다크 해지스Dark Hedges로 나오는 장소가 아일랜드의 작은 숲길이다. 성인 판타지물로 최고의 인기를 누리고 있는 판타지 문학작품인 '얼음과 불의 노래A Song of Ice and Fire'가 드라마로 만들어져 인기를 끈 미국 드라마가 〈왕좌의 게임〉이다.

전 세계인들에게 아일랜드를 홍보하는 드라마라고 새도 과언이 아니다. 시즌 1, 7이 아일랜드에서 촬영되었는데, 킹스로드Kings Road를 벗어나는 곳으로 다크 해지스Dark Hedges의 환상적인 길은 누구나 기억한다. 왕좌의 게임은 많은 지역에서 촬영될 때마다 새로운 투어가 만들어지는 인기 드라마이다.

아일랜드 여행에서 알면 더 좋은 지식

대기근(The Great Famine)

아일랜드는 가난한 영국의 식민지였다. 가난한 아일랜드를 굶주리게 만든 사건이 대기근이었다. 감자역병이 돌아 아일랜드 인구의 1/3이 줄어들었다고 할 정도로 심각한 역사적 사건이었기 때문에 아직도 더블린에 대기근 동상이 있을 정도로 아일랜드를 이해하는 데 중요하다.

아일랜드의 기근은 1740~1741년, 1847~1852, 1879년으로 총 세 번 있었는데, 그중에서도 아일랜드에 치명적인 타격을 입혔던 두 번째 기근을 가리켜 '대기근'이라고 부른다. 영국 본토의 수탈로 인해 아일랜드 쪽에서는 감자 이외에는 먹을 것이 거의 없었고 그런 와중에 감자가 병들어 말 그대로 먹을 것이 없어져 대규모 아사가 발생하였다.

아일랜드에 비가 많이 오는 이유

유럽의 서쪽, 대서양에는 멕시코 난류가 흐른다. 이 멕시코 난류는 전 세계의 위도가 높은 지역보다 기온이 높게 되는 긍정적인 점도 있지만 바다에서 올라오는 많은 수증기 때문에 날씨의 변화가 심하고 비가 자주 오게 되는 주 이유가 되는 것이다. 아일랜드에도 '비가 오거든 30분만 기다려라'라는 속담이 전해 내려온다.

주상절리

주상절리는 화산에서 분출한 용암이 지표면에 흘러내리면서 식을 때 규칙적인 균열이 생겨 형성 된 것이다. 용암은 표면부터 식을 때 균열이 육각 형 모양으로 형성되고 점점

깊은 곳도 식어가면서 균열은 큰 기둥을 만들어 낸다. 단면의 모양이 육각형, 오각형 등 다각형의 긴 기둥모양을 이루는 절리는 거대한 지형을 이루게 된다. 북부 아일랜드에는 전 세계에서 가장 아름답다고 소문난 주상절리를 볼 수 있는 장소가 자이언트 코즈웨이Giants Causeway이다.

퍼핀(Puffin)

아일랜드는 세계에서 가장 규모가 큰 새 번식지를 가지고 있으며, 270종에 달하는 조류의 서식지로 유명하다. 수많은 절벽 서식종들은 아일랜드에서 볼 수 있어 관광객들을 끌어모으고 있으며, 퍼핀Puffin, 제비갈매기와 같은 바닷새들을 아일랜드 서부 해안에서 볼 수 있다. 새 관찰을 위한 여행은 5월 말~6월이 최적의 시기이다.

많은 관광객들이 아일랜드에서만 볼 수 있는 '새'로 '퍼핀' 을 이야기한다. 하지만 퍼핀Puffin은 아일랜드에만 있는 것은 아니다. 북유럽에도 일부 서식하고 페로제도에도 서식하고 있다. 퍼핀Puffin은 하늘을 잘 날지 못하고 땅에 곤두박질치는 경우도 많다. 퍼핀은 바다쇠오리의 한 종류로 물속에 있는 모래장어를 먹고 살기 때문에 물에서 여유롭게 지낼 수 있다. 그래서 옛날에는 물고기의 종류라고 생각하던 때도 있었다고 한다.

오로라

북유럽이나 캐나다에서 나타나는 오로라도 아일랜드에서 아주 가끔 11월부터는 볼 수 있다. 오로라를 볼 수 있어 오로라와 겨울 여행을 원하는 여행자들을 모두 만족시킬 수 있는 장점이 있지만 오로라만을 위해 아일랜드를 방문하는 여행자는 없다.

오로라는 지구 밖에서 지구로 들어오는 태양의 방출된 입자가 지구대기의 공기 분자와 충돌하면서 빛을 내는 현상이다. 태양풍을 따라 지구 근처로 다가오면 지구의 자기장에 끌려 대기 안으로 들어온다. 지구 자극에 가까운 북반구와 남반구의 고위도 지방에서 주로 볼 수 있다. 아일랜드의 겨울에 오로라를 가끔 볼 수 있어 사진작가들이 찍는 경우가 종종 있다. 지루하고 긴 겨울밤을 보낼 수 있어 겨울 여행의 또 다른 재미로 다가온다.

아일랜드 여행 밑그림 그리기

우리는 여행으로 새로운 준비를 하거나 일탈을 꿈꾸기도 한다. 여행이 일반화되기도 했지만 아직도 여행을 두려워하는 분이 많다. 아일랜드는 각 도시마다 기차나 버스로 2~3시간 정도면 이동할 수 있어 여행계획만 잘 짜면 효율적으로 여행을 할 수 있다. 지금부터 아일랜드 여행을 쉽게 한눈에 정리하는 방법을 알아보자. 아일랜드 여행준비는 절대 어렵지 않다. 단지 귀찮아 하지만 않으면 된다. 평소에 원하는 아일랜드 여행을 가기로 결정했다면, 준비를 꼼꼼하게 하는 것이 중요하다.

일단 관심이 있는 사항을 적고 일정을 짜야 한다. 처음 해외여행을 떠난다면 아일랜드 여행도 어떻게 준비할지 몰라 당황하게 된다. 먼저 어떻게 여행을 할지부터 결정하자. 아무것도 모르겠고 준비를 하기 싫다면 패키지여행으로 가는 것이 좋다. 아일랜드 여행은 주말을 포함해 최소 3일 이상은 가야 한다.

패키지여행상품도 9일 정도의 여행이 가장 일반적이다. 그러나 가장 일반적인 아일랜드를 여행하려면 1주 정도는 있어야 제대로 된 여행을 할 수 있다. 해외여행이라고 이것저것 많은 것을 보려고 하는 데 힘만 들고 남는 게 없는 여행이 될 수도 있으니 욕심을 버리고 준비하는 게 좋다. 여행은 보는 것도 중요하지만 같이 가는 여행의 일원과 같이 잊지 못할 추억을 만드는 것이 더 중요하다.

다음을 보고 전체적인 여행의 밑그림을 그려보자.

1	패키지여행? 자유여행? (여행의 형태 결정)	7	얼마나 쓸까? 리스트 작성! (여행경비 산출하기)
2	나의 가능한 여행기간, 비용은? (여행 기간 & 예산 짜기)	8	영어를 알면 편리한데? (간단한 여행 언어 익히기)
3	아일랜드 여행? 항공권부터 알아보자. (항공권티켓/성수기여행은 빨리 구입)	9	라리? 유로는 사용 불가능? (환전하기)
4	성수기 숙소가 부족한 아일랜는 숙박부터 알아보자! (숙소의 예약가능 확인)	10	왜 이리 필요한 게 많지? (여행가방싸기)
5	보고 싶고 먹고 싶은 게 많아요? (여행지 정보 수집)	11	11. 인천공항으로 이동
6	아일랜드 여행은 꼼꼼한 일정은 필수! (여행 일정 짜기)	12	12. 드디어 여행지로 출발!

결정을 했으면 일단 항공권을 구하는 것이 가장 중요하다. 전체 여행경비에서 항공료와 숙박이 차지하는 비중이 가장 크지만 너무 몰라서 낭패를 보는 경우가 많다. 평일이 저렴하고 주말은 비쌀 수밖에 없다. 저가항공인 라이언 에어와 이지젯이 런던이나 유럽의 각 도시에서 에든버러로 가는 항공권을 저가에 발매하고 있다. 항공료, 숙박, 현지경비 등 편리하게 확인이 가능하다.

패키지여행 VS 자유여행

전 세계적으로 아일랜드로 여행을 가려는 여행자가 늘어나고 있다. 하지만 아직까지 대한민국의 여행자는 많지 않다. 그래서 더욱 고민하는 것은 여행정보는 어떻게 구하지? 라는 질문이다. 그만큼 아일랜드에 대한 정보가 매우 부족한 상황이다. 처음으로 아일랜드를 여행하는 여행자들은 패키지여행을 선호하거나 여행을 포기하는 경우가 많았다. 아일랜드로 20~30대 여행자들이 늘어남에 따라 패키지보다 자유여행을 선호하고 있다. 런던을 여행하고 주말을 이용한 1박 2일, 조금 더 긴 기간의 3~5일이나, 일주일 이상의 여행 등 새로운 형태의 여행형태가 늘어나고 있다. 이들은 호스텔을 이용하여 친구들과 여행하면서 단기 여행을 즐기고 있다.

편안하게 다녀오고 싶다면 패키지여행
아일랜드가 뜬다고 하니 여행을 가고 싶은데 정보가 없고 나이도 있어서 무작정 떠나는 것이 어려운 여행자들은 편안하게 다녀올 수 있는 패키지여행을 선호한다. 다만 아직까지 많이 가는 여행지는 아니다 보니 패키지 상품의 가격이 저렴하지는 않다. 여행일정과 숙소까지 다 안내하니 몸만 떠나면 된다.

연인끼리, 친구끼리, 가족여행은 자유여행 선호
런던을 여행한 후 야간 기차나 버스를 이용한 1박2일, 2박3일이 많지만 3박4일이상의 긴 여행으로 다녀오고 싶은 여행자는 패키지여행을 선호하지 않는다. 특히 유럽을 다녀온 여행자는 아일랜드에서 자신이 원하는 관광지와 맛집을 찾아서 다녀오고 싶어 한다. 여행지에서 원하는 것이 바뀌고 여유롭게 이동하며 보고 싶고 먹고 싶은 것을 마음대로 찾아가는 연인, 친구, 가족의 여행은 단연 자유여행이 제격이다.

아일랜드 숙소에 대한 이해

아일랜드 여행이 처음이고 자유여행이면 숙소예약이 의외로 쉽지 않다. 자유여행이라면 숙소에 대한 선택권이 크지만 선택권이 오히려 난감해질 때가 있다. 아일랜드 숙소의 전체적인 이해를 해보자.

1. 더블린 시내에서 관광객은 구시가 Old Town에 주요 관광지가 몰려있어서 숙박의 위치가 중요하다. 시내에서 떨어져 있다면 짧은 여행에서 이동하는 데 시간이 많이 소요되어 좋은 선택이 아니다. 반드시 먼저 구시가 거리에서 얼마나 떨어져 있는지 먼저 확인하자. 호스텔과 게스트하우스는 가든 스트리트 Gardens St.에 가장 많은 숙소가 몰려 있다.

2. 아일랜드 숙소는 몇 년 전만해도 호텔과 호스텔이 전부였다. 하지만 에어비앤비(Air B&B)나 부킹닷컴(Booking.com)을 이용한 아파트도 있고 다양한 숙박 예약 앱도 생겨났다. 가장 먼저 고려해야 하는 것은 자신의 여행비용이다.
항공권을 예약하고 남은 여행경비가 2박 3일에 20만 원 정도라면 호스텔을 이용하라고 추천한다. 더블린과 각 도시에는 많은 호스텔이 있어서 호스텔도 시설에 따라 가격이 조금 달라진다. 한국인이 많이 가는 호스텔로 선택하면 문제가 되지는 않을 것이다.

3. 호텔 비용은 10~40만 원 정도로 다양하다. 호텔의 비용은 우리나라호텔보다 비싸지만 그렇다고 시설이 좋지는 않다. 오래된 건물에 들어선 호텔이 대부분이기 때문에 룸 내부의 사진을 확인하고 선택하는 것이 좋다.

▶ **호텔** | 세계적인 프렌차이즈 호텔, 비즈니스 호텔, 일반 호텔 등 시설, 규모, 위치, 가격에 따라 다양하다. 아일랜드에는 옛 캐슬을 호텔로 사용하고 있는 곳도 많이 있다.

▶ **게스트하우스** | 호텔보다는 좀 더 서민적이고 규모도 작은 숙소이다.

▶ **B&B (30~50€)** | 일반가정에서 운영하며 대부분 조식을 제공한다. 아일랜드의 가정적인 분위기를 체험할 수 있는 기회이다.

▶ **호스텔** | 가격이 저렴해 배낭여행자가 주로 사용한다. 세계에서 온 여행자를 만날 수 있다. 아일랜드에는 약 100개 가까이 운영되고 있다.

4. 에어비앤비 Air B&B를 이용해 아파트를 이용하려면 시내에서 얼마나 떨어져 있는지를 확인하고 숙소에 도착해 어떻게 주인과 만날 수 있는지 전화번호와 아파트에 도착할 수 있는 방법을 정확히 알고 출발해야 한다. 아파트에 도착했어도 주인과 만나지 못해 아파트에

들어가지 못하고 1~2시간만 기다려도 화도 나고 기운도 빠지기 때문에 여행이 처음부터 쉽지 않아진다.

5. 유럽여행에서 민박을 이용한 여행자는 아일랜드에 한국인이 운영하는 민박을 찾고 싶어 하는데 더블린에만 민박이 있다. 민박보다는 호스텔이나 게스트하우스에 숙박하는 것이 더 좋은 선택이다.

숙소 예약 사이트

부킹닷컴(Booking.com)
에어비앤비와 같이 전 세계에서 가장 많이 이용하는 숙박 예약 사이트이다. 아일랜드에도 많은 숙박이 올라와 있다.

에어비앤비(Airbnb)
전 세계 사람들이 집주인이 되어 숙소를 올리고 여행자는 손님이 되어 자신에게 맞는 집을 골라 숙박을 해결한다. 어디를 가나 비슷한 호텔이 아닌 현지인의 집에서 숙박하도록 해 여행자들이 선호하는 숙박 공유 서비스가 되었다.

부킹닷컴
www.booking.com

에어비앤비
www.airbnb.co.kr

알아두면 좋은 아일랜드 숙소 이용

1. 미리 예약해야 싸다.
일정이 확정되고 호텔에서 머물겠다고 생각했다면 먼저 예약해야 한다. 임박해서 예약하면 같은 기간, 같은 객실이어도 비싼 가격으로 예약을 할 수 밖에 없다.

2. 후기를 참고하자.
호텔의 선택이 고민스러우면 숙박예약 사이트에 나온 후기를 잘 읽어본다. 특히 한국인은 까다로운 편이기에 후기도 우리에게 적용되는 면이 많으니 장, 단점을 파악해 예약할 수 있다.

3. 미리 예약해도 무료 취소기간을 확인해야 한다.
미리 호텔을 예약하고 있다가 여행이 취소되든지, 다른 숙소로 바꾸고 싶을 때에 무료 취소가 아니면 환불 수수료를 내야 한다. 그러면 아무리 할인을 받고 저렴하게 호텔을 구해도 절대 저렴하지 않으니 미리 확인하는 습관을 가져야 한다.

4. 냉장고와 에어컨이 없는 호텔이 많다.
아일랜드는 여름에도 비가 오면 쌀쌀하기 때문에 에어컨이 없는 호텔이 많다. 또한 냉장고도 없는 기본 시설만 있는 호텔이 대부분이다. 하지만 아일랜드도 여름에 더운 날이 많아 특히 여름에는 에어컨과 냉장고가 있는지 확인하여야 고생하지 않는다.

아일랜드 호스텔 지도

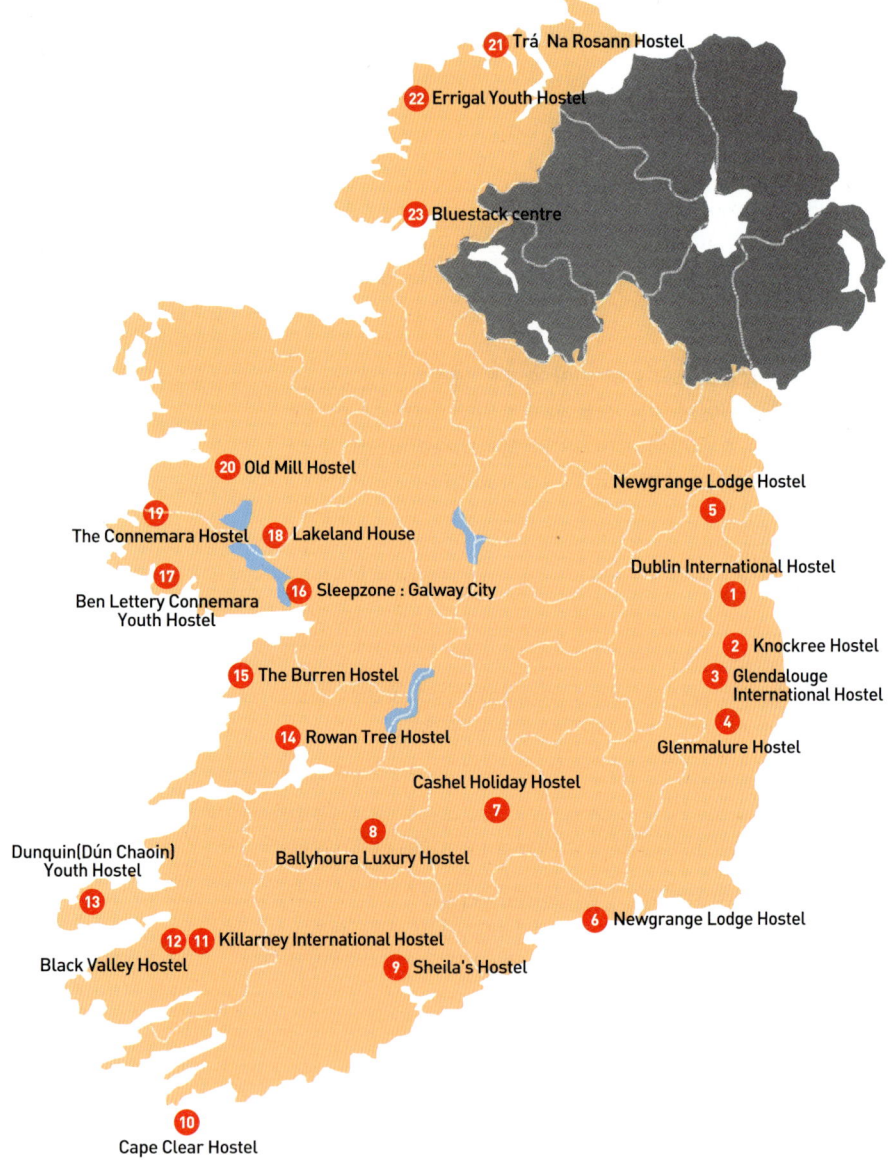

간단한 아일랜드 역사

아일랜드는 캠핑여행의 천국이다. 현지인들은 오래 전부터 캠핑을 통해 여행을 하고 있으며 아일랜드를 여행하는 가장 보편적인 여행의 방식이다. 현지인들의 캠핑 방식은 다양하지만, 대부분은 가족단위로 조용하면서 차분하게 캠핑을 하며 자연과 하나 되는 시간을 갖는다.

우리나라는 텐트를 이용해 캠핑을 하는 경우가 대부분이지만 아일랜드에서는 캠핑카를 이용하는 여행자가 훨씬 더 많다. 이들은 아름다운 풍경이 근처에 있는 캠핑장의 넉넉한 자리에 사이트를 마련하고 누구의 구속도 받지 않고 자신들만의 여행을 즐긴다. 캠핑은 아일랜드를 여행하고 경험하는 데 있어 가장 재미있고 즐거운 방법이다. 어느 연령대여도 평소 캠핑을 자주하거나 거의 하지 않거나에 상관없이 누구에게나 적절한 여행 방법이 된다.

아일랜드에는 환상적인 풍경을 자랑하는 캠핑장이 전국 곳곳에 있다. 이들 캠핑장은 무료이거나 저렴한 비용만으로도 이용이 가능하다. 아일랜드에는 300곳이 넘는 캠핑장이 있다. 일반적으로 캠핑을 하려면 캠핑장 이용료와 국립공원 입장료 등의 비용을 지불해야 한다. 무료 캠핑장도 있는 데 간이 화장실 같은 최소한의 편의시설만 구비되어 있다.

아일랜드 캠핑장에는 캠핑&카라반 파크Camping & Caravan Parks라고 부르는 사설 캠핑장도 많다. 시설은 보통 2인 기준 1박에 10~30€ 정도에 이용이 가능하다. 사설 캠핑장은 잘 정비되어 있고 캠핑에 필요한 편의시설이 완비돼 있다. 전기나 세탁실, 샤워장 등도 이용이 가능하다. 캠핑장에 따라 수영장이 있는 곳도 있다.

캠핑카 이용하기

캠핑카가 보편화돼 있지 않지만 아일랜드에서는 캠핑카가 일종의 필수품이라고 해도 좋을 정도로 대중적이다. 대도시에서 수시로 캠핑카를 볼 수 있고 교외로 나가면 다양한 종류의 캠핑카를 볼 수 있다. 캠핑카는 일반적으로 캠핑카라고 통칭하지만 종류에 따라 각기 다른 이름으로 부른다.

해외에서는 작은 캠핑카의 경우 수동기어를 사용하는 경우가 많다. 따라서 캠핑카 대여 시 이를 확인해 문제가 발생하지 않도록 한다. 수동기어라고 하더라도 2~3시간만 운전하면 쉽게 적응이 가능하지만 최근에 면허 자체가 자동기어 면허인 경우가 많고 일부 운전자의 경우 한국에서 오토매틱 기어만 운전을 하여 적응을 잘 못할 수도 있다.

캠핑카의 종류와 장, 단점

모터홈(Motorhome)
차량에 생활공간을 얹어 하나의 차량으로 만든 일체형 형태이다. 작은 화장실과 샤워실, 주방, 침실 등이 차량과 붙어 있다. 모터홈은 차량크기에 따라 거실 공간의 크기도 다르다. 모터홈은 일체형이라 손쉽게 이동이 가능한 반면, 캠핑장에서 근처에 장을 보거나 관광지를 보려고 이동을 하려면 수도와 전기를 다시 빼야 하고 내부에 있던 각종 그릇과 떨어질 수 있는 물건들도 정리한 후에야 이동이 가능하다. 모터홈은 한 번 캠핑장에 자리를 잡으면 좀처럼 이동을 하지 않는다.

카라반(Caravan)
별도의 차량으로 견인하도록 되어 있는 캠핑카는 카라반(Caravan)이라고 부른다. 카라반은 주차나 좁은 공간에서의 이동, 속도, 연료 효율성 등의 문제가 있다. 그러나 캠핑장에 도착하면 이야기는 달라진다. 카라반은 자리를 잡고 나면 차만 분리해 인근을 여행하거나 장을 보는 등 손쉽게 이동이 가능하다.

캠퍼밴(Campervan)
실내에 화장실과 샤워실이 없는 차량은 캠퍼밴이라고 부른다. 커플이나 2~4인이 여행한다면 캠퍼밴도 추천할 만하다. 캠핑장에 화장실과 샤워실이 잘 구비되어 있어 굳이 차 안에까지 이런 시설을 갖출 필요가 없다. 캠퍼밴은 또 크기가 작아서 이동성이 좋다. 연료도 적게 들어 효율성도 좋다.

시설

아일랜드를 포함하여 유럽전역에는 캠핑장이 여행지마다 있기 때문에 어린아이들과 함께 가족단위로 캠핑장을 찾는 여행객이 많다. 다른 유럽에 비해 아일랜드는 여름에도 서늘하고 비도 자주 오기 때문에 텐트보다는 캠핑카나 카라반을 렌트해서 캠핑을 즐기는 사람들이 많다.

캠핑장의 최대 장점은 저렴한 가격으로 자연과 함께 있다는 이유일 것이다. 일반적으로 텐트 또는 개인 카라반 Unit +어른 2명이 약 23€ 정도이고 샤워는 1€, 별도의 전기를 사용할 경우 4~5€ 정도 한다(텐트나 카라반에서 사용하는 전기). 세탁시설, 주방시설, 취사시설을 갖추고 있는 곳이 많지만 그렇지 않은 곳도 더러 있으므로 어떤 시설을 갖추고 있는지 사전에 확인하는 것이 좋다.

캠핑장에 따라 주변 시설을 이용하는 할인권을 주거나 패키지 상품을 판매하기도 하므로 안내데스크에서 어떤 야외활동이 가능한지 확인하는 것이 좋다. 캠핑장 근처에는 카약, 자전거 타기, 수영장 등의 시설이 대부분 있다.

캠핑장 이용 방법

1. 캠핑장 사무실로 가자.

캠핑장의 사무실은 대부분 오후 6시 정도까지 열려 있으므로 사용 인원을 알려주고 계산하면 스티커를 받는다.(때로는 24시간 사무실을 운영하는 곳도 있다) 캠핑장에 늦게 도착해 직원이 없다면 먼저 텐트를 치고 캠핑장을 사용한 다음날 오전에 사무실로 가서 확인해 주면 된다. 이때 신용카드가 사용이 안 되는 경우도 간혹 발생 하니 사전에 현금을 준비하자. 먼저 텐트를 치고 캠핑을 했다면 다음날, 스티커(문구 : Please connect the reception)가 붙어 있을 것이다. 사무실이 없는 캠핑장은 캠핑장 직원이 직접 받으러 다닐 수도 있다.

2. 귀중품, 짐 보관

짐이 많다면 캠핑장에 귀중품, 여행가 방 보관(유료) 장소가 있는 곳에서 활용해보자.

3. 캠핑장비

캠핑 장비를 렌탈 하는 곳은 더블린에 여러 곳이 운영 중이므로 캠핑장비 없이 와서 이용료를 내고 캠핑이 가능하다.

4. 취사
조리실이 있는 캠핑장에서는 반드시 조리실 내에서만 불을 피울 수 있다. 취사장이 없는 캠핑장은 캠핑장에서 취사가 가능하다. 캠핑장의 취사장에는 캠핑족들이 사용하고 남은 조미료와 식재료들을 조리장에 두고 가므로 필요한 요리 물품은 캠핑장에서 이용하면 편리하다. 취사장이 없는 경우에는 바람막이를 두고 취사를 해야 안전하다. 다만 안전을 위해 좁다고 텐트 안에서의 취사는 매우 위험하니 삼가하자.

5. 화장실과 샤워실
화장실과 샤워시설이 있는 경우가 많지만, 샤워비용을 받는 캠핑장이 있다. 화장실에서 간단한 세면은 이용할 수 있다. 동전을 넣고 사용하는 코인식 샤워실이 있기도 하고, 캠핑 비에 포함되어 무료인 곳도 있으니 각 캠핑장마다 확인해야 한다.(샤워실이 무료이면 시간을 제한하는 경우가 대부분이다)

6. 세탁
세탁기와 건조기는 대부분의 캠핑장에서는 사용하지 못한다. 캠핑장에서 세탁물을 직접 받아서 세탁을 해주기도 한다.

7. 와이파이(wifi)와 충전
와이파이는 캠핑장의 휴게실에서 무료로 이용 할 수 있지만 휴게실이 없다면 캠핑장에서 와이파이의 사용이 불가능하다. 공항면세점에서 유심카드를 구입하여 사용하면 와이파이가 없어도 인터넷에 접속할 수 있다. 캠핑 시 카메라, 핸드폰과 같은 전자제품들을 충전해야 다음날 사용할 수 있지만 충전코드는 개수가 적어서 멀티어뎁터를 가지고 가서 이용하면 편리하다. 여행 전에 차량에 충전할 수 있는 차량용 충전 잭을 미리 준비해도 좋다.

8. 날씨
아일랜드의 날씨는 캠핑여행에서 중요한 요소이다. 비가 많이 온다면 캠핑이 힘들 수도 있기 때문에 캠핑여행은 날씨를 매일 확인해야 한다.

아일랜드 캠핑장 지도

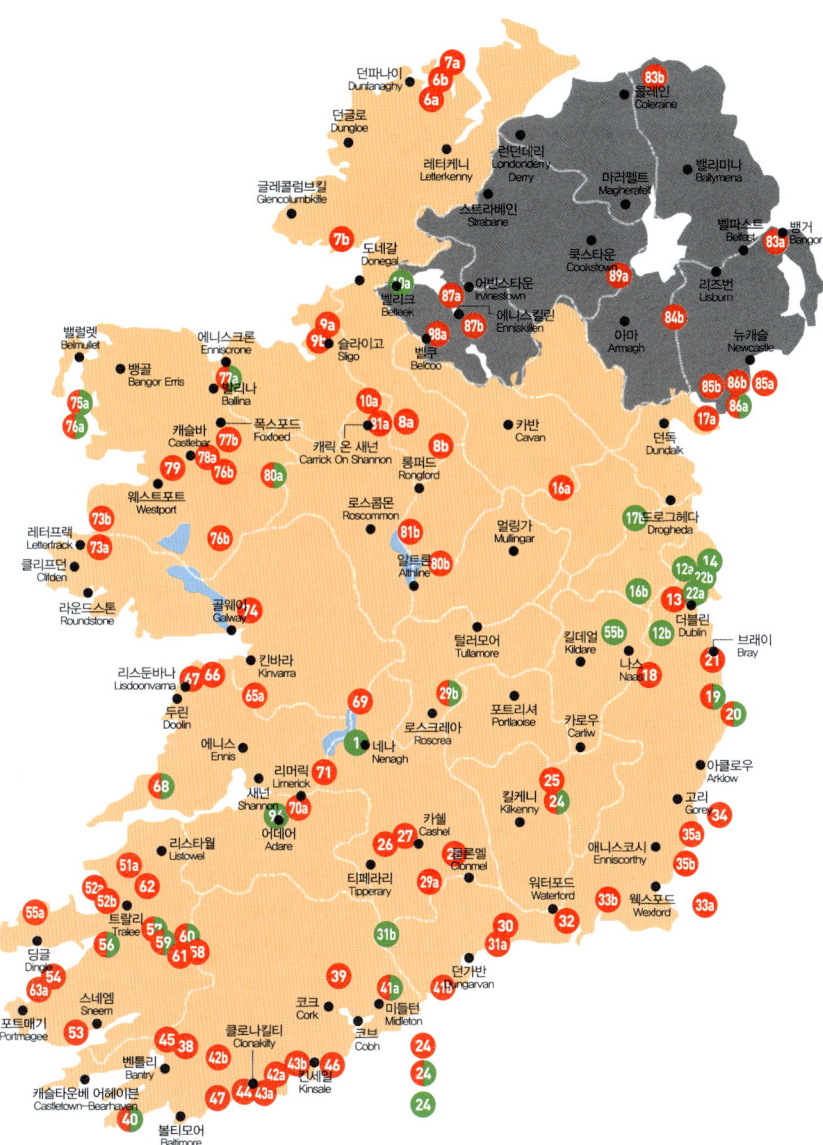

아일랜드 여행 계획 짜는 방법

아일랜드 여행에 대한 정보가 부족한 상황에서 어떻게 여행계획을 세울까? 라는 걱정은 누구나 가지고 있다. 하지만 아일랜드도 역시 유럽의 나라를 여행하는 것과 동일하게 도시를 중심으로 여행을 한다고 생각하면 여행계획을 세우는 데에 큰 문제는 없을 것이다.

1. 먼저 지도를 보면서 입국하는 도시와 출국하는 도시를 항공권과 같이 연계하여 결정해야 한다. 대부분의 여행자는 더블린에서 시작한다. 하지만 페리를 타고 벨파스트로 들어가기도 한다.

2. 곧바로 아일랜드의 수도, 더블린으로 입국을 한다면 아일랜드의 어느 도시에서 돌아올 것인지를 판단해야 한다. 돌아오는 방법에는 항공과 버스가 있다. 대부분은 항공을 이용하지만 돌아올 때 버스로 이동하려고 한다면 시간이 상당히 오랫동안 소요되므로 돌아오는 것은 신중히 결정해야 한다.

3. 입국 도시가 결정되었다면 여행기간을 결정해야 한다. 긴 아일랜드 여행은 의외로 볼거리가 많아 여행기간이 길어질 수 있다.

4. 아일랜드의 더블린에서 2~3일 정도를 배정하고 여행도시를 결정하면 여행하는 코스는 쉽게 만들어진다. 각 나라의 추천여행코스를 활용하자.

5. 10~14일 정도의 기간이 아일랜드을 여행하는데 가장 기본적인 여행기간이다. 그래야 중요 도시들을 보며 여행할 수 있다. 물론 2주 이상의 기간이라면 영국까지 볼 수 있지만 개인적인 여행기간이 있기 때문에 각자의 여행시간을 고려해 결정하면 된다.

1. 주중 or 주말

아일랜드 여행도 일반적인 여행처럼 비수기와 성수기가 있고 요금도 차이가 난다. 7~8월의 성수기를 제외하면 항공과 숙박요금도 차이가 있다.

비수기나 주중에는 할인 혜택이 있어 저렴한 비용으로 조용하고 쾌적한 여행을 할 수 있다. 주말과 국경일을 비롯해 여름 성수기에는 항상 관

광객으로 붐빈다. 황금연휴나 여름 휴가철 성수기에는 몇 달 전부터 항공권이 매진되는 경우가 허다하다.

2. 여행기간
아일랜드 여행을 안 했다면 "아일랜드가 어디야?"라는 말을 할 수 있다. 하지만 일반적인 여행기간인 2박 3일의 여행일정으로는 모자란 관광명소가 된 도시가 더블린이다. 유럽에 거주하거나 유학생, 여행자들이 원하는 더블린 여행은 대부분 2박 3일이 많지만 아일랜드의 깊숙한 면까지 보고 싶다면 1주일 정도 필요하다.

3. 숙박
성수기가 아니라면 아일랜드의 숙박은 비싸지 않다. 숙박비는 저렴하지만 가격에 비해 시설은 좋지 않다. 주말에는 숙소는 예약이 완료된다. 특히 여름 성수기에는 숙박은 미리 예약을 해야 문제가 발생하지 않는다.

4. 어떻게 여행 계획을 짤까?
먼저 여행일정을 정하고 항공권과 숙박을 예약해야 한다. 여행기간을 정할 때 얼마 남지 않은 일정으로 계획하면 항공권과 숙박비는 비쌀 수밖에 없다. 특히 더블린처럼 뜨는 여행지는 유럽 내에서의 항공료가 상승한다.

저가항공인 라이언에어와 이지젯 항공이 취항하고 있으니 저가항공을 잘 활용하면 좋다. 숙박시설도 호스텔로 정하면 저렴하게 지낼 수 있다. 유심을 구입해 관광지를 모를 때 구글맵을 사용하면 쉽게 찾을 수 있다.

5. 식사
한 끼 식사는 하루에 한번은 비싸더라도 제대로 식사를 하고 한번은 아일랜드 시민처럼 저렴하게 한 끼 식사를 하면 적당하다. 시내의 관광지는 거의 걸어서 다닐 수 있기 때문에 투어비용은 투어를 갈 때만 교통비가 나온다.

3일 코스 1 The Blarney Stone & Rock of Cashel

더블린 시내(2일) → 록 오브 카쉘 → 블라니 캐슬

3일 코스 2 Connemara, Gelway & The Far West

더블린 시내(2일) → 콩 → 코리브 호수
→ 코네마라 국립공원 → 골웨이

3일 코스 3 Glendalough, Powerscourt & Wicklow Mountains

더블린 시내(2일) → 에니스케리 → Lough Tay → 글렌달록
→ 아보카 → 파워스코트 하우스 & 가든 → 더블린

`3일 코스 4` **Boyne Valley, Celtic lreland & Trim Castle**

더블린 시내(2일) → 트림 성 → 백티브 아비 → 모나스터보이스 → 드로그헤다 → 포낙스 → 더블린

`5일 코스 1` **Boyne Valley, Celtic lreland & Trim Castle**

더블린 시내(2일) → 킬베건 → 클론맥노이즈 → 콩 → 코네마라 국립공원 → 클리프던 → 모허절벽 → 더블런

`5일 코스 2` **Discover Northern Irdland** 스튜어트산

더블린 시내(2일) → 벨파스트 → Mount Stewart → 뱅거 → 자이언트 코즈웨이 → 뱅거 → 포테페리 → 몬 마운틴스 → 칼링포드 호수 → 더블린

5일 코스 Blarney Castle, Kilkenny & Irish Whiskey

더블린 시내(2일) → 카히 → 블라니 → 코크
→ 킨세일 → 코브 → 쿠퍼코스트 → 워터포드
→ 킬케니 → 더블린

6일 코스 Ring of Kerry, Killarney & Cork

더블린 시내(2일) → Birr Castle → 어데어 → 킬라니
→ 링 오브 케리 → 포트매기 → 킬라니 → 밴트리 만
→ 킨세일 → 코크 → 카쉘 → 더블린

6일 코스 Irish Castles, Gardens & Manor House

더블린 시내(2일) → 킬럴루 → Birr Castle → 클론맥노이즈
→ 캐릭 온 새넌 → Florence Court → 에니스킬린
→ 캐릭 온 새넌 → 캘스 → 트림 캐슬 → 더블린

7일 코스 1 Northern Ireland & Atlantic Coast

더블린 시내(2일) → 던독 → 벨파스트
→ 자이언트 코즈웨이 → 포트러쉬
→ 글렌비 국립공원 → 도네갈 → 벨번빈
→ 캐로모어 → 아란 섬 → 웨스트포트 → 코네마라
→ 콩 → 골웨이 → 더블린

7일 코스 2 Escape to the South West

더블린 시내(2일) → 켈베건 → 골웨이 → 버렌
→ 모허절벽 → 킬라니 → 인치 비치 → 딩글
→ 슬리헤드 → 킬라니 → 포트매기 → 블라니
→ 키히 → 킬케니 → 더블린

2주 코스

더블린 시내(2일) → 던독 → 벨파스트 → 자이언트 코즈웨이 → 포트러쉬 → 글렌비 국립공원 → 도네갈 → 벨번빈 → 캐로모어 → 아란 섬 → 웨스트포트 → 코네마라 → 콩 → 골웨이 → 버렌 → 모허절벽 → 킬라니 → 인치 비치 → 딩글 → 슬리헤드 → 킬라니 → 포트매기 → 블라니 → 키히 → 킬케니 → 더블린

현지여행의 물가

항공권과 숙소, 렌트카 예약을 끝마치고 아일랜드에 도착하면 여행하면서 어느 정도의 여행경비를 챙겨야 하는지 궁금하다. 현지의 여행비용을 알아보자.

만약에 당신이 아일랜드를 2014년 이전에 여행하려고 했다면 지금보다 1.5배정도는 더 저렴하게 여행비용이 나왔을 것이다. 2014년 이후로 저가항공의 대표주자인 라이언에어와 이지젯의 활성화로 아일랜드는 유럽 관광객에게 저렴하게 여행할 수 있는 나라가 되었다. 저렴한 숙소와 맥주와 거리 문화로 여전히 아일랜드가 다른 국가보다 여행비용이 저렴한 나라로 인식되고 있다.

런던이나 다른 유럽을 경유해 수도인 더블린으로 입국해야 하는 우리에게 아일랜드는 저렴하게 여행할 수 있는 나라는 아니다. 런던은 공항텍스도 비싸기 때문에 항공요금이 저렴하기가 쉽지 않다.

1. 여름 성수기 시즌이 다가오면 숙박요금이 심하게 올라가는데 여름성수기철을 벗어나면 심지어 30%수준까지 떨어지기도 한다. 배낭여행자가 많은 아일랜드는 저렴한 숙소인 유스호스텔YHA부터 게스트하우스, B&B까지 다양한 숙소를 선택할 수 있다.

2. 레스토랑에서의 점심식사는 7~10€(원화 10,000원)정도 부터이고 저녁은 8~15€ 정도이다.

3. 테스코나 LDEL같은 마트에서 구입한 재료를 이용해 한끼 정도를 해결한다면 식비용이 저렴해질 수 있다. 시장에서 구입한 채소와 과일(사과 6개 1.29€)은 우리나라보다 저렴하다. 마트의 물가는 우리나라와 차이가 없다. 또한 더블린에는 아시안 마트가 있기 때문에 라면 같은 식재료도 구입이 가능하다.

4. 술은 더욱 싸다. 어디든지 구입할 수 있는 마트에서 파는 작은 병맥주가 약 2€이며, 중간 정도의 수입와인은 3~5€ 정도이다. 아일랜드의 와인인 기네스Gunnes나 스미스윅Smithwick 등 다양한 맥주를 쉽고 저렴하게 구입할 수 있다.

5. 시내 교통버스요금은 2€ 정도이다. 택시는 매우 비싸니 되도록 이용하지 않는 것이 좋다. 하지만 수도인 더블린도 대부분 걸어서 다닐 수 있기 때문에 시내에서 버스를 탈 일은 많지 않다. 더블린 국제공항에서 시내까지 약7€(왕복 12€) 이다.

6. 여름 성수기에 여행한다면, 저렴한 호텔에 묵고, 거의 매일 식당에서 먹고, 2~3개의 액티비티를 한다면 여행비용이 1인당 5~10만 원 정도 소요된다. 그러나 게스트하우스나 유스호스텔에 묵고 좀 저렴한 식사를 하면 비용을 절감하는 것이 가능하다. 이렇게 하면 하루에 5만 원 정도 여행비용이 들 것이다.

7. 대한민국 여행자에게 아일랜드가 여행하기에 저렴한 곳은 아니지만 박물관과 갤러리 입장료는 적당한 수준이다. 대부분의 박물관 입장료는 3~7€ 수준으로 생각하면 된다. 같은 단체가 운영할 경우 다른 박물관의 입장료를 할인해주기도 한다.

아일랜드 여행 비용

아일랜드 여행에서 큰 비중을 차지하는 것은 항공권과 숙박비이다. 항공권은 영국의 런던까지 가는 항공을 저렴하게 구할 수 있다면 런던에서 더블린까지 저가항공인 라이언에어 Lyonair나 이지젯Easy jet 항공권을 8~15만 원 사이에 구입할 수 있다.
숙박은 저렴한 호스텔이 원화로 2만 원대부터 있어서 항공권만 빨리 구입한다면 큰 비용이 들지는 않는다. 좋은 호텔에서 머물고 싶다면 더 비싼 비용이 들겠지만 유럽보다 호텔의 비용은 비싼 편이다.

- ▶**왕복 항공료** | 83~188만원
- ▶**저가항공** | 8~29만원
- ▶**렌트카** | 15~45만원
- ▶**숙박비(1박)** | 2~50만원
- ▶**한 끼 식사** | 5천~10만원
- ▶**교통비** | 80~420원

구분	세부품목	6박 7일	8벅 10일
항공권	저가항공, 대형항공	830,000~1,880,000원	
공항버스	버스	약8,600원	
숙박비	호스텔, 호텔, 아파트	22,000~500,000원	33,000~750,000원
식사비	한 끼	7,000~100,000원	
시내교통	버스, 자전거	1,350~2,700원	
입장료	박물관 등 각종 입장료	4,000~8,000원	
		약 1,570,000원~	약 2,190,000원~

아일랜드 여행 복장

아일랜드는 하루에도 몇 번씩 계절이 바뀌기도 하는 변화무쌍한 날씨를 자랑한다. 특히 비가 온다면 잠시 기다렸다가 이동하는 것이 좋다. 여름여행은 반팔을 입고 여행을 하려고 하는데 비가 오는 것에 대비해 방수가 되는 긴 옷을 가지고 다니는 것이 좋다. 비가 온다는 일기예보가 있는 여름 아일랜드 여행이라면, 반팔 옷보다 긴 팔을 준비해야 한다. 긴팔로 준비를 하고, 출발할 때에 반팔 복장이라면 겉옷을 따로 준비해 다니는 것이 좋다. 비가 많이 올 때를 대비해 얇은 경량 패딩을 가지고 가는 것도 추울 때는 도움이 된다.

1. 방풍 방수점퍼나 폴라 폴리스 자켓 정도를 미리 준비해 비올 때 입어야 한다. 우산은 바람이 강해 도시를 벗어나면 거의 사용할 수 없다.

2. 신발은 운동화 혹은 등산화를 신고 다니는 것이 편안하다. 많은 관광명소가 걸어서 다녀야 하는 관광지이다.

3. 히트텍 같은 속옷과 핫팩은 매우 유용하다.

4. 걸어서 위클로우 웨이Wicklow Way, 자이언트 코즈웨이Giant's Causeway, 모허절벽Cliff's of Moher에서 트레킹을 하려고 하면 제대로 갖춰 입어야 한다. 등산화를 가져가면 신발 때문에 고생을 안할 것이다. 시간이 된다면 미리 등산화를 신고 하루정도는 신어서 걸을 때 발이 아프지 않은지 확인하면 좋다.

5. 고급 레스토랑을 가려고 한다면 복장에 신경을 써야 한다. 고급 레스토랑은 우리나라도 마찬가지로 복장이 중요한 것처럼 스코틀랜드 인들도 복장에 민감하다. 만약 고급 레스토랑에서 멋진 저녁을 할 계획이 있다면 정장은 아니어도 차려 입어야 한다.

6. 11월~4월의 겨울 아일랜드를 여행한다면 기온이 낮지 않지만 바람 때문에 체감온도는 더 낮게 느껴질 수도 있으므로 방한대책을 제대로 갖춰야 한다.

여행 준비물

1. 여권
여권은 반드시 필요한 준비물이다. 의외로 여권을 놓치고 당황하는 여행자도 있으니 주의하자. 유효기간이 6개월 미만이면 미리 갱신하여야 문제가 발생하지 않는다.

2. 환전
유로(€)를 현금으로 준비하는 것이 가장 효율적이다. 예전에는 은행에 잘 아는 누군가에게 부탁해 환전을 하면 환전수수료가 저렴하다고 했지만 요즈음은 인터넷 상에 '환전우대권'이 많으므로 이것을 이용해 환전수수료를 줄여 환전하면 된다.

3. 여행자보험
물건을 도난당하거나 잃어버리든지 몸이 아플 때 보상 받을 수 있는 방법은 여행자보험에 가입해 활용하는 것이다. 아플 때는 병원에서 치료를 받고 나서 의사의 진단서와 약을 구입한 영수증을 챙겨서 돌아와 보상 받을 수 있다. 도난이나 타인의 물품을 파손 시킨 경우에는 경찰서에 가서 신고를 하고 '폴리스리포트'를 받아와 귀국 후에 보험회사에 절차를 밟아 청구하면 된다. 보험은 인터넷으로 가입하면 1만원 내외의 비용으로 가입이 가능하며 자세한 보상 절차는 보험사의 약관에 나와 있다.

4. 여행 짐 싸기
짧은 일정으로 다녀오는 아일랜드 여행은 간편하게 싸야 여행에서 고생을 하지 않는다. 돌아올 때는 면세점에서 구입한 물건이 생겨 짐이 늘어나므로 가방의 60~70%만 채워가는 것이 좋다. 주요물품은 가이드북, 카메라(충전기), 세면도구(숙소에 비치되어 있지만 일부 호텔에는 없는 경우도 있음), 수건(해변을 이용할 때는 큰 비치용이 좋음), 속옷, 상하의 1벌, 신발(운동화가 좋음)

5. 한국음식

각종 캔류

즉석밥

라면

6. 준비물 체크리스트

분야	품목	개수	체크(V)
생활용품	수건(수영장이나 바냐 이용시 필요)		
	썬크림		
	치약(2개)		
	칫솔(2개)		
	샴푸, 린스, 바디샴푸		
	숟가락, 젓가락		
	카메라		
	메모리		
	두통약		
	방수자켓(우산은 바람이 많이 불어 유용하지 않음)		
	트레킹화(방수)		
	슬리퍼		
	멀티어뎁터		
	패딩점퍼(겨울)		
식량	쌀		
	커피믹스		
	라면		
	깻잎, 캔 등		
	고추장, 쌈장		
	김		
	포장 김치		
	즉석 자장, 카레		
약품	감기약, 소화제, 지사제		
	진통제		
	대일밴드		
	감기약		

아일랜드 쇼핑

아일랜드 여행객들의 관심사는 쇼핑이 아니라 주로 경이로운 풍경이다. 물가가 높아 관광객들은 쇼핑을 많이 하는 편은 아니지만 제품이 우수한 양털제품은 인기가 높다. 아일랜드 여행자가 늘어나고 관심이 변화하면서 아름다운 아일랜드 의류, 캐릭터상품 등의 구입이 늘어나고 있다.

아일랜드에서는 품질과 디자인에 제 값을 지불하려는 관광객들을 대상으로 하기 때문에 우리나라 여행자들은 디자인 제품을 구입하지 않고 있다. 하지만 대부분의 상점들은 세금을 돌려주는 텍스 리펀드tax refund를 시행하여 상품가격의 7~15퍼센트를 할인해 주고 있다. 쇼핑시간은 다양하다. 아일랜드의 가게들은 주말에 몇 시간밖에 열지 않거나, 아예 문을 닫는다. 서점과 펍Pub 옆의 가게들은 매일 늦게 까지 문을 연다. (월~목 10~18시, 금 10~19시, 토 10~12시 또는 16시)

책(Books)

좋은 책들이 많지만 대부분 영어로 되어 있다. 오래된 서점들이 각 도시마다 있다.

의류(Clothing)

아웃도어와 양털제품인 아란^{Aran}이 유명하다. 가격은 높지만 의류들은 품질이 뛰어나고 디자인도 좋다.

양털 제품(Woollen Goods)
아일랜드 양은 순종의 혈통을 이어오는 동물이며 양털은 최고의 품질을 자랑하는데, 튼튼하고, 자연방수가 되며 부드럽고 따뜻한 양모제품의 재료가 된다. 전통 문양의 손뜨개 스웨터^{lopapeysa}를 만드는 재료가 되는 양털이다.

기네스

기네스는 맥주회사이지만 아일랜드에서 가장 유명한 브랜드로 의류, 머그컵 등의 기념품이 전국의 모든 기념품 가게에서 판매되고 있다.

캐릭터 상품
아일랜드에서 양을 캐릭터한 상품이 전국적으로 인기를 끌고 있으며 관광객들도 캐릭터 상품을 많이 구입하고 있다. 특히 아이들이 좋아할만한 아기자기한 상품이 인기가 높다.

수도인 더블린Dublin과 골웨이Galway, 킬라니Kearney 3개 도시에 집중되어 있으며 패션상점의 본거지이다. 아일랜드에서는 180€이상을 구매하면 택스 리펀드를 받을 수 있다. 텍스 리펀드는 공항에서 받아야 한다. 아일랜드 더블린 공항에서 받을 때는 1층으로 가지 말고 2층에 있는 'Customs Check for Tax Free' 표지판을 보고 찾아야 한다.

TAX FREE 란?
여행을 위해 방문한 국가에서 외국인이 여행 중에 구입한 물품을 현지에서 사용하지 않고 자국으로 가져간다는 조건으로 여행 중에 구입한 물건(품)에 붙은 부가가치세를 공제해주는 것을 말한다.

주의할 사항은 다른 유럽나라들과 다르게 검색대를 지나 출국심사를 한 후에 택스 리펀드를 받을 수 있다는 점이다. 엘리베이터를 타고 택스 리펀드Tax Refund 간판을 보고 따라가면 있다. 출국심사를 하고 택스 리펀드를 받았기 때문에 유로를 사용할 일이 없으니 되도록 신용카드로 환전 받는 것이 좋다.

버스킹(Busking)의 천국 아일랜드

아일랜드는 버스킹의 천국이라고 할 정도로 유명하다. 'Busking'이라는 단어는 '길거리에서 공연하다'라는 의미로 거리에서 자유롭게 공연하는 것을 뜻한다. 버스킹하는 공연자를 버스커Busker라고 부르며 버스커들은 악기, 마이크, 휴대용 앰프 등을 들고 다니며 거리 곳곳에서 관객과 소통하며 음악을 즐긴다.

버스킹Busking을 보기 위해 아일랜드를 여행 온다는 여행자도 보았다. 버스킹Busking을 오랫동안 했다는 아일랜드 인을 만나 그가 한 말에 공감이 된 적이 있다. "아일랜드 인들은 가난과 오랜 지배를 음악에 맞춰 극복했다"는 이야기를 들으며 문학뿐만 아니라 음악으로도 문화를 만들며 새로운 문화를 형성하는 아일랜드의 저력을 보게 되었다.

만약에 아일랜드에 버스킹Busking이 없었다면 심심한 거리풍경으로 다른 나라와 별 차이가 없었을 지도 모른다. 거리에 활력을 불어넣는 아일랜드의 수도, 더블린의 버스킹Busking은 허가를 받아야 하고 예술, 공연 등이 다른 공연과 영향을 주지 않는 일정거리를 유지해야 하는 원칙이 있다.

2017년 JTBC의 '비긴어게인'이라는 프로그램에서도 대한민국의 유명 뮤지션들이 아일랜드에서 버스킹을 할 정도로 아일랜드의 버스킹은 하나의 문화로 자리를 잡았다. 길거리를 걸어가다가 음악소리를 듣는다면 잠시 발걸음을 멈추고 음악의 선율에 빠져보는 호사를 누리기를 추천한다. 버스킹을 들은 후에 아일랜드는 다른 모습으로 당신에게 다가올 것이다.

아일랜드의 수도, 더블린의 버스킹Busking이 가장 많고 유명하다. 그룹 U2의 멤버인 보노는 갑자기 더블린의 그래프튼 거리에서 버스킹Busking을 하여 거리를 가는 사람들을 놀래키기도 했다고 한다. 더블린뿐만 아니라 서부의 골웨이Galway의 라틴지구에도 버스킹Busking이 유명하다. 더블린보다 더 가까운 거리에서 버스킹을 하고 있어 친숙한 느낌을 받을 것이다. 또한 남부의 코크Cork도 버스킹Busking이 유명하다.

렌트카 예약하기

글로벌 업체 식스트(SixT)

1. 식스트 홈페이지(www.sixt.co.kr)로 들어 간다.

2. 좌측에 보면 해외예약이 있다. 해외예약을 클릭한다.

3. Car Reservation에서 여행 날짜별, 장소별로 정해서 선택하고 밑의 Calculate price를 클릭한다.

4. 차량을 선택하라고 나온다. 이때 세 번째 알파벳이 "M"이면 수동이고 "A"이면 오토(자동)이다.

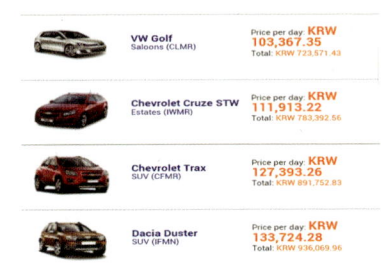

우리나라 사람들은 대부분 오토를 선택한다. 차량에 마우스를 대면 Select Vehicle가 나오는데 클릭을 한다.

5. 차량에 대한 보험을 선택하라고 나오면 보험금액을 보고 선택하고 밑에는 Gravel Protection은 자갈에 대한 차량 문제일 때 선택하라는 말이고, 세 번째는 ash and sand로 말 그대로 화산재나 모래로 차량에 문제일 때 선택을 하라는 이야기이다. 선택을하고 넘어간다.이때 세 번째에 나오는 문장은 패스하면 된다.

6. Pay upon arrival은 현지에서 차량을 받을 때 결재한다는 말이고, Pay now online은 바로 결재한다는 말이니 본인이 원하는 대로 선택하면 된다. 이때 온라인으로 결재하면 5%정도 싸지지만 취소할때는 3일치의 렌트비를 떼고 환불을 받을 수 있다는 것도 알고 선택하자. 다 선택하면 Accept rate and extras를 클릭하고 넘어간다.

7. 세부적인 결재정보를 입력하는데 *가 나와있는 부분만 입력하고 밑의 Book now를 클릭하면 예약번호가 나온다.

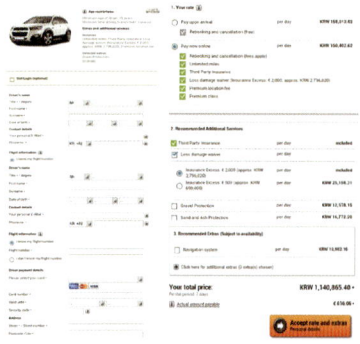

8. 예약번호와 가격을 확인하고 인쇄해 가거나 예약번호를 적어가면 된다.

9. 이제 다 끝났다. 현지에서 잘 확인하고 차량을 인수하면 된다.

아일랜드의 운전

대한민국과 아일랜드의 운전은 다르다. 아일랜드에서 운전하기가 처음에는 그리 만만치 않다. 우선 차량의 핸들 위치와 도로의 진행 방향이 대한민국과 반대이기도 하지만 그보다 대한민국에서 보기 힘든 양보 정신이 필요하기 때문이다. 아일랜드의 운전시 조심해야 할 사항을 알아보자.

1. 아일랜드에서 처음으로 버스나 택시를 타면 이상한 점을 발견한다. 자동차의 핸들이 우측에 달렸고 자동차가 중앙선을 기준으로 좌측통행을 한다. 수십 년간 한국에서 좌측 핸들과 우측통행에 익숙해진 우리는 어쩐지 어색하다. 차량 운전석 바퀴가 중앙선을 밟고 간다는 생각을 가지고 운전하면 금새 익숙해질 것이다.

2. 자동차의 편의장치를 조작하는 방향이 대한민국과 반대로 되어 있어 혼선을 빚는 경우가 다반사다. 가장 대표적인 것이 방향지시등과 와이퍼이다. 그래서 처음 운전할 때는 방향등을 켜야 하는데 와이퍼를 작동시키는 실수를 많이 한다. 수동 변속기를 대부분 사용하는 아일랜드는 기어를 왼손으로 조작해야 하는 것도 낯설다.

3. 큰 도로에서 폭이 좁은 도로로 진입할 때 우회전하려면 반대편에서 좌회전하는 차가 먼저 진입해야 하는 규정이 있다. 즉 우회전 차량이 양보를 해야 한다. 더블린는 출퇴근 시간에 교통 체증이 조금 있지만 그 외에는 그리 붐비지 않는다. 대부분의 시내 도로는 구릉으로 이루어져 오르막과 내리막이 많은 편이고 좁고 굽은 도로들이 많아서 시내에서는 운전에 조심해야 한다.

4. 시내에서 우리나라 운전자들은 좌우 회전할 때 방향 지시등을 켜지 않는 운전자가 있는데 이곳에서는 좌우 회전할 때 방향 지시등을 켜지 않으면 경찰에 단속당하기 쉽다.

5. 이면 도로 네거리를 통과할 때는 정지한 후 좌우를 살피고 진행해야 하지만 진행하던 도로 바닥에 정지선이 없으면 정차하지 않고 바로 주행해야 한다. 만약 일시정지를 하면 큰 사고로 이어지거나 뒤따라오는 차에게 방해를 줄 수 있다. 이것은 차가 많이 다니는 번잡한 도로에 우선적으로 차량을 통행하게 하기 위하여 정한 규칙이다. 그리고 주거 지역의 제한속도는 별도의 표지판이 없는 한 시속 50㎞이다.

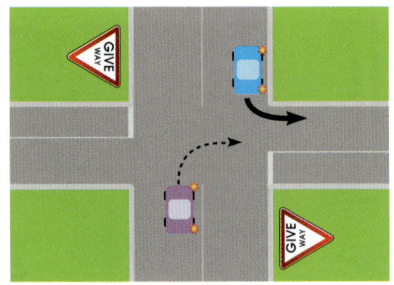

6. 시내를 벗어나면 100㎞로 달릴 수 있다. 하지만 곡선 부분을 통과할 때 노란색으로 70, 80, 90㎞ 등이 표시되어 있으면 속도를 지키지 않아서 벌금을 물겠지만 이보다는 과속을 하다가 차가 바깥으로 튕겨 나갈 위험이 있으므로 가급적이면 안전 속도를 지키라는 것이다.

7. 시골로 가면 가끔 1차선 교량을 만난다. 요즈음은 이런 곳에 신호등이 설치되어 그나마 불편함이 줄어들었지만 어떤 곳에서는 안내판을 보고 진행해야 한다. 전방의 안내판에 적색 화살표가 보인다면 일단 양보를 해야 하고 청색 화살표가 크게 보이면 그대로 직진해도 된다.

8. 차량 탑승자는 앞좌석이든 뒷좌석이든 반드시 전원이 안전벨트를 착용해야 하며 음주 운전은 절대 허용되지 않는다. 아일랜드의 도시를 벗어나면 겨울은 생각보다 춥기 때문에 그늘진 곳에는 빙판이 있을 수 있으니 조심해야 한다.

9. 시골길을 달리면 가끔 가축을 만나는데 이때는 지나갈 때까지 기다리는 것이 안전하다. 특히 야간에는 야생동물이 지나가기도 하므로 더욱 주의를 해야 한다.

10. 시골로 가서 주유소가 보이면 기름을 넣는 것이 좋고 화장실이 보이면 들어가서 볼일을 보는 것이 좋다. 왜냐하면 지도에 표시가 되어 있어도 막상 가보면 주유소가 없거나 있다고 해도 무인주유소이거나 오후에 문을 닫은 곳도 있다.

라운드 어바웃 Round About**인 회전교차로**
차를 타고 아일랜드를 다니다 보면 도로에서 생소하기도 하지만 많이 접하는 교통 시설이 라운드 어바웃Round About이다.

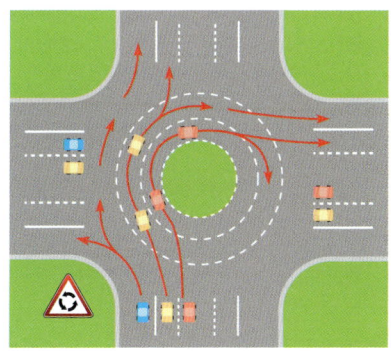

입하고 있다. 라운드 어바웃Round About의 가장 큰 장점은 신호등이 없지만 차가 물 흐르듯이 흐른다는 점이다.

나보다 먼저 로터리에 도착하거나 진입하는 차에게 통행의 우선권을 주는 것이다. 하지만 반드시 지켜야 하는 규칙이 있다. 네거리 쪽으로 진입할 때 나의 오른쪽 도로에서 차가 보이는 내 차는 무조건 정지하여 그 차가 먼저 지나갈 수 있도록 양보해야 한다. 반면에 내가 라운드 어바웃Round About으로 가까이 다가가고 있다면 나의 왼쪽에서 차가 정지하고 내가 지나갈 때까지 기다려야 한다.

만약 라운드 어바웃Round About이 없다면 4거리 주변에 신호등을 최소한 4~6개 설치해야 할 뿐만 아니라 차가 없는데도 신호등 때문에 멈춰 서 있어야 하는 불편함이 따른다. 사거리에 진입할 때 좌우를 살피면서 머뭇거리든가 이리저리 눈치를 보면서 진입해야 한다. 그러다가 교통사고라도 나면 정말 난처하다.

아일랜드의 운전이 어렵지 않은 이유
1. 일부 대도시를 제외하고 통행량이 많지 않아 수월하다.
2. 운전자 간 양보 운전이 생활화되어 있어 외국인도 편안하게 운전할 수 있다.
3. 대부분의 운전자들이 신호 및 교통법규를 철저하게 준수한다.
4. 2일정도만 운전하면 반대 운전이 적응된다.

아일랜드의 차들은 사이드 미러를 접는 기능이 거의 없다. 차 뒤에 붙이는 후사경도 거의 사용하지 않는다. 이것은 아일랜드가 도로의 폭이나 주차장 등을 여유롭게 설계했기 때문이다. 여유 공간이 많다는 것은 주차 및 운전이 까다롭지 않다는 말이다.

우측핸들이 된 이유는?
자동차가 생기기 전 영국에서는 마차를 타고 다녔는데, 이때 마부는 말고삐와 채찍을 흔들면서 운행하였다. 대부분의 사람들이 오른손잡이였기 때문에 마부 역시 채찍을 오른손에 들고 있었다. 오른손에 채찍을 들고 흔들 때 마부는 말을 기준으로 우측으로 앉아야 채찍이 뒷좌석의 승객의 몸에 맞지 않는다. 그래서 영국에서는 자동차의 핸들이 자연스럽게 오른쪽에 위치하게 된 것이라고 한다.
또한 좁은 도로에서 마차끼리 서로 교차하거나 추월할 때 좌측통행이 편리했다는 설도 있다. 허리에 칼을 찬 기사들도 대부분이 오른손잡이이기 때문에 칼을 왼쪽 허리에 비스듬히 차게 되는데, 그때 칼끝도 왼쪽으로 튀어나오게 된다. 이때 말을 탄 두 사람이 교차하여 지나갈 때 좌측통행을 하면 칼끝과 칼끝이 서로 부딪치지 않는데 이것이 자동차가 좌측통행하게 된 계기라고 한다.
일본의 경우는 근대화를 거치면서 영국의 교통 체계를 참고하였다는 이야기도 있고 일본 무사들이 칼끝을 서로 부딪치지 않게 하기 위하여 좌측으로 다녔다는 이야기도 있다. 우리나라와 같은 통행 방식인 미국은 마차의 폭이 넓고 두 마리의 말이 끄는 쌍두마차가 많았다고 한다. 이때 두 마리의 말에 채찍질을 하기 위해서는 마부가 왼편에 위치하는 것이 훨씬 편리했다는 것을 왼쪽 핸들의 유래로 보는 견해가 많다.

호수 섬 이니스프리

The Lake Isle of Innisfree

I will arise and go now, and go to Innisfree,
And a small cabin build there, of clay and wattles made;
Nine bean rows will I have there, a hive for the honeybee,
And live alone in the bee-loud glade.

And I shall have some peace there, for peace comes dropping slow,
Dropping from the veils of the morning to where the cricket sings;
There midnight's all a-glimmer, and noon a purple glow,
And evening full of the linnet's wings.

I will arise and go now, for always night and day
I hear lake water lapping with low sounds by the shore;
While I stand on the roadway, or on the pavements gray,
I hear it in the deep heart's core.

W. Yeats

나 이제 일어나 가리라, 이니스프리로 가리라
가서 잔가지 엮고 진흙 발라 오막살이 하나 지으리.
아홉 이랑 콩밭 갈고 벌통 하나 마련하여
벌이 잉잉대는 숲속의 빈터에 나 홀로 살리.

그러면 내게 평화가 방울져 내리며 찾아오겠지,
아침이 너울 벗을 때부터 귀뚜라미 울음 우는 저녁때까지.
거기에선 한밤중에도 온 세상이 은은히 빛을 발하고
한낮엔 자줏빛 일렁이고, 저녁이면 방울새 날갯짓 가득하지.

나 이제 일어나 가리라, 밤이나 낮이나 내 귓전에
호숫가 찰랑이는 물소리 나지막이 들리기에
대로 상에서도 잿빛 보도에 서 있을 때도
아! 그 소리 언제나 가슴속 깊이 저며드네.

아일랜드 운전

고속도로 요금(Toll Plaza)을 미리 확인하자

더블린 공항에서 시내로 이동하는 방법은 버스와 렌트카를 이용하는 것인데 렌트카를 이용한다면 시내로 들어갈 때 톨게이트 비용을 지불해야 한다. 톨프리 Toll Free(Barrier Free) 시스템으로 대부분은 요금이 없지만, M50인 더블린 외곽 고속도로 중간지점에는 다음 날 오후 8시까지 인터넷이나 전화를 이용하여 요금(요금 3€)을 지불해야 한다. 그래서 미리 렌트카 회사에서 미리 지불하여 차량을 반납할 때 포함하여 요금을 따로 받는 렌트카 회사가 많다.

더블린 광역지도

더블린 공항 렌트카 주의사항

렌트카는 시간적인 여유가 있어야 한다. 허츠Hertz, 에이비스AVIS, 유럽 카Europecar, 내셔널 National 등의 렌트카를 빌릴 때도 마찬가지지만 반납도 터미널에서 많이 떨어져 있다는 사실을 알고 있어야 한다. 터미널 바로 앞 주차장에서 차를 타고 각 렌트카 회사로 가서 최대한 빨리 빌리도록 되어 있지만 반납은 상대적으로 시간이 오래 소요된다. 그러므로 더블린 공항으로 돌아와 렌트카를 반납하고 공항으로 가는 시간은 3시간 이상 여유를 두어야 문제가 발생하지 않는다.

아일랜드의 도로구조

고속도로Motorway는 더블린을 중심으로 북쪽(벨파스트 방향)에서 부터 1번으로 시작해서 방사형으로 뻗어 있다. 1번 고속도로motorway는 북아일랜드로 이동하는 도로이고 6번 고속도로는 서부의 골웨이Galway 방향이며, 7번 고속도로는 남부인 리머릭Limerick, 8번 고속도로는 코크Cork로 가는 고속도로를 알고 있어야 운전을 하기 쉽다.

고속도로Motorway는 운전하기가 편하지만 아일랜드 국도는 N, R 그리고 북아일랜드 A, R의 도로는 운전하기가 쉽지 않다. 고속도로Motorway를 제외하면 국도에는 대부분 갓길이 없다. 또한 국도 R은 중앙선도 없어서 도로폭이 매우 좁다. 가급적 고속도로를 위주로 이용하는 것이 좋다.

도로 제한속도

고속도로Motorway는 120km, 국도인 N은 100km, R은 80km이다.

아일랜드
한 달 살기

솔직한 한 달 살기

요즈음, 마음에 꼭 드는 여행지를 발견하면 자꾸 '한 달만 살아보고 싶다'는 이야기를 많이 듣는다. 그만큼 한 달 살기로 오랜 시간 동안 해외에서 여유롭게 머물고 싶어 하기 때문이다. 직장생활이든 학교생활이든 일상에서 한 발짝 떨어져 새로운 곳에서 여유로운 일상을 꿈꾸기 때문일 것이다.

최근에는 한 달, 혹은 그 이상의 기간 동안 여행지에 머물며 현지인처럼 일상을 즐기는 '한 달 살기'가 여행의 새로운 트렌드로 자리잡아가고 있다. 천천히 흘러가는 시간 속에서 진정한 여유를 만끽하려고 한다. 그러면서 한 달 동안 생활해야 하므로 저렴한 물가와 주위

에 다양한 즐길 거리가 있는 도시들이 한 달 살기의 주요 지역으로 주목 받고 있다. 한 달 살기의 가장 큰 장점은 짧은 여행에서는 느낄 수 없었던 색다른 매력을 발견할 수 있다는 것이다.

사실 한 달 살기로 책을 쓰겠다는 생각을 몇 년 전부터 했지만 마음이 따라가지 못했다. 우리의 일반적인 여행이 짧은 기간 동안 자신이 가진 금전 안에서 최대한 관광지를 보면서 많은 경험을 하는 것을 하는 것이 자유여행의 패턴이었다. 하지만 한 달 살기는 확실한 '소확행'을 실천하는 행복을 추구하는 것처럼 보였다. 많은 것을 보지 않아도 느리게 현지의 생활을 알아가는 스스로 만족을 원하는 여행이므로 좋아 보였다. 내가 원하는 장소에서 하루하루를 즐기면서 살아가는 문화와 경험을 즐기는 것은 좋은 여행방식이다.

하지만 많은 도시에서 한 달 살기를 해본 결과 한 달 살기라는 장기 여행의 주제만 있어서 일반적으로 하는 여행은 그대로 두고 시간만 장기로 늘린 여행이 아닌 것인지 의문이 들었다. 현지인들이 가는 식당을 가는 것이 아니고 블로그에 나온 맛집을 찾아가서 사진을 찍고 SNS에 올리는 것은 의문을 가지게 만들었다. 현지인처럼 살아가는 것이 아니라 풍족하게 살고 싶은 것이 한 달 살기인가라는 생각이 강하게 들었다.

현지인과의 교감은 없고 맛집 탐방과 SNS에 자랑하듯이 올리는
여행의 새로운 패턴인가, 그냥 새로운 장기 여행을 하는 여행자일 뿐이 아닌가?

현지인들의 생활을 직접 그들과 살아가겠다고 마음을 먹고 살아도 현지인이 되기는 힘들다. 여행과 현지에서의 삶은 다르기 때문이다. 단순히 한 달 살기를 하겠다고 해서 그들을 알 수도 없는 것은 동일할 수도 있다. 그래서 한 달 살기가 끝이 나면 언제든 돌아갈 수 있다는 것은 생활이 아닌 여행자만의 대단한 기회이다. 그래서 한동안 한 달 살기가 마치 현지인의 문화를 배운다는 것은 거짓말로 느껴졌다.

시간이 지나면서 다시 생각을 해보았다. 어떻게 여행을 하든지 각자의 여행이 스스로에게 행복한 생각을 가지게 한다면 그 여행은 성공한 것이다. 그것을 배낭을 들고 현지인들과 교감을 나누면서 배워가고 느낀다고 한 달 살기가 패키지여행이나 관광지를 돌아다니는 여행보다 우월하지도 않다. 한 달 살기를 즐기는 주체인 자신이 행복감을 느끼는 것이 핵심이라고 결론에 도달했다.

요즈음은 휴식, 모험, 현지인 사귀기, 현지 문화체험 등으로 하나의 여행 주제를 정하고 여행지를 선정하여 해외에서 한 달 살기를 해보면 좋다. 맛집에서 사진 찍는 것을 즐기는 것으로도 한 달 살기는 좋은 선택이 된다. 일상적인 삶에서 벗어나 낯선 여행지에서 오랫동안 소소하게 행복을 느낄 수 있는 한 달 동안 여행을 즐기면서 자신을 돌아보는 것이 한 달 살기의 핵심인 것 같다.

여행을 하면서도 우리는 기회비용이라는 경제행동을 한다. 그러니 코로나 바이러스 이후에 한 달 살기를 하면서 우리가 포기한 기회비용보다 더욱 많은 것을 얻도록 노력해야 하겠다고 생각할 수도 있다. 우리가 대개 여행을 하면서 포기하게 되는 기회비용은 여행기간 동안 벌 수 있는 '돈'과 다른 무언가를 할 수 있는 '시간'이 대표적이다.

하지만 좀 바꾸어 생각해보면 여행의 무형적인 요소로, 한 번의 여행으로 내 인생이 달라진다면, 포기한 돈(여기서 기회비용)은 싼 가격으로 책정될 수 있지만 여행에서 얻은 것이 없다면 비싼 가격으로 매겨질 수 있다.

일반적으로 구입하는 물품에 감가상각이라는 것이 있지만, 한 번 다녀온 한 달 살기 여행이 자신의 인생에서 평생 동안 도움이 된다면 감가상각기간이 평생이기 때문에 감가상각비용은 거의 발생하지 않는다. 그리고 여행으로 인생이 바뀌었다면, 여행으로 받은 이익이 매우 크기 때문에 기회비용은 이익에 비해 무료로 계산될 수도 있다. 200만 원으로 다녀온 한 달 살기 여행이, 그때 소요된 200만 원이 전혀 아깝지 않을 정도의 여행이었다면 되는 것이다.

같은 건물을 봐도, 모두 다 다른 생각을 하고, 같은 길을 걸어도 저마다 드는 생각은 다른 것처럼, 여행을 통해 얻을 수 있는 기회비용대비 최고의 가치도 각자 다르다. 지금의 나에게 있어 최저의 기회비용을 가지는 최고의 여행은 어떤 것일까? 한 달 살기처럼 새로운 여행형태는 계속 생겨날 것이다. 왜냐하면 우리는 여행을 계속 할 거니까.

한 달 살기의 디지털 노마드 Digital Nomad

햇볕이 따사롭게 내리쬐는 나른한 오후에는 아일랜드의 분위기 좋은 카페에서 즐기는 재미가 있다. 우기에는 비가 내리는 날에 창문 밖으로 보이는 넓은 카페에 앉아 커피 한잔을 마시며 편안한 오후를 즐겨 보는 것도 한 달 살기에서 느낄 수 있는 낭만이다.

커피는 유럽에서 먼저 즐기기 시작했지만 아일랜드가 경제적으로 성장하면서 아일랜드의 카페에서는 아일랜드만의 다른 커피 맛을 즐길 수 있다. 유럽의 프랑스는 카페Cafeé, 이탈리아는 카페Caffe, 독일은 카페Kaffee등으로 부르는 데 각 나라마다 커피 맛도 조금씩 다르다. 그런데 유럽의 프랑스가 인도차이나 반도를 제국주의 시절 차지한 까닭에 베트남, 라오스는 프랑스의 카페Cafeé 문화가 현지화되어 지금에 이르렀다. 그래서 라오스와 프랑스는 커피를 내리는 방식이 비슷한 느낌이다. 하지만 아일랜드는 19세기의 유럽의 최빈국에서 21세기의 경제 성장 후에 아일랜드의 자신감 넘치는 젊은이들을 중심으로 다른 커피 문화를 가지고 있다.

아일랜드는 상당히 국제화된 커피를 즐긴다. 그래서 우리가 마시는 커피 메뉴와 다르지 않아서 이질적인 커피가 아니고 동질적인 커피일 것 같다. 유럽의 이탈리아나 프랑스의 많은 카페에는 각국의 문화가 녹아들면서 커피문화가 현지화되어 분위기에 취해 맛좋은 커피가 많다. 최근에 인기를 끌고 있는 한 달 살기에서 해볼 수 있는 것 중에 커피를 즐기면서 카페를 다녀보는 것도 추천하게 된다.

대한민국에서 가장 많이 팔리는 커피 메뉴인 아메리카노는 기본이고 유럽에서 많이 마시는 에스프레소, 카페 라떼와 함께 빵을 마시면서 카페에서 즐길 수 있는 것도 상당한 재미있다.

19세기 유럽의 카페에서 문학가나 화가 등의 예술가들이 모여 자신들이 서로 좋아하는 사람들끼리 모여 사색하고 토론하면서 저마다의 독특한 카페 문화를 만들어 유명해졌다면 한 달 살기의 성지에서는 전 세계 사람들이 새롭게 일하는 형태인 디지털 노마드Digital Nomad가 유행하고 있다. 미국의 실리콘밸리나 유럽의 회사에서 일하지만 치앙마이나 발리에서 자신이 일을 하며 교류할 수 있는 디지털 노마드Digital Nomad는 더욱 활발해지고 있다. 그들은 카페에서 만나고 이야기하고 같은 직종의 일을 하면서 더욱 친해진다. 이제 낭만적인 파리의 카페가 아니고 21세기에는 전 세계 어디든 한 달 살기의 다양한 카페 문화가 지구촌으로 퍼져 나갈지도 모른다.

느슨한 형태의 직장이자 같은 공간에서 일을 하지 않고 지구 반대편의 치앙마이나 인도네시아의 발리에서 한 잔의 커피 속에 잠시나마 여행의 느낌을 느낄 수도 있고, 직장인의 중간 지점에서 각자 사색과 고독을 음미하고 현지인들과 함께 낭만적인 여유와 새로운 일에 파묻혀 살아가고 있다. 가끔씩 아날로그적인 엽서 한 장을 구입해 고국에 있는 그리운 사람들에게 엽서를 띄우기도 한다. 주머니가 가벼운 디지털 노마드Digital Nomad에게도 카페에서 보내는 낭만과 여유가 살아갈 맛을 느끼게 된다.

한 달 살기의 대중화

코로나 바이러스의 팬데믹 이후의 여행은 단순 방문이 아닌, '살아보는' 형태의 경험으로 변화할 것이다. 만약 코로나19가 지나간 후 우리의 삶에 어떤 변화가 다가올 것인가?

코로나 바이러스 팬데믹 이후에도 우리는 여행을 할 것이다. 여행을 하지 않고 살아갈 수 있는 사회로 돌아가지는 않는다. 이런 흐름에 따라 여행할 수 있도록, 대규모로 가이드와 함께 관광지를 보고 돌아가는 패키지 중심의 여행은 개인들이 현지 중심의 경험을 제공할 수 있는 다양한 방식의 여행이 활성화될 수 있다. 많은 사람이 '살아보기'를 선호하는 지역의 현지인들과 함께 다양한 액티비티가 확대되고 있다. 코로나19로 인해 국가 간 이동성이 위축되고 여행 산업 전체가 지금까지와 다른 형태로 재편될 것이지만 역설적으로 여행 산업에는 새로운 성장의 기회가 될 수 있다.

코로나 바이러스가 지나간 이후에는 지금도 가속화된 디지털 혁신을 통한 변화를 통해 우리의 삶에서 시·공간의 제약이 급격히 사라질 것이다. 디지털 유목민이라고 불리는 '디지털 노마드'의 삶이 코로나 이후에는 사람들의 삶 속에 쉽게 다가올 수 있다. 재택근무가 활성화되는 코로나 이후의 현장의 상황을 여행으로 적용하면 '한 달 살기' 등 원하는 지역에서 단순 여행이 아닌 현지를 경험하며 내가 원하는 지역에서 '살아보는' 여행이 많아질 수 있다. 여행이 현지의 삶을 경험하는 여행으로 변화할 것이라는 분석도 상당히 설득력이 생긴다.

결국 우리 앞으로 다가온 미래의 여행은 4차 산업혁명에서 주역이 되는 디지털 기술이 삶에 밀접하게 다가오는 원격 기술과 5G 인프라를 통한 디지털 삶이 우리에게 익숙하게 가속화되면서 균형화된 일과 삶을 추구하고 그런 생활을 살면서 여행하는 맞춤형 여행 서비스가 새로 생겨날 수 있다. 그 속에 한 달 살기도 새로운 변화를 가질 것이다.

한 달 살기는 삶의 미니멀리즘이다.

요즈음 한 달 살기가 늘어나면서 뜨는 여행의 방식이 아니라 하나의 여행 트렌드로 자리를 잡고 있다. 한 달 살기는 다시 말해 장기여행을 한 도시에서 머물면서 새로운 곳에서 삶을 살아보는 것이다. 삶에 지치거나 지루해지고 권태로울 때 새로운 곳에서 쉽게 다시 삶을 살아보는 것이다. 즉 지금까지의 인생을 돌아보면서 작게 자신을 돌아보고 한 달 후 일상으로 돌아와 인생을 잘 살아보려는 행동의 방식일 수 있다.

삶을 작게 만들어 새로 살아보고 일상에서 필요한 것도 한 달만 살기 위해 짐을 줄여야 하며, 새로운 곳에서 새로운 사람들과의 만남을 통해서 작게나마 자신을 돌아보는 미니멀리즘인 곳이다. 집 안의 불필요한 짐을 줄이고 단조롭게 만드는 미니멀리즘이 여행으로 들어와 새로운 여행이 아닌 작은 삶을 떼어내 새로운 장소로 옮겨 살아보면서 현재 익숙해진 삶을 돌아보게 된다.

다른 사람들과 만나고 새로운 일상이 펼쳐지면서 새로운 일들이 생겨나고 새로운 일들은 예전과 다르게 어떻다는 생각을 하게 되면 왜 그때는 그렇게 행동을 했을 지 생각을 해보게 된다. 한 달 살기에서는 일을 하지 않으니 자신을 새로운 삶에서 생각해보는 시간이 늘어나게 된다.

그래서 부담없이 지내야 하기 때문에 물가가 저렴해 생활에 지장이 없어야 하고 위험을 느끼지 않으면서 지내야 편안해지기 때문에 안전한 태국의 치앙마이나 방콕, 푸켓, 끄라비 등을 선호하게 된다. 그렇지만 나는 런던에서 무료로 체험할 수 있는 곳에서 이것저것 보면서 느껴지는 것이 많았던 런던 한 달 살기가 좋았다.

외국인에게 개방된 나라가 새로운 만남이 많으므로 외국인에게 적대감이 없는 태국이나, 한국인에게 호감을 가지고 있는 베트남이 선택되게 된다.
새로운 음식도 매일 먹어야 하므로 내가 매일 먹는 음식과 크게 동떨어지기보다 비슷한 곳이 편안하다. 또한 대한민국의 음식들을 마음만 먹는 다면 쉽고 간편하게 먹을 수 있는 곳이 더 선호될 수 있다.

삶을 단조롭게 살아가기 위해서 바쁘게 돌아가는 대도시보다 소도시를 선호하게 되고 현대적인 도시보다는 옛 정취가 남아있는 그늑한 분위기의 도시를 선호하게 된다. 그러면서도 쉽게 맛있는 음식을 다양하게 먹을 수 있는 식도락이 있는 도시를 선호하게 된다.

그렇게 한 달 살기에서 가장 핫하게 선택된 도시는 태국 북부의 치앙마이와 남부의 푸켓, 끄라비 등이 많지만 세계에서 문화를 선도하고 있는 런던에서 살아보는 것도 추천한다. 굉장히 높은 물가로 런던에서 살기는 힘들지만 안전한 치안, 세계 최강대국으로 자리매김했던 런던의 건축물부터 문화까지가 중요한 선택사항이다.

경험의 시대

소유보다 경험이 중요해졌다. '라이프 스트리머Life Streamer'라고 하여 인생도 그렇게 산다. 스트리밍 할 수 있는 나의 경험이 중요하다. 삶의 가치를 소유에 두는 것이 아니라 경험에 두기 때문이다.

예전의 여행은 한번 나가서 누구에게 자랑하는 도구 중의 하나였다. 그런데 세상은 바뀌어 원하기만 하면 누구나 해외여행을 떠날 수 있는 세상이 되었다. 여행도 풍요 속에서 어디를 갈지 고를 것인가가 굉장히 중요한 세상이 되었다. 나의 선택이 중요해지고 내가 어떤 가치관을 가지고 여행을 떠나느냐가 중요해졌다.

개개인의 욕구를 충족시켜주기 위해서는 개개인을 위한 맞춤형 기술이 주가 되고, 사람들은 개개인에게 최적화된 형태로 첨단기술과 개인이 하고 싶은 경험이 연결될 것이다. 경험에서 가장 하고 싶어 하는 것은 여행이다. 그러므로 여행을 도와주는 각종 여행의 기술과 정보가 늘어나고 생활화 될 것이다.

세상을 둘러싼 이야기, 공간, 느낌, 경험, 당신이 여행하는 곳에 관한 경험을 제공한다. 당신이 여행지를 돌아다닐 때 자신이 아는 것들에 대한 것만 보이는 경향이 있다. 그런데 가

끔씩 새로운 것들이 보이기 시작한다. 이때부터 내 안의 호기심이 발동되면서 나 안의 호기심을 발산시키면서 여행이 재미있고 다시 일상으로 돌아올 나를 달라지게 만든다. 나를 찾아가는 공간이 바뀌면 내가 달라진다. 내가 새로운 공간에 적응해야 하기 때문이다. 여행은 새로운 공간으로 나를 이동하여 새로운 경험을 느끼게 해준다. 그러면서 우연한 만남을 기대하게 하는 만들어주는 것이 여행이다.

당신이 만약 여행지를 가면 현지인들을 볼 수 있고 단지 보는 것만으로도 그들의 취향이 당신의 취향과 같을지 다를지를 생각할 수 있다. 세계는 서로 조화되고 당신이 그걸 봤을 때 "나는 이곳을 여행하고 싶어 아니면 다른 여행지를 가고 싶어"라고 생각할 수 있다. 여행지에 가면 세상을 알고 싶고 이야기를 알고 싶은 유혹에 빠지는 마음이 더 강해진다. 우리는 적절한 때에 적절한 여행지를 가서 볼 필요가 있다. 만약 적절한 시기에 적절한 여행지를 만난다면 사람의 인생이 달라질 수도 있다.

여행지에서는 누구든 세상에 깊이 빠져들게 될 것이다. 전 세계 모든 여행지는 사람과 문화를 공유하는 기능이 있다. 누구나 여행지를 갈 수 있다. 막을 수가 없다. 누구나 와서 어떤 여행지든 느끼고 갈 수 있다는 것, 여행하고 나서 자신의 생각을 바꿀 수 있다는 것이 중요하다. 그래서 여행은 건강하게 살아가도록 유지하는 데 필수적이다. 여행지는 여행자에게 나눠주는 로컬만의 문화가 핵심이다.

또 하나의 공간, 새로운 삶을 향한 한 달 살기

"여행은 숨을 멎게 하는 모험이자 삶에 대한 심오한 성찰이다"

한 달 살기는 여행지에서 마음을 담아낸 체험을 여행자에게 선사한다. 한 달 살기는 출발하기는 힘들어도 일단 출발하면 간단하고 명쾌해진다. 도시에 이동하여 바쁘게 여행을 하는 것이 아니고 살아보는 것이다. 재택근무가 활성화되면 더 이상 출근하지 않고 전 세계 어디에서나 일을 할 수 있는 세상이 열린다. 새로운 도시로 가면 생생하고 새로운 충전을 받아 힐링Healing이 된다. 아일랜드는 영어연수 뿐만 아니라 오랜 시간을 머물면서 더블린을 찾았을 때, 느긋하게 즐기면서도 저렴한 물가에 마음마저 편안해지는 것에 매료되게 되었다.

무한경쟁에 내몰린 우리는 마음을 자연스럽게 닫았을지 모른다. 그래서 천천히 사색하는 한 달 살기에서 더 열린 마음이 될지도 모른다. 삶에서 가장 중요한 것은 행복한 것이다. 뜻하지 않게 사람들에게 받는 사랑과 도움이 자연스럽게 마음을 열게 만든다. 하루하루가 모여 나의 마음도 단단해지는 곳이라고 생각한다.

인공지능시대에 길가에 인간의 소망을 담아 돌을 올리는 것은 인간미를 느끼게 한다. 한 달 살기를 하면서 도시의 구석구석 걷기만 하니 가장 고생하는 것은 몸의 가장 밑에 있는 발이다. 걷고 자고 먹고 이처럼 규칙적인 생활을 했던 곳이 언제였던가? 규칙적인 생활에도 용기가 필요했나보다.

한 달 살기 위에서는 매일 용기가 필요하다. 용기가 하루하루 쌓여 내가 강해지는 곳이 느껴진다. 고독이 쌓여 나를 위한 생각이 많아지고 자신을 비춰볼 수 있다. 현대의 인간의 삶은 사막 같은 삶이 아닐까? 이때 나는 전 세계의 아름다운 도시를 생각했다. 인간에게 힘든 삶을 제공하는 현대 사회에서 천천히 도시를 음미할 수 있는 한 달 살기가 사람들을 매료시키고 있다.

Ireland
아일랜드

아일랜드 IN

항공

인천공항에서 아일랜드로 들어가는 직항 노선은 없다. 아일랜드는 대체로 잉글랜드의 런던을 통해 입국한다. 다행히 유럽 최대의 저가항공인 라이언 에어와 이지젯 노선이 다양하여 아일랜드 여행자는 더욱 늘어나고 있다.

아일랜드는 에어 링구스Aer Ringus라는 항공이 있지만 노선이 많지 않아 여행자에게 도움이 되지는 않는다. 잉글랜드의 런던까지 이동해 비행기로 아일랜드의 수도, 더블린으로 이동하는 방법으로 패키지 여행상품에서 런던과 함께 아일랜드를 동시에 여행하는 방법으로 홍보하고 있다.

가장 빨리 아일랜드로 가는 방법은 런던으로 도착해 바로 이어지는 아일랜드의 더블린으로 갈아타고 이동하는 방법이지만 비행시간이 14시간 정도가 소요된다.

아일랜드 자국 항공사

아일랜드 국적 항공사는 에어 링구스 (Aer Lingus), 저가 항공 라이언에어(Ryanair)를 이용할 수 있다.

▶에어 링구스(Aer Lingus)
www.aerlingus.com
▶에어 아란(Aer Arann)
www.aerarann.com (주로 국내선 운항)
▶라이언 에어(Ryan Air)
www.ryanair.com/ie

더블린 공항

2개의 터미널로 구성되어 있으며, 미국편과 에어 링구스Aer Lingus 항공편은 터미널2, 그 외 운항편은 터미널1을 이용한다. 더블린 공항은 큰 규모는 아니어서 입국장에서 나오면 관광 안내소와 상점들이 있고 나가면 정면에 공항버스 2개 노선이 횡단보도를 건너 있다.

택시는 오른쪽에 단체로 대기하고 있다. 아일랜드는 대중교통이 다양하지 않아 렌트카로 여행하는 여행자의 비중이 높아 오른쪽에 대형으로 렌트카 센터를 운영 중에 있다. 공항 앞의 주차장에서 렌트카를 받고 이동하지 않기 때문에 렌트카 이용에는 다소 시간이 소요된다. 예약을 확인하고 바로 나가면 렌트카 회사들이 운영하는 버스를 이용해 렌트카 회사 사무실로 이동한다.

페리

잉글랜드에서 아일랜드로 가는 방법 중에 유람선을 타고 다녀오는 방법이 있다. 스코틀랜드의 케언리언Cairnryan에서 페리를 타고 북아일랜드의 벨파스트Belfast로 1시간이면 이동이 가능하다. 이들은 같은 영국연방으로 본토로 이동하는 전통적인 방법이다.

저렴한 페리를 타고 벨파스트로 이동이 가능하다. 영국의 리버플과 홀리헤드에서 약 2시간 30분~3시간 지나면 마일랜드의 더블린에 도착하는데 이것이 버를린으로 가는가장 빠른 방법이다. 아일랜드 남부의 코크Cork와 로시아르Rossiare로 이동하는 페리로 운영하고 있다.

시설

유람선은 7층 이상으로 가족실을 비롯해 다양한 선실을 갖추고 있고 선내에는 뷔페식 레스토랑을 비롯하여 디스코텍, 바, 사우나와 면세점 등 다양한 부대시설을 갖추고 있다. 바다에 떠 있는 호텔이라고 할 만큼 모든 면에서 부족함이 없다. 저녁에 바다 저편으로 노을이 지는 것을 바라보면서 여행의 또 다른 재미를 느끼게 된다.

같은 공항을 이용하자

런던에 도착하는 시간과 런던에서 더블린까지 이동하는 저가항공의 시간을 맞춰 예약하면 편리하고 시간을 절약할 수 있다. 국제선의 대부분은 영국의 히드로 공항(Heathrow)에 도착하지만 이지젯(Easy Jet)이나 라이언 에어(Ryan Air), 에어링구스(Aer Lingus)같은 저가항공은 공항이 다른 곳인 경우가 많다. 비용이 조금 더 비싸더라도 같은 히드로 공항(Heathrow)에서 도착과 출발을 한 곳에서 이용하는 것이 좋다. 하지만 저가항공이라면 히드로 공항에서 런던의 각 공항으로 이동하는 버스를 타고 이동해야 한다.

더블린으로 가는 항공편을 구할 수 있을지 걱정하기도 하지만 현재 유럽의 각 항공사들은 더블린으로 이동하는 항공편을 다양하게 운항 중이기 때문에 걱정하지 않아도 된다. 특히 저가항공인 라이언 에어와 이지젯, 에어 링구스가 매일 다양한 노선을 운행 중에 있다.

공항 미리보기

더블린 공항

환전소

인포메이션 센터

공항은 작은데 아일랜드 여행자가 많아 짐을 찾는 곳은 항상 만원이다.

공항 오른쪽의 렌트카 센터에는 모든 렌트카 사무실이 모여있다.

WHSmith에서 심카드를 구입할 수 있다.

렌트카를 이용하는 여행자가 많아 항상 렌트카회사 버스를 이용하는 곳은 붐빈다.

택시도 많이 이용한다.

공항버스는 티켓오피스에서 직원에게 구입
하거나 티켓머신에서 구입이 가능하다.

공항에서 시내 IN

버스

공항버스는 약간 왼쪽의 횡단보도를 건너면 에어코치Aircoach와 2번 횡단보도를 건너면 더블린 버스에서 운영하는 에어링크Airlink가 있다.
더블린공항에서 시내까지 가는 공항버스는 약30~40분 정도 소요된다.

▶요금_ 편도 €7.00, 왕복 €12.00

다른 아일랜드 도시에서 더블린 IN

기차

더블린에는 북아일랜드Belfast, 위클로Wicklow, 웩스퍼드Wexford 등 아일랜드 북부와 남부지역 운행하는 코널리Connolly 역과 골웨이Galway, 코크Cork, 슬라이고Sligo 등 서부와 중부지역 운행하는 휴스턴Heuston 역이 있다. 이용방법에 따라 다양한 승차권이 있고, 승차권은 기차역과 온라인으로 구매가 가능하다. 구간에 따라 요금이 다르기 때문에 사전에 확인해야 한다.

▶편도_ €10.15, 왕복 €14.95(성인)

아일랜드 국영 철도 회사(Irish rail)_ www.irishrail.ie (전화 +353 (0)1 836 6222)

시외버스

아일랜드의 국영 버스회사인 에이렌안 Bus Éireann이 전국에 모든 도시와 마을까지 운영하고 있으며, 운행 방법에 따라 고속버스, 통근버스, 지역버스, 영국 – 아일랜드 버스로 분류된다. 이용방법에 따라 다양한 승차권이 있지만 편도에 비해 왕복승차권이 저렴하다.

국영 버스회사, 에이렌안(Bus Éireann)
- ▶주소 | Busáras (Central Bus Station), Store Street, Dublin 1
- ▶전화 | +353 (0)1 836 6111
- ▶홈페이지 | www.buseireann.ie

북아일랜드
Ulster Bus
- ▶주소 | Northern Ireland Railways
- ▶홈페이지 | www.translink.co.uk

16세 미만은 어린이 요금적용, 16세 이상 학생(공인된 학생증 소지자)은 학생 요금, 66세 이상의 아일랜드 거주자 또는 아일랜드 사회 보호부가 승인한 허가 자는 무료(12세 미만 아동은 단독 승차 불가하며 16세 이상의 보호자의 동행요망)

아일랜드 렌트카

아일랜드에서는 다양한 렌터카 업체들이 영업을 하고 있다. 사전에 예약을 하면 공항에 도착하자마자 공항 내 영업소에서 차량을 빌릴 수 있다. 더블린을 비롯해 골웨이, 코크 등의 도시에는 렌터카 업체들이 데스크를 열고 있다.

미리 예약을 못했다고 공항에 도착해서 각 업체에 문의를 하면 차량을 이용할 수 있다. 물론 성수기에는 예약하지 않으면 차를 빌릴 수 없거나 원하는 차량을 빌리지 못할 수도 있다. 따라서 렌터카는 출발 전에 미리 예약을 해놓는 것이 비용도 저렴하고 안전하다.

대부분 반납과 대여 장소가 같다

아일랜드는 글로벌 업체가 아니라도 반납과 대여 장소가 달라도 가능하다. 아일랜드는 국토의 면적이 작기 때문에 입국

과 출국이 더블린에서 이루어지는 경우가 많다. 들어오고 나가는 공항이 같으면 공항까지 교통비의 지출이 없고 시간이 절약되기 때문에 여행 일정을 효율적으로 짤 수 있다.

주행거리 제한과 보험 확인은 필수
렌트를 할 때 반드시 확인해야 하는 사항이 두가지가 있다. 렌트카에 주행거리 제한이 있는가와 보험적용이 되는지 여부이다. 대부분의 나라에서 주행거리 제한 여부에 따라 대여료가 달라지는 경우가 있다.

또 대인 대물만 보험에 포함되고 자차보험은 추가로 들어야 하는 경우도 있다. 따라서 가급적 주행거리 제한이 없고 보험이 모두 적용된 차량을 빌려야 만약에 발생할 수 있는 사고에 대비할 수 있다.

차량의 외관도 꼼꼼하게 확인
현지 렌트카 업체에서 렌트를 하게 되면 차량의 외관도 꼼꼼하게 확인해야 한다. 글로벌 업체들은 약간의 흠집은 차량 반납할 때에 문제를 삼지 않는데 로컬업체들은 문제가 될 수 있기 때문에 미리 사진이나 동영상을 찍어놔야 차량반납이 쉽게 이루어질 수 있다.

로드킬(Roadkill)은 주의하자
아일랜드에서 운전을 하면서 밤에는 로드킬이 발생할 수 있다. 특히 도심을 벗어나면 대부분이 숲이 많기 때문에 야생의 환경 그대로 노출되어 야생동물을 치는 로드킬은 종종 일어난다. 되도록 저녁이후에는 운전을 하지 말고 서행하면서 운전을 해야 한다.

Dublin
더블린

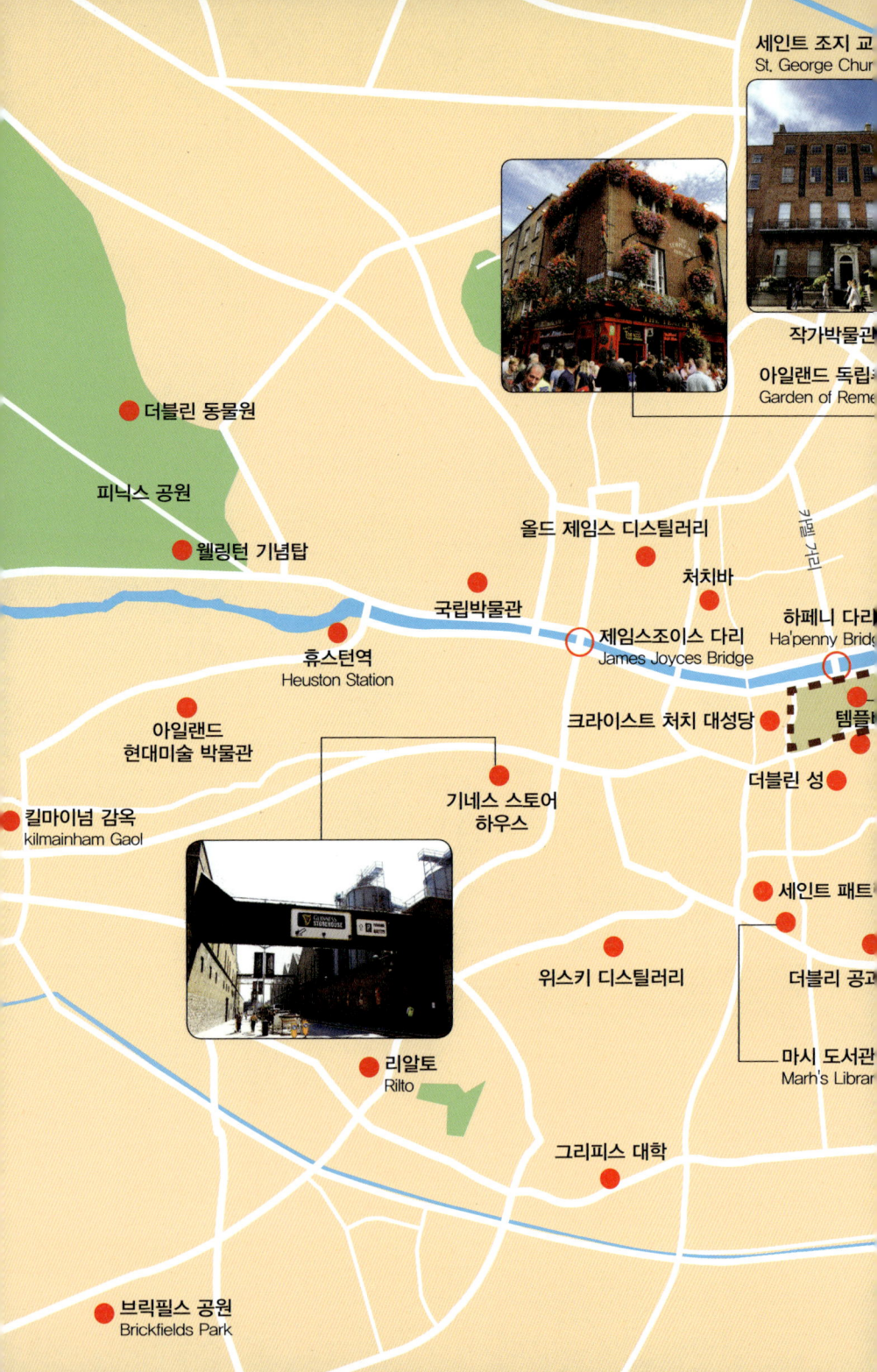

크로크 공원

EastPoint비지니스 공원

벨베데레대학
Beledere Cillege

마운트조이 스퀘어

제임스조이스 센터

애비극장
Abby Theatre

버스아라스
Busaras

코넬리역
Connolly Rail Station

중앙우체국

파이어스 첨탑

더블린 세관

템플바구역

대기근 청동상

지니 존스턴 호

리피 강

트리니티 칼리지

Book of Kells

몰리말론 동상

그래프턴거리
Grafton Stree

고학박물관

아일랜드 국립미술관

자연사 박물관
National History Museum

메리온스퀘어

스티븐 그린공원
ephen's Green

오스카 와일드 동상

한눈에 더블린 파악하기

아일랜드의 수도, 더블린은 영국에 반항적이지만 풍부한 문학적 전통과 친절한 시민들로 가득하다. 인구 약 2백만 명의 아일랜드 최대 도시인 더블린의 중심부는 도보나 자전거로 돌아다닐 수 있을 만큼 아담하다. 길거리의 펍Pub에서 흘러나오는 음악을 들으며 흥겨운 음악의 전통을 느껴 볼 수 있다. 유서 깊은 건물과 기념비들은 아일랜드의 문화적, 종교적 유산을 대변한다. 블룸즈데이 페스티벌이 열리는 6월 16일에는 더블린 전체가 더블린 출신의 세계적인 작가 제임스 조이스의 생애를 기린다.

더블린의 중심가인 오코넬거리를 걷다 보면 더블린 스파이어가 한눈에 들어온다. 더블린 스파이어Spires는 더블린 시내 어디서든 볼 수 있기 때문에, 구불구불한 골목을 헤매다 길을 잃으면 고개를 들어 스파이어Spires를 찾아 위치를 확인할 수 있다. 오코넬 다리 반대편의 리피 강 건너편에는 아일랜드에서 가장 오래된 대학인 트리니티 칼리지Trinity College가 있다. 인근에 국립 미술관이 있다.

데임 스트리트Dame Street를 따라 걷다 시청을 지나면 더블린의 종교적 중심지인 크라이스트처치 성당이 나온다. 중세의 지하납골당에서부터 고양이와 쥐의 미라까지, 성당은 관광객의 마음까지 사로잡는다.

대성당에서 도보로 15분 떨어진 곳에는 스타우트 맥주 애호가들의 마음의 고향인 기네스 맥주 박물관이 있다. 투어에 참여하여 퍼펙트 파인트 바에서 맛있는 흑맥주를 즐길 수 있다. 만약 위스키가 더 취향에 맞으면 제임슨 양조장에 들러 곡물이 '생명수'로 변하게 되는 비법에 대해 들어볼 수 있다.

서쪽으로 조금 걸어가면 볼 수 있는 킬마인햄 감옥Kilmainham Goal의 역사박물관은 아일랜드의 독립 투쟁에 대해 알 수 있다. 1796년에 설립된 킬마인햄 감옥Kilmainham Goal은 과거의 아픈 역사를 말해주고 있다. 열정적인 투어 가이드들이 들려주는 아일랜드의 독립사에 귀를 기울이게 된다.

여행의 피로는 더블린에서 가장 큰 공원인 성 스테판 정원에서 시민들과 함께 여유를 즐기며 풀어보자. 과거 태형과 교수형이 공개적으로 행해지던 성 스테판 정원에는 22에이커(9ha)에 걸쳐 정원과 놀이터, 분수대와 산책로가 들어서 있으며, 곳곳에 애국자들과 작가들을 기리는 기념비가 세워져 있다.

저녁이 되면 템플 바Temble Bar 지구로 나가 보자. 이곳은 더블린의 문화예술 구역으로 밤이 되면 좁은 자갈길의 골목골목이 파티로 흥청거린다.

Dullin

더블린은 그동안 빈곤의 도시로 말하곤 했다. 그러나 지금 더블린을 자연과 낭만이 있는 활기찬 도시라고 이야기한다. 화려해진 빌딩 앞에는 18세기 아일랜드의 가난한 이민자 모습을 담은 동상이 가난했던 더블린을 상징적으로 보여준다. 18세기 후반의 감자기근으로 수많은 아일랜드 인들이 고향을 버리고 이민을 떠날 수밖에 없었던 과거와 외자유치로 경제가 성장한 더블린의 상반된 모습이 두 눈에 동시에 들어온다.

현대적인 빌딩과 각종 상점이 즐비한 더블린에는 길거리 공연이 넘쳐나면서 활기차게 시민들이 오고간다. 오래된 성당과 대학, 성 등의 건물에서 힘들었던 역사와 그들의 고된 삶을 느낄 수 있을 것만 같다. 우거진 나무가 둘러싼 공원과 신선한 공기는 미세먼지로 가득찬 서울의 뿌연 하늘과 대비되어 소중하게 느껴진다.

시내교통

버스

더블린 시는 직접 더블린 시내의 120여 개 노선을 운영하고 있다. 더블린 버스가 정기권, 정액권, 연계 할인권, 더블린 카드Dublin Card(충전식 교통카드) 등을 구입하여 편리하게 원하는 할인을 받을 수 있도록 하였고 상점이나 오코넬거리의 가판대 등 지정 판매처에서 구매할 수 있다. 아침 6시부터 밤 23시30분까지 버스가 다니고 있고 주말이나 휴일은 단축 운행하고 있다.

▶ 요금 : 1.95€ (성인/1~3정거장/구간에 따라 요금 상이)
 - 시내 중심가의 일부 지정구간 0.75€
 - 3세~16세 어린이 요금
   16세 이상 학생요금
 - 심야버스Nitelink (6.50€/밤 12시~4시)

더블린 카드(Dublin Card)

버스 15%, 기차 18% 이상의 할인 효과가 있다고 홍보하고 있지

만 더블린카드는 저렴하지 않기 때문에 시내교통을 단지 모두 사용하기 위해 구입하는 것은 추천하지 않는다. 짧은 주말 여행이라면 추천하지 않고 더블린에서 3일 이상 머무는 여행자에게 추천한다. 박물관이 무료이며 가이드투어와 공연이

나 식당이 할인이 된다. 시내에 숙소가 있고, 2일 정도를 머물면서 여행하고 싶다면 더블린카드는 비싸기 때문에 잘 따져보고 구입을 하는 것이 좋을 것이다.
▶ www.dublinpass.com

립비지터(Leapvisitor)

1일에 10€, 3일에 19.5, 7일에 40€로 비싸다고 생각할 수 있지만
공항에서 시내로 들어올 때 타는 에어링크 공항버스인 747, 745번까지 무료로 탑승할 수 있기 때문에 저렴하다. 왜냐하면 편도 7€이므로 공항에서 시내까지 하루에 계속 사용하는 관광객은 이득이 된다.

더블린 공항의 인포메이션에서 구입이 가능하고 반드시 립비지터Leapvisitor라고 말해야 알려준다.
▶ https://www.catalysto.com/leap-visitor-card/

버스보다 시티투어버스 활용하기

더블린 버스는 이용하기 쉬워서 시민들에게는 좋지만 관광이 목적일 때는 관광지 바로 앞까지 가지 않기 때문에 추천하지 않는다. 시간이 부족하다면 오히려 시티투어버스를 이용하는 것이 더 낫다. 처음 구입한 시간부터 24시간이기 때문에 다음날까지 사용할 수 있어서 사실상 2일 권이나 다름없다.

탑승 절차
1. 탑승 전 기사에게 정거장이름이나 위치를 말하면 요금을 알려준다.
2. 버스 기사에게 동전으로 지불한다. (별도의 거스름돈을 주지 않으므로 받은 버스티켓을 Dublin Bus Head office (59 Upper O'Connell Street)에서 환급해준다.)

버스비 초과비용 받는 방법
일반 시내버스는 거스름돈을 주지 않으므로, 버스요금을 초과하여 지불하였을 경우 잔액이 찍혀 있는 영수증을 잘 보관했다가 오코넬거리에 있는 더블린 버스사무소에 가면 환불 받을 수 있다.

택시

주요 도심 내에서 택시를 이용할 경우 대체로 미터요금제이다. 그러나 도시에서 다른 도시로 이동할 경우엔 요금을 사전에 협상하고 출발하여야 한다. 택시들은 도심에 정류소가 있지만 주택가나 시 외곽에서는 콜택시를 불러야 한다. 기본요금은 주간 €3.65이며 야간(20~8시) 및 일요일/공휴일 €4.00이며, 이동 거리 및 주행시간에 따라 요금이 부과된다.

▶요금 산정 방법
- 주간 기준 처음~15km €1.10/km(€0.39/분), 15km 이상은 €1.40/km(€0.49/분)
- 1인 이상 탑승 시 추가 탑승인원 성인 €1.00 /인, 12세 미만 아동은 단독 탑승 불가 동반 탑승 시 1인은 무료, 2~3인은 €1.00, 4~5인은 €2.00, 6~7인은 €3.00 추가
- 예약 시 €2.00, 카드 결제 시 요금의 최대 5% 추가되며 팁은 통상 2~10% 정도 지불

트램(Tram)

트램Tram은 뒤늦게 개통했지만 더블린의 교외까지 운행하는 광역교통망을 형성하고 있다. 기본요금은 버스(편도 €1.80, 왕복 €3.40)와 비슷하기 때문에 더블린 시민들이 주로 사용하는 시내교통이다.

거리에 따라 요금이 달라지며 승차권(LUAS)은 역의 승차권 자동 발매기에서 구입할 수 있다.

▶3~15세 어린이 요금
  16세~학생(학생요금 적용)

전차(LUAS)

2004년 개통된 경전철로 관광객이 여행하기에 가장 편리한 교통수단이다. 두 개의 라인에서 5~15분 간격으로 운행되고 있다.

▶ 티켓구매
- 루아스 정류장의 티켓 무인발매기에서 구매
- 기본요금 1.6€+할증금액(구간별 거리에 따라)

▶ **정기권 구매** : 7일권, 30일권(결제한 날부터 연속 사용), 횟수 상관없이 무제한 사용가능(단, 결제한 구간 사이에서만 가능)

▶ **립 카드 사용**
- 충전식
- 하루 일정 금액 사용시 이후 승차 무료 혜택(일반 : 7€, 학생 : 5€)
  일주일간 일정 금액 사용 시 : 금, 토, 일 승차 무료 혜택(일반 : 27.5€, 학생 : 20€)

▶ 홈페이지 : www.luas.ie

급행열차 다트
(Dart / Dublin Area Rapid Transit)

더블린에서 해안으로 가는 말라하이드와 호스Malahide/Howth~그레이스톤Greystone을 30분에 1대씩 운행하는 전철이다.

▶ 출, 퇴근 15분 간격으로 배차
▶ 기본요금 : 편도 €2.5, 왕복 €4
　　　　　　(구간에 따라 요금 상이)

아일랜드 국영 철도(Irish rail)
▶ www.irishrail.ie
▶ +353-(0)1-836-6222

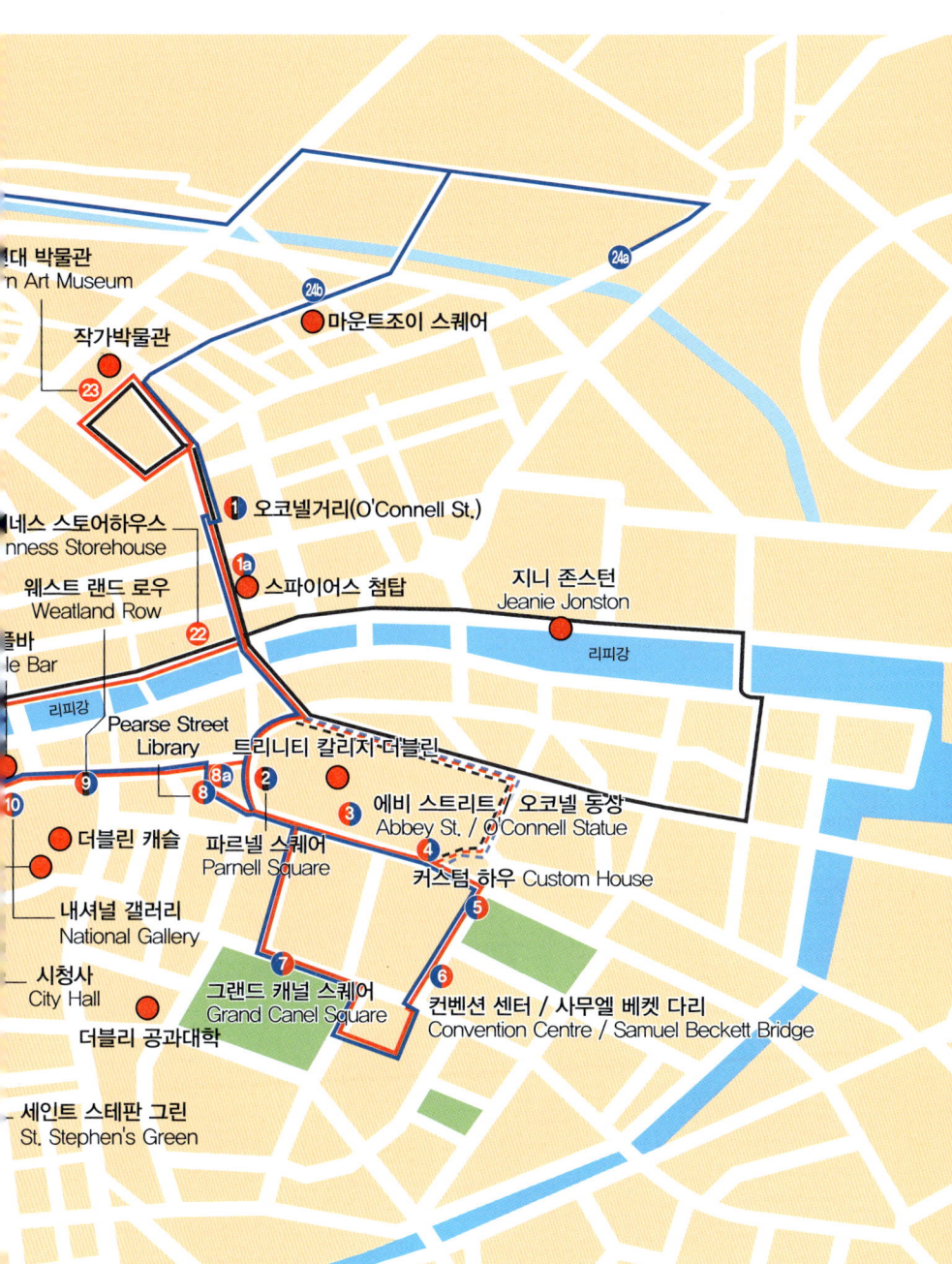

시티투어버스(City Tour Bus)

더블린을 쉽고 빠르게 돌아보고 싶을 때 좋다. 시내의 정류장에서 내려 둘러보고 내린 동일한 정류장에서 다음 차를 타면 된다. 오코넬거리에는 많은 시티투어버스 티켓을 판매하는 사람들이 서 있다. 그들에게 버스 티켓을 구입하는 것이 가장 편하고 온라인이나 각 숙소, 투어회사 구입할 수 있기 때문에 굳이 대한민국에서 미리 구입해 갈 필요는 없다.

버스 티켓은 구입시간부터 24시간 동안 탈 수 있기 때문에 도시 풍경도 보고, 다음날 오전에 시내를 돌아다닐 수 있다. 버스를 탑승하면 운전기사가 이어폰을 하나씩 준다. 그 이어폰을 좌석마다 꽂는 위치가 있어 꽂으면 관광 가이드 설명을 들을 수 있는데 8개 국어의 음성지원을 하고 있지만 한국어는 지원되지 않고 있다.

시티투어버스는 2층의 맨 앞자리에서 둘러보는 것이 시내의 전경을 가장 잘 볼 수 있다. 다만 바람이 부는 날이나 겨울에는 시티투어버스의 2층이 상당히 춥기 때문에 추천하지 않는다. 시티투어버스를 타면 나눠주는 지도에 번호 순으로 이동하는 목적지가 그림으로 나열되어 쉽게 위치를 파악 할 수 있다.

홈페이지_ www.irishcitytours.com **요금_** 20€

루아스 노선도

더블린 핵심도보여행

북대서양 구름이 흘러들어 고단한 날개를 접는 섬 아일랜드, 역사 속 유적들이 삶이 되고 과거와 현대가 조화를 이룬 땅, 전통을 중시하며 거친 환경을 슬기롭게 헤쳐나가는 아이리시들이 사는 곳이다. 약 14시간의 비행을 하면 아일랜드 더블린에 도착한다. 아일랜드는 영국과 참 많이 닮았다. 800년 가까이 영국의 지배를 받다가 100년 전 독립한 역사가 아직도 더블린 도심 곳곳에 남아있다. 더블린 여행의 시작은 오코넬거리 북쪽의 작가 박물관부터 시작하면 된다.

작가 박물관은 유네스코가 지정한 문학도시라는 더블린을 확실히 규정해 주는 박물관이다. 아일랜드는 영국의 지배를 받으면서도 자신들이 아일랜드 인이라는 명확한 민족적 개념을 가지고 살아왔고 영어로 글을 쓰면서도 영국인들보다 더 잘 써야한다는 생각을

 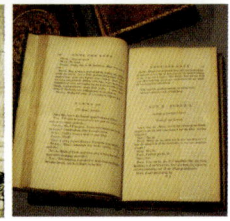

항상 하면서 살았다고 한다. 아일랜드에 노벨 문학상 수상자가 4명이나 있는 것은 아일랜드를 더욱 강하게 만들어주었다. 작가박물관에는 그런 문학적 역사를 잘 알 수 있도록 구성해 놓았다.

작가 박물관에서 길을 건너 정면에는 더블린 메모리얼 파크Moemorial Park에 독립투쟁에서 죽은 많은 아일랜드 인들을 추모하고 있다. 메모리얼 파크에서 나와 오코넬거리로 내려와야 한다. 독립영웅 오코넬 동상이 우뚝 선 아일랜드 여행의 중심지, 오코넬 거리는 쇼핑과 관광명소가 밀집해 있다.

오코넬 거리를 내려오다 보면 하늘높이 우뚝 서있는 스파이어스 첨탑을 보게 된다. 아일랜드의 눈부신 경제성장을 기념하기 위해 만든 이 탑은 특이하다. 가늘고 긴 뾰족한 탑이 매끈하게 올라가 있기 때문이다. 이유는 '하늘을 보고 살자'라는 작가의 뜻이라는데 믿거나 말거나이다. 12년간 고속성장과 과거 자신들을 억압했던 영국의 GDP를 넘어선 기념으로 120m높이로 2003년에 세워졌다. 이 탑에서 중앙 우체국이 보이고 우체국 건너편 정면에 제임스 조이스 동상이 있다. 제임스 조이스 동상 앞에서는 버스킹이 이루어지고 있어서 항상 사람들로 북적인다.

스파이어스 첨탑은 더블린 시내 어디에서도 볼 수 있기 때문에 강과 인접한 오코넬 동상과 함께 약속 장소로 이용하고 있다. 서울의 한강이 서울을 가로질러 나누면서 강남과 강북으로 나뉘듯이, 더블린을 가로지르는 리피 강Liffy River을 중심으로 더블린은 남북으로 나뉜다. 리피 강 남부는 여러 박물관과 템플 바가 몰려 있다.

오코넬 다리를 건너 남으로 내려가면 트리니티 칼리지가 보인다. 트리니티 칼리지Trinity College는 아일랜드 최초이자 최고의 대학으로, 1592년 영국 여왕 엘리자베스 1세Elizabeth I 때 세워졌다. 고풍스러운 건축물이 인상적이어서 결혼식 웨딩 사진도 찍을 정도로 아름답다. 9세기에 만들어진 켈트 복음서The Book of Kells와 고서 박물관Old livrary이 있어 트리니티 칼리지 캠퍼스는 항상 관광객으로 넘쳐난다.

이제부터 강을 따라 간다. 오코넬 다리가 있고 그 오른쪽으로 걸어가면 하페니 다리 Harpenny Bridge가 보인다. 리피 강에 처음으로 세워진 다리인데 다리를 건널 때마다 50센트를 받았다고 하여 붙여진 이름이다. 이 다리는 리피 강을 상징하는 다리로 아직도 많은 관광객이 이 다리를 배경으로 사진을 찍는다. 다리 밑으로 젊은이들의 거리로 들어선다. 유명한 펍Pub이 몰려 있는 템플 바Temple Bar 구역이다.

템플 바 거리는 항상 사람들로 활기가 넘친다. 아일랜드 펍Pub문화를 상징하는 템플 바Pub는 라이브음악 연주가 흥겨움을 더하고 기네스 잔을 든 사람들이 흥겨운 리듬에 맞춰 몸을 흔든다. 시원한 기네스 맥주 한잔으로 여행을 피로를 풀 수 있다. 독특한 아이리시 펍Pub문화를 즐기려면 밤늦게까지 돌아갈 수 없다. 템플 바에서 흥겨움을 즐긴다면 모든 여행일정은 다음 날로 바꾸어야 한다.

템플 바에서 오른쪽에서 계속 이동하면 수레를 밀고 있는 생선장수의 동상인 몰리말론 동상이 나온다. 비극적인 삶을 살다간 몰리말론을 기리기 위하여 1988년에 세웠다. 주인공 몰리말론은 낮에는 조개와 홍합을 파는 생선 장수로, 밤에는 트리니티 칼리지 부근에서 몸을 파는 매춘부로 생활한 불행한 소녀였다. 아일랜드 대통령의 영국 국빈 방문을 환영하는 만찬장에서 연주된 음악도 민요 '몰리 말론'이었을 정도로 이 동상은 가난하고 수탈당한 아일랜드를 상징한다.

동상은 '매춘부와 수레The tart with cart상'이라고도 불리는데, 몰리말론을 소재로 한 아일랜드의 포크음악도 잘 알려져 있다. 몰리말론 전통가요는 'Cockles and Mussels' 또는 'in Dublin's Fair City'라는 이름으로 불리며 국민가요가 되었다.

이 근처에서 그라프톤 스트리트Grafton Street까지는 아일랜드 토산품을 판매하는 쇼핑가이다. 작가 제임스 조이스가 그의 아내 노라를 유혹했던 곳도 바로 이 그래프턴 스트리트Grafton Street였다.

더블린 크라이스트 처치 대성당은 1030년에 세워진 더블린에서 가장 오래된 성당이다. 성당 중앙에는 백작 팸프로크가 기념물이 놓여 있다. 영국인으로는 처음으로 이땅을 쳐들어왔지만 이 성당을 돌로 다시 짓고 영국과는 다른 토착문화로 가려고 했다. 하지만 지배권에 불안함을 느낀 헨리 8세는 막강한 해군을 동원해 이곳을 점령하고야 말았다. 영국 식민 통치의 씨앗이 뿌려진 것이다.

이제 빨리 맥주를 마시러 기네스 스토어하우스Gunnes Storehouse로 이동해야 한다. 이곳을 찾는 관광객들은 기네스 맥주의 특별한 공정과정과 기네스의 오랜 전통을 볼 수 있다. 1795년 설립된 기네스 양조장, 250여 년의 역사를 담은 흑맥주 기네스의 훌륭한 맛을 음미한 뒤에 박물관의 핵심인 7층 전망대에 올라가야 한다. 빼 놓지 말아야 할 코스일 정도로 탁 트인 전망이 아름답다. 가장 훌륭한 기네스 맛이라는 반응은 더블린 전망을 한눈에 내려다볼 수 있는 전망과 함께 해서일 것이다. 리피 강을 따라 즐비하게 늘어선 나지막한 파스텔톤의 건물과 함께 늦은 저녁을 유명한 레드 버독Red Burdock과 함께 한다면 더블린 하루는 마무리 된다.

오코넬 거리
O'Connell St.

오코넬거리(O'Connell St.) 한눈에 파악하기

오코넬거리는 리피 강 북쪽으로 이어지며 도시의 중심부에 자리해 있어 가장 중앙에 있는 지점으로 여겨진다. 상점과 역사적인 건물이 있는 오코넬거리O'Connell St.의 넓은 거리를 따라 걸어보자. 오코넬거리O'Connell St.는 더블린에서 가장 분주하고 인상적인 거리이며 가로수와 예술 작품을 위한 공간으로 나누어진 넓은 거리로 이루어져 있다. 여러 역사적인 건물들을 감상하고 이 분주한 거리를 따라 늘어선 고급 부티크들을 천천히 둘러보자.

가장 흥미로운 건축물 중은 중앙 우체국이다. 위풍당당한 기둥과 커다란 페디먼트가 있는 그리스 부흥 양식의 디자인을 눈여겨보고 건물이 소실되기 전인 1900년대 초기에 부활절 봉기 당시 지도자들의 본거지였던 사실에 대해 확인할 수 있다.

오코넬 거리O'Connell St.를 따라 계속 북쪽으로 가면 세계에서 가장 큰 공공 조각상으로 칭하는 더블린 첨탑Spires이 나온다. 약 120m 높이로 세계에서 가장 높은 건축물 중 하나이다. 넓은 스테인리스 스틸 받침대에 일그러져 반사되는 재미있는 내 모습을 들여다보고 높이 120m에 달하는 뾰족한 첨탑의 끝을 올려다보는 관광객을 볼 수 있다. 밤에는 받침대와 첨탑 끝에 조명이 밝혀진 모습을 볼 수 있기도 한다. 멀리 보이는 더블린 첨탑Spires과 함께 19세기 노동 운동을 이끈 제임스 라킨의 동상 등도 볼 수 있다. 첨탑에서 뒤로 돌아보면 제임스 조이스 동상을 찾을 수 있다. 이 아일랜드 작가는 한 손은 주머니에 넣고 다른 손에는 지팡이를 들고 있다.

17세기 이후에 더블린 직장폐쇄, 아일랜드 남북 전쟁, 아일랜드 공화국군에 의한 넬슨 기념주 파괴 등 아일랜드 독립을 향한 사건마다 오코넬 거리는 중요한 역할을 담당했다. 여러 개의 차선과 큰 인도가 있는 오코넬 거리의 폭은 45m가 넘는다.
거리의 남쪽 끝에 있는 오코넬 브리지로 향해 걸어가면 1794년으로 거슬러 올라가는 오래된 역사를 지니고 있으며 3개의 반 타원형 아치는 밤에 초록색 조명으로 빛난다. 다리와 거리의 이름이 비롯된 19세기 민족운동 지도자, 해방운동을 전개한 다니엘 오코넬을 기리는 오코넬 기념물을 오코넬 다리를 건너기 전에 볼 수 있다.

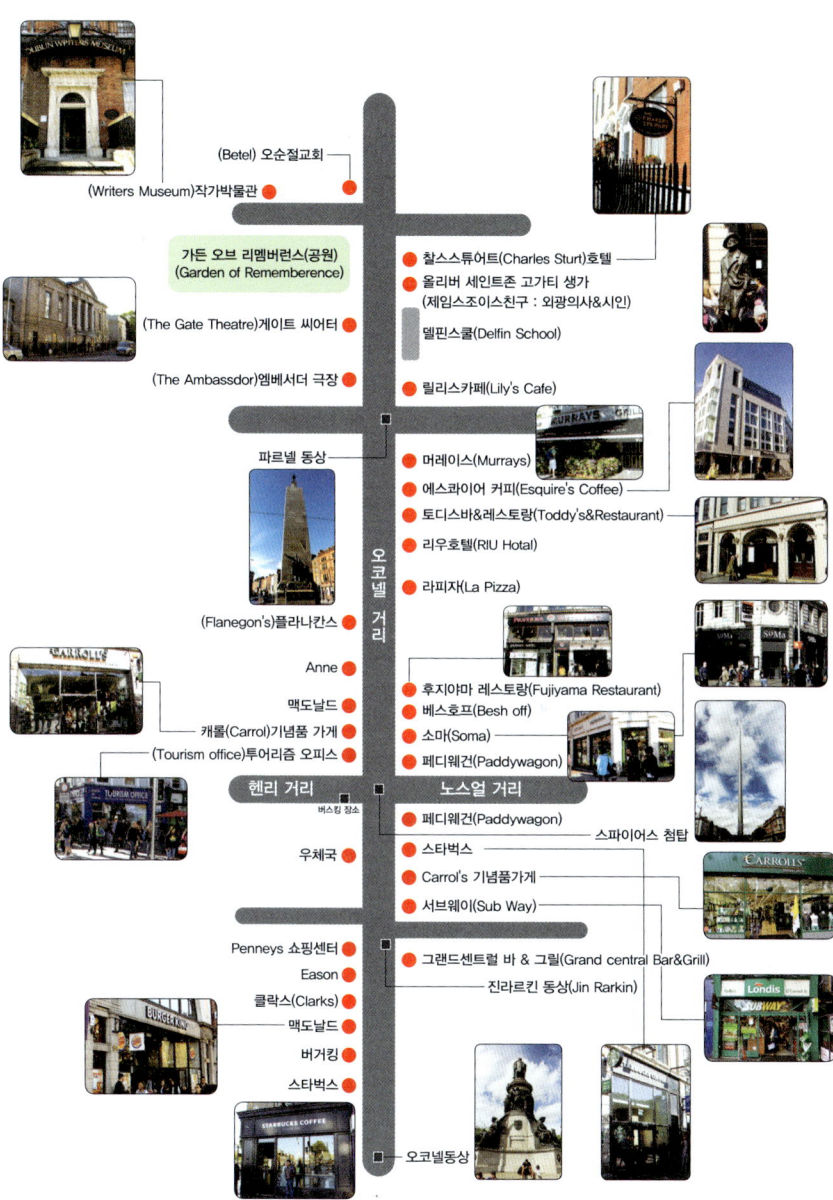

작가박물관
Writers Museum

작가 박물관은 더블린을 유네스코가 지정한 문학도시라는 것을 알려주는 중요한 박물관이다. 아일랜드는 영국의 지배를 받으면서도 자신들은 아일랜드 인이라는 확실한 민족개념을 가지고 살아왔고, 영어로 글을 쓰면서도 영국인들보다 더 잘 써야한다는 생각을 항상 하면서 작가들은 글을 썼기 때문에 아일랜드에 노벨 문학상 수상자가 4명이나 된다고 이야기한다. 그런 자부심을 가지고 있는 아일랜드 인들은 더욱 강하게 결속하게 만들어주었다. 작가박물관에는 문학적 자부심의 역사를 전시해 놓았다.

아일랜드를 빛낸 작가들

- 제임스 조이스 : 〈율리시즈〉〈더블린 사람들〉〈젊은 예술가의 초상〉 등
- 윌리엄 버틀러 : 예이츠(노벨문학상) 〈호수 섬 이니스프리〉로 유명한 시인
- 오스카 와일드 : '최초의 현대인'이라는 칭호를 얻음
- 조나단 스위프트 : 〈걸리버 여행기〉의 작가
- 브람스 토커 : 〈드라큐라〉의 원작
- 사무엘 베케트(노벨문학상) : 〈고도를 기다리며〉의 작가
- 버나드 쇼(노벨문학상)
- 세이머스 히니 : 노벨문학상을 수상했지만 현재 작품 활동을 하고 있어 전시되지 않음

홈페이지_ www.writersmuseum.com
주소_ 18 Parnell Sq
요금_ 8.50€

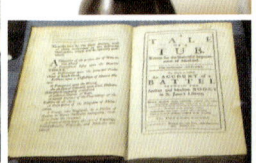

메모리얼 파크
The Memorial Park

1914~1918년 전쟁으로 사망한 49,400명의 아일랜드 군인을 추모하며 1966년 (부활절 봉기 50주년)에 건립된 아일랜드 독립 추모공원이다. 모든 군인의 이름은 정원의 화강암 책방에 아름답게 담겨 있다. 이 정원은 기억의 장소 일뿐만 아니라 건축적 관심과 아름다움도 뛰어나다.
유명한 건축가 에드윈 루텐스Edwin Lutyens(1869~1944)가 디자인 한 4개의 정원 중 하나이다. 십자가 모양의 연못과 나란히 여러 개의 벤치가 있으며 공원 가장 앞쪽에는 네 마리의 백조 동상이 있다. 백조동상은 아일랜드의 전설에 나오는 백조의 아이들Children of Lir을 상징한다.

※에드윈 루텐스Edwin Lutyens(1869~1944)의 다른 디자인
1. Heywood Gardens 2. Lambay Island 3. Howth Castle

주소_ South Circular Rd, Islandbridge.
버스_ 버스 51, 68, 69
위치_ Con Colbert Road

중앙 우체국
GPO

오코넬거리 가장 중앙에 있는 건축물로 단순한 우체국이 아니다. 1916년 부활절 봉기 시에 아일랜드의 독립군 총사령부를 둔 중앙 우체국 정문에서 임시 대통령 헨리 패트릭 피어스Henry Patrick Pearse는 공화국 선언문을 낭독하여 아일랜드 독립을 만천하에 알렸다.
부활절 봉기는 5일 만에 실패로 돌아가고 피어스를 비롯한 독립투사들은 킬메인햄Kilmainham 감옥에서 처형되었다. 이 공화국 선언문은 트리니티 컬리지 도서관Librsry of Trinity College에 보관되어 있다.

부활절 봉기(Easter Rising)

1916년 4월 부활절 주간에 아일랜드 인들이 영국에 대항해 일으킨 무장 항쟁을 말한다. 부활절 봉기는 아일랜드 공화주의자들의 주도하에 무력으로 영국으로부터 독립을 성취하기 위해 일으켰다. 봉기는 비밀조직인 '아일랜드 공화주의 형제단'에 의해 계획되어, 기습작전을 통해 더블린의 주요 거점을 점령해 '아일랜드 공화국'을 선언하였다.

더블린 중앙 우체국에서 패트릭 피어스가 부활절 선언을 낭독하였고 1916년 부활절 주간의 월요일인 4월 24~30일까지 지속되었다. 주도 세력은 교사이자 변호사였던 패트릭 피어스(Patrick Henry Pearse)가 이끈 아일랜드 의용군이었고, 사회주의 사회를 건설해 자유를 원했던 사회주의자 제임스 코놀리(James Connolly)가 이끈 아일랜드 시민군이 연합작전을 펼쳤다.

봉기는 영국군과의 6일간의 교전 끝에 진압되었으며, 지도자들은 군사재판에 회부되어 처형되었으나 공화주의를 아일랜드 정치의 전면으로 부각시키는 데에 결정적인 역할을 했다. 봉기에서 선언된 '아일랜드 공화국'은 약 3년 후인 1919년 1월에 아일랜드 초대 의회에 의해 승인되며 다시 선언되었다.

패트릭 헨리 피어스(Patrick Henry Pearse)

더블린에서 출생한 아일랜드의 민족주의자, 교사, 시인, 혁명가이다. 평범한 인문학도의 길을 걷다가 20대에 클라이드햄 솔루이스(An Claidheamh Soluis)의 편집장을 맡으면서 변화하기 시작했고, 30대부터 아일랜드 무장독립투쟁에 관심을 가지면서 민족주의자가 되었다.

1916년, 부활절 봉기를 이끈 지도자들 중 한 명으로 더블린 중앙 우체국 앞에서 부활절 선언으로 알려져 있는 아일랜드 독립선언문을 낭독하였다. 영국군에게 체포되어 다른 지도자들과 함께 총살당하였다. 아일랜드 독립의 위대한 공헌자로 아일랜드 인들에게 존경받고 있다.

제임스 코톨리(James Connolly)

1912년에 제임스 라킨과 함께 아일랜드 노동당을 창당했으며 이듬해에 노동자 파업을 주도하였는데 그가 주도한 파업은 유혈사태로 번져 수많은 노동자들이 죽었다. 1916년에 더블린에서 발생한 부활절 봉기는 막바지에 취소될 위기에 놓였으나 그는 봉기를 강행할 것을 강력히 주장하였다. 아일랜드 민병대의 지휘관으로서 봉기를 주도했으나 도중 총상을 입었고 결국 영국군에게 붙잡혀 총살당했다. 사회주의자들에게 막대한 영향을 미쳤으며 그의 기념비는 더블린의 독립기념관에 있다.

오코넬거리
O'Connell Street

더블린 시내를 가로지르는 리피 강Liffey River을 기준으로 위쪽의 강북에 위치한 가장 번화한 거리가 오코넬거리이다. 작은 광장 입구에 서 있는 커다란 동상의 주인공이 바로 다니엘 오코넬Daniel O'Connell이다.

이 거리에는 상점과 식당들이 많고, 아일랜드 중앙 우체국(GPO)과 미술관, 작가박물관 등을 비롯해 백화점과 쇼핑상가도 줄지어 서있다. 오코넬 동상을 시작으로 리피 강을 사이로 강남과 강북으로 나누어지고 북쪽으로 오코넬 거리가 이어지기 때문에 더블린 여행의 시작점으로 선택된다.

다니엘 오코넬(Daniel O'Connell (1775~1847))
19세기 초의 정치인으로 케리 카운티(Co. Kerry) 출신의 다니엘 오코넬은 가톨릭 해방을 이루어 냈고, 아일랜드 자치를 위해 큰 역할을 했다. 20세기에 사용한 아일랜드 화폐에 등장하기도 했던 다니엘 오코넬은 아일랜드 인이면 누구나 좋아하는 인물이다.

오코넬 동상(O'Connell Statue)

웅장하게 우뚝 서 있는 아일랜드의 영웅 오코넬은 마치 더블린을 지키겠다는 듯이 360도에 천사들을 거느리고 리피 강(Liffey River)을 넘어 하늘을 바라보고 있다. 오코넬 밑에 위치한 천사의 가슴에는 독립투쟁 중에 총에 맞은 흔적이 아직도 남아 있어서 독립을 향한 아일랜드 인들의 투쟁을 잘 표현하고 있다.

오코넬거리의 동상들

찰스 스튜어트 파르넬
(Charles Stewart Parnell)

오코넬거리 북쪽 끝에는 독립운동가인 파르넬(Charles Stewart Parnell)이 한쪽 손을 들어 올리고 부르짖는 모습을 하고 있다.

존 그레이경
(Sir John Gray)

더블린 최초로 수도를 공급

윌리엄 스미스 오브라이언
(William Smith O'Brien)

아일랜드 청년당 당수

제임스 라르킨(James Larkin)
노조의 전설적인 영웅

제임스 조이스 동상
스파이어(The Spire) 옆 어트 스트리트(Eart Street North) 입구에 더블린을 사랑한 제임스 조이스 동상이 있다. 시력이 좋지 않았던 그의 눈은 일그러져 있고 다리를 꼬고 서 있지만 신발은 바르게 서 있다.

중국 시장
China Maket

헨리 스트리트Herry street부터 무어 스트리트Moore street에 들어서면 중국인 비율이 증가한다. 주변에는 중국 상점들이 즐비하게 들어서 있는 재래시장이다. 거리 시장도 열려 채소와 과일 등을 저렴하게 구입할 수 있다.

스파이어 첨탑
The Spire

오코넬 거리 중심에 높은 건물이 없는 더블린 시내에서 유일하게 100m를 넘는 스파이어 첨탑은 더블린의 상징이다. 이 첨탑은 12년간 고속성장과 과거 자신들을 억압했던 영국의 GDP를 넘어선 기념으로 120m높이로 2003년에 세워졌다.

이 첨탑은 더블린 시내 어디서도 볼 수 있기 때문에 더블린 시민들이 오코넬 동상과 함께 만남의 장소로 이용하는 장소이다.

오코넬 다리
O'Connell Bridge

18세기에 만들어진 길이보다 폭이 넓은 다리로 유명한 오코넬 다리O'Connell Bridge는 보행자, 자전거, 자동차의 통행이 모두 가능하다. 오코넬 다리O'Connell Bridge는 더블린의 리피 강Liffey River에 있는 유명 관광 명소 중 하나이다. 도시 중심에 위치한 오코넬 다리O'Connell Bridge는 3개의 아치형 모양으로 되어 있으며 1794년에 강둑과 연결해 만들어지기 시작했다.

다리의 위쪽에는 사암으로 된 난간 장식이 있고, 검은색 등잔대, 웅장한 기둥, 3개의 준 타원형 아치 등 오코넬 다리O'Connell Bridge의 우아한 매력을 느낄 수 있다. 밤에는 아치의 아래쪽에서 녹색 불빛이 비춰지고 난간 쪽은 흰색 불빛으로 덮여 화려한 모습을 볼 수 있다.

1800년대, 오코넬 다리O'Connell Bridge는 기존 형태에서 거의 3배 더 넓게 폭을 늘리는 보수 작업을 거쳐서, 현재 길이가 45m, 넓은 폭이 50m 정도로 교통 차선과 인도를 수용할 수 있게 되었다. 다리에는 수상한 상황에서 사망했다는 패트 노이즈 신부의 기념비도 있는데, 이 인물은 허구의 인물이다. 북쪽의 오코넬 다리를 건너기 전에 19세기 민족주의 지도자인 오코넬 동상도 볼 수 있다. 현재 아일랜드에는 여러 거리나 다리가 가톨릭 해방을 이루어낸 오코넬O'Connell이라는 이름을 본따 짓기도 했다.

오코넬 다리O'Connell Bridge에 담긴 역사는 매우 다양하다. 처음에는 당시 아일랜드 주지사의 이름인 칼라일 다리Kalahil Bridge란 이름으로 불렸다. 아일랜드의 유망한 건축가, 영국인 제임스 겐돈James Gendon이 1794년에 다리를 설계했고 이어서 1880년에 빈 던 스토니가 재설계를 담당했다.

오코넬 다리O'Connell Bridge는 하페니 다리Half Penny Bridge의 바로 동쪽에 있어 남쪽 부두에서 가까우며 더블린의 주요 거리이자 인기 지점인 오코넬거리O'Connell St..와도 이어져 있다.

EATING

머레이스 바
Murray's Bar

오코넬거리에서 가장 유명한 아일랜드 전통 음식을 제공하는 레스토랑이다. 더블린의 가장 유명한 스포츠 바Bar 중 하나이기도 하며.
다른 펍Pub이나 바Bar처럼 레스토랑의 역할도 하고 있어 음식의 주문도 가능하다. 아일랜드 위스키인 블렌디드Blended, 그레인Grain, 몰트Malt, 포트스틸드Pot Stilled 아일랜드 위스키시음도 가능하고 저녁부터 라이브 음악이나 아이리쉬 댄스를 즐길 수 있다.

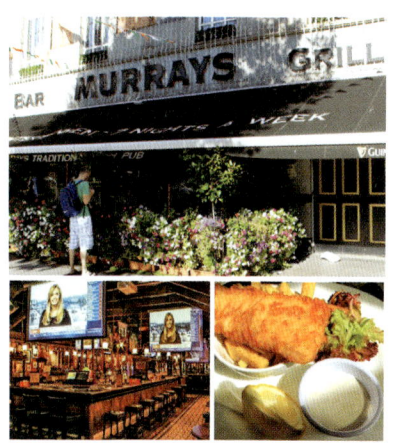

홈페이지_ www.murrayybrandgrill.ie
주소_ 33~34 O'Connell Street
시간_ 8~24시(금, 토요일 03시까지)
전화_ +353-1878-7505

토디스 바 앤 비스트로
Toddy's Bar and Bistro

현지인이 아침 일찍부터 찾는 음식점이다. 특히 우리가 먹어오던 음식맛과 비슷해 친숙한 맛이다. 다른 스튜Stew나 버거도 우리가 먹던 것과 비슷하다. 선택한 음식대로 가격이 매겨지기 때문에 적당하게 먹을 만큼만 선택해야 한다. 런치 세트에는 저렴하게 판매하는 음식이 있어 추천한다.

홈페이지_ www.greshamhotel.com
주소_ 23 Upper O'Connell Street Gresham Hotel
시간_ 8~22시
전화_ +353-1817-6137

릴리스 카페
Lily's Cafe

젊은이들이 좋아하는 간단한 식사와 디저트로 낮까지 운영하고 있다. 내부는 깜찍한 스타일로 장식되어 자유롭고 이질적이기까지 하다. 버거, 케이크가 인기 메뉴로 관광객보다는 더블린 시민들이 찾는 카페이다. 커피는 상대적으로 맛이 약해서 다른 음료를 추천한다.

주소_ 3A Cavendish Row
시간_ 8~17시 30분
전화_ +353-872-9379

그랜드 센트럴 바 & 그릴
Grand Central Bar&Grill

현지인들이 고급 레스토랑으로 인정하는 곳으로 관광객은 분위기 때문에 가는 곳이다. 〈KBS 걸어서 세계 속으로〉 프로그램에도 방송된 레스토랑이다.
19세기 후반 만들어진 역사적인 건물이 화재로 훼손되었다가 1917년에 레인스터 가문에 팔렸다가 바Bar로 리모델링하여 지금에 이르고 있다. 오코넬거리 밑에 있지만 오코넬 동상 옆에 있어 쉽게 찾아갈 수 있다. 관광객이 늘어나 다양한 메뉴가 추가되고 있다. 종업원은 항상 고객이 부르면 재빠르게 다가간다.

홈페이지_ www.greshamhotel.com
주소_ 10~11 O'Connell Street
시간_ 12~23시 30분
전화_ +353 1878 8658

그랜드 운하
Grand Canal

그랜드 운하는 분주한 더블린의 도심에서 벗어나 삼림 지대와 풀이 무성한 목초지를 통과하는 경치 좋은 물길이며 조류를 관찰하고 운하에 서식하는 수중 생물을 만나기에 이상적인 트레일을 이루고 있다. 따뜻한 날에는 가족과 함께 피크닉을 즐기고 초목이 무성한 아일랜드 시골 지역의 고요함을 즐기는 시민들을 볼 수 있다. 운하의 수로를 따라 조금 더 서쪽으로 가면 전차의 그린 라인이 정차한다.

도심에서 바로 동쪽에 있는 리피 강으로 들어가는 지점에 그랜드 운하가 있다. 아일랜드의 기분 좋은 푸르른 시골 지역을 관통해 흐르는 냇물을 따라 하이킹을 하고 잠시 멈춰 크루즈, 카약킹을 즐겨보자.

도크랜드
Docklands

더블린 시내 중심가를 동서로 가로지르는 리피 강 하류에 자리한 도크랜드

운하를 즐기는 방법

1. 하이킹
더블린 중심부에 위치한 워터웨이 아일랜드 관광 안내소(Waterway Visiter center)에서 운하를 따라가는 생태계와 산책로에 대해 홍보하고 있다. 아담스 타운(Adams Town)에서 섀넌 하버(Shanen Harbor)까지 5일 간의 하이킹을 하는 코스도 준비되어 있다. 시골농장, 들판, 다리를 지나는 트레일이 130km로 뻗어 있다. 더블린 서쪽 외곽에 있는 인치코어와 루칸 사이의 8.5km 그린 웨이(Green Way)를 따라 자전거나 하이킹을 할 수 있다.
2. 쌍안경으로 운하의 상공을 날아다니는 다양한 조류를 관찰할 수 있다. 청둥오리, 흑백조, 물총새 같은 다양한 종들을 볼 수 있다.
3. 유람선에 올라 식사를 하면서 운하를 따라 내려갈 수 있다. 리피 강(Liffey River)의 운하 종착점에서 남서쪽으로 가면 퍼시 플레이스(Percy Place)에서 일요 시장이 열린다.
4. 여행사가 운영하는 자전거 투어에 참가할 수도 있다. 그랜드 운하 도크야드에 있는 복합 단지에서 세일링이나 다른 수상 스포츠에 참가할 수 있다.

운하의 참사 사건
18세기에 150명의 지정 승객보다 많이 탑승한 술 취한 승객들이 탄 보트가 뒤집혀 11명이 사망한 참사가 있다. 1800년대에 말이 끄는 마차가 다리에서 떨어져 6명의 목숨을 앗아간 사고 이후로 운하의 안전기준은 강화되었다.

Docklands는 더블린항구가 있어 페리를 타고 더블린에 진입하는 관문지역이다. 강의 북쪽은 현재, 금융단지로 이루어진 IFSC(국제 금융 서비스 센터)로 400개가 넘는 유명 금융회사가 입주한 도크랜드 Docklands는 1997년까지 낡은 창고와 낙후된 항구였다. 더블린에서 가장 실업률이 높았던 곳에 1997년부터 더블린 도크랜드 개발공사(DDDA)가 개발에 착수하여 1,600백만 평의 광활한 지역 개발 프로젝트에 대대적인 변화가 된 지역이다.

도크랜트 앞에는 아일랜드의 가난했던 옛 모습이 표현된 인상적인 이민자 동상이 서 있다. 대기근으로 고향을 등지고 이민을 떠나야 했던 아일랜드 인에게 이민 배로 기억된 지니 존스턴 호가 리피 강에 떠 있어 과거와 경제성장을 거둔 현대의 모습이 대조적으로 나타나 있다. 도크랜드 출신 '숀 오케이시'의 이름을 딴 보행 전용 다리를 건너 '리피 강의 기적'을 이룬 아일랜드의 모습을 볼 수 있는 장소이다.

> **숀 오케이시** Seán O'Casey(1880~1964)
> 어린 시절, 부두의 인부로 일을 하면서 직접 겪은 빈민생활과 혁명을 주제로 한 극작가가 되었다. '의용군의 그림자', '주노와 공작', 우리를 위한 붉은 장미' 등의 작품이 있다.

> **아일랜드 경제**
> 아일랜드는 영국을 제외하고 유럽에 있는 유일한 영어 공용국가로 법과 제도, 문화가 비슷한 영어권 국가라는 점에서 영국을 대체할 금융거점으로 후한 점수를 받고 있다. 아일랜드 수도 더블린의 리피 강 하류의 도크랜드 지역은 지금도 새 건물이 올라가고 있다. 불과 10여 년 전만 해도 낡은 창고 건물과 낙후된 주거지가 몰려 있던 도크랜드는 낮은 법인세율(12.5%)과 아일랜드 정부의 적극적인 해외 기업 유치 전략으로 페이스북, 구글, 애플 등 글로벌 첨단 정보통신기술(ICT) 기업들이 있는 제2의 실리콘 밸리로 떠올랐다.
> 2017년 영국의 브렉시트Brexit로 영국을 탈출하려는 글로벌 금융사 유치전에 뛰어들며 더욱 활기를 띠고 있다. 아일랜드 정부는 적극적인 글로벌 기업유치를 통해 유럽의 재정위기 극복 후 회복세에 접어든 경제 성장을 이어나가려고 한다. 2013년, 아일랜드의 실업률은 15%였으나 2018년 8월 기준 6.3%까지 떨어졌다. 최근 부동산 가격도 금융위기 이전 수준에 근접할 정도로 빠르게 회복하고 있다.

컨벤션 센터
Convention Center

2020 유로 대회의 조추첨을 한 장소가 더블린 컨벤션 센터Convention Center이다. 선창 지역에 높이 솟아 있는 최신식 미래형 크리스탈 건물인, 컨벤션 센터Convention Center는 새롭게 뜨는 관광지이다. 컨벤션 센터는 로얄 운하가 합류하는 곳에서 리피강의 북쪽 둑 근처에 있다. 더블린 도크 랜드에 있으며 도심에서 보면 바로 오른쪽에 위치해 있다.
컨벤션 센터는 약 22개의 회의실에 최대 8,000명을 수용할 수 있고 2,000여 개 좌석의 강당과 큰 전시 공간이 있다. 센터의 공사는 법적 문제와 일정 지연 때문에 2010년에 완공되기까지 12년이나 걸렸다.

하지만 지금까지 컨벤션 센터Convention Center는 더블린의 도크 랜드에 있는 미래형 건물로 디자인 부분에서 상까지 받았다. 회의장 건물은 환경 친화적인 디자인으로 31개나 되는 상을 수상했을 정도로 유명하다. 영국의 오디션 프로그램인 '더 엑스 팩터'가 촬영을 진행한 적도 있다.

측면이 곡선의 회색 블록으로 장식되어 있고 파란색 유리 원통형이 경사진 형태로 되어 있다. 밤에는 수많은 불빛이 형형색색으로 빛나 더욱 멋진 장관을 연출한다. 강 너머에서 매력적인 컨벤션 센터의 사진을 찍을 수 있다. 후원하는 브랜드나 진행되는 축제에 따라 건물을 덮은 불빛 색이 바뀌기도 한다. 전시회나 비즈니스 회의도 자주 열린다. 운하 인근의 녹색 풀로 덮인 길을 따라 산책도 즐길 수 있어 시민들의 방문이 계속 늘어나고 있다. 컨벤션 센터 주변에는 대형 호텔이 많고 고급 상점, 레스토랑과 카페 등도 다양하게 있다. 아일랜드 경제와 관련한 많은 활동이 이루어지는 금융 지구의 고층 건물도 같이 위치해 있다. 근처에 보드 가이스 에너지 씨어터와 센트럴 광장도 있으니 같이 둘러보자.

보드 가이스 에너지 씨어터
Bord Gais Energy Theatre

세계적인 쇼를 개최하기 위해 뉴욕, 런던에서 활동한 건축가에 의해 설계된 엄청난 규모의 보드 가이스 에너지 씨어터는 2010년에 초연으로 백조의 호수를 공연했다. 이 극장이 건설되면서 더블린의 주민들은 더 이상 세계 최고의 쇼를 보러 런던까지 멀리 여행해야 할 필요가 없어졌다. 더블린에서 가장 유명한 관광 명소로 초현대적인 유리로 된 외관과 가장자리 부분의 들쭉날쭉한 모양이 인상적이다. 세련된 외관과 달리 극장 안에서 펼쳐지는 공연은 클래식 공연이 많다.

로미오와 줄리엣, 백조의 호수, 로드 오브 댄스 등 유명한 공연이 수시로 열린다. 반짝이는 조명의 멋진 모습을 보려면 어둠이 찾아온 이후, 저녁에 방문하는 것이 좋다. 빨간색 장대와 비스듬한 유리 외관은 건물이 세련되고 현대적으로 돋보이게 한다. 공연 전에 대기하는 대기실도 멋진 분위기를 자아낸다.

극장에는 2,111개의 좌석이 있으며, 최신식의 음향 기술 장치가 탑재되어 있다. 편안한 좌석과 넓은 공간은 더욱 공연에 집중할 수 있게 한다. 코미디부터 가족 공연, 발레, 오페라까지 다양한 공연을 관람할 수 있다, 객석 주변으로 울리는 소리 때문에 엄청난 음향 효과를 느낄 수 있다.
더블린 중심에서 약 1.8㎞ 떨어진 남동쪽에 위치한 보드 가이스 에너지 씨어터는 버스를 이용하면 20분 이내로 도착할 수 있고 차로는 리피 강을 건너 그랜드 커널 근처의 극장에 도착하는 데 약 10분 정도 소요된다.

홈페이지_ groups@bgetheatre.ie
전화_ +353-1-677-7770

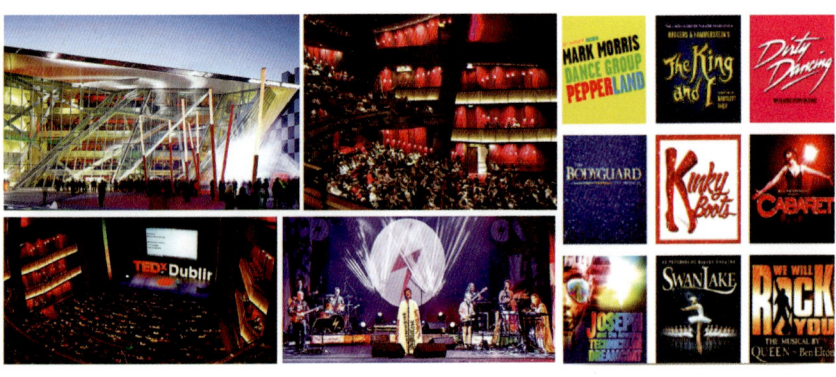

사무엘 베켓 다리
Samuel Beckett Bridge

아일랜드의 상징인 하프를 형상화한 다리로 인근에 지니 존스턴 호가 정박해 있다.

사무엘 베케트(Samuel Beckett)

본명은 새뮤얼 바클리 베킷(Samuel Barclay Beckett)이다. 20세기 부조리극을 대표하는 극작가이다. 아일랜드에서 태어나 주로 프랑스에서 활동했으며, 몰로이, 고도를 기다리며 등의 명작을 남긴 소설가이자, 극작가이다. 1906년에 아일랜드의 더블린에서 태어나 트리니티 대학교(Trinity College)를 졸업하고 프랑스로 가서 에콜 노르말 쉬페리외르를 졸업했다.

졸업한 후, 모교에서 영어 강사로 취직했다가 귀국하고 나서 프랑스어 강사로 활동했다. 제임스 조이스나, 마르셀 프루스트의 영향을 받아 데뷔작인 소설인 몰로이, 말론은 죽다, 이름 붙일 수 없는 자를 발표해 화제를 모았고, 다음 작품으로 가장 유명한 〈고도를 기다리며〉를 발표했다. 말년에는 어둠 속에서 입술만이 강조되어 보이는 희곡 〈내가 아니다〉를 집필하고, 1969년에 노벨 문학상을 수상했다. 그 후 계속 프랑스에서 살다가 1989년에 파리에서 생을 마감했다.

〈고도를 기다리며〉가 파리에서 흥행에 성공하자 영국·미국·일본 등 세계 방방곡곡에 번역 상영되었는데 모두 가지각색으로 상영된 특이한 작품이다. '고도'라는 단어의 해석부터 연출자마다 달라 이해가 될 수 없는 연극으로 알려지기도 했다.

리피 강River Liffey을 따라 찾아가는 아일랜드 역사체험

하페니 다리(Half Penny Bridge)

더블린에서 가장 오래된 보행자 전용 다리인 하페니 다리Ha'penny Bridge는 밤에 불빛으로 가득한 멋진 도시 경관을 만들어주는 다리이다. 더블린의 중심에 있는 하페니 다리Ha'penny Bridge는 1816년에 만들어진 아치형의 철제 다리이다. 공식적인 다리명칭은 리피 다리Liffey Bridge이지만 다리가 만들어진 초기에 있었던 통행료 때문에 하페니 다리Ha'penny Bridge란 별칭이 붙었다. 더블린의 첫 보행자 전용 다리로서 다리에 얽힌 역사와 사랑의 상징인 자물쇠가 달려져 있는 것으로 유명하다.

43m 길이의 다리를 이용하는 보행자 수는 하루에 30,000명 정도나 된다. 다리 중앙에 서서 더블린의 도시 풍경을 눈에 담아볼 수 있어 항상 사람들로 북적인다. 해가 질 때쯤이면 아름다운 노을이 비추고 어둠이 찾아오면 더블린의 멋진 스카이라인과 함께 나란히 서 있는 다리와 강가 건물의 불빛이 멋진 장관을 연출한다.

역사적 도시, 더블린의 남과 북 사이에 흐르는 강가 위에 놓인 다리에 서서 연인들은 사랑의 자물쇠를 난간에 달아놓는다. 더블린 시정부는 난간에 달린 자물쇠의 무게 때문에 역사적인 다리가 기울어질 수 있어 자물쇠 수거 인력을 고용하기도 했다.

다리의 남쪽 끝에 있는 상업 지구에는 레스토랑, 카페, 고급 상점 등이 가득하다. 다리의 양쪽 끝에 있는 펍Pub에서 전통적인 아일랜드 기네스 맥주를 마시며 느긋한 시간도 보내는 것도 색다른 즐거움이다.

하페니 다리Ha'penny Bridge는 184년 동안 강가의 유일한 보행자 전용 다리로서 그 명성을 유지해 왔다. 처음에 450여 명의 사람들은 하루에 1£의 절반인 반 페니Penny나 1.5페니Penny의 요금을 내고 다리를 건너야 했다. 이후 상업적 시설을 없애고 흰색에 가깝게 본래의 독특한 모습을 되살렸고 2001년에는 재정비 과정을 거쳤다. 하페니 다리Ha'penny Bridge는 더블린 중심을 지나가는 리피강 위에 있다. 보행자 전용 다리인 밀레니엄 다리Millenium Bridge와 오코넬 다리O'Connel Bridge 사이에 있다.

대기근(The Great Famine)

대기근The Great Famine을 표현한 작품이 지니 존스턴 호 앞에 전시되어 있다. 아일랜드는 가난한 영국의 식민지였다. 가난한 아일랜드를 굶주리게 만든 사건이 대기근The Great Famine이었다. 감자역병이 돌아 아일랜드 인구의 1/3이 줄어들었다고 할 정도로 심각한 역사적 사건이었기 때문에 아직도 더블린에 대기근The Great Famine 동상이 있을 정도로 아일랜드를 이해하는 데 중요하다.

남미에서 전파된 식용 감자는 아일랜드에서 대량으로 재배했고, 1년 내내 감자, 버터, 우유만으로 버틸 수 있도록 만들어 준 고마운 작물이었다. 아일랜드 인들의 인구는 증가하게 되면서 당시의 경제학자인 멜서스Melses가 유명한 인구론에서 "작물의 생산량은 산술급수로 늘어나고 사람은 기하급수적으로 늘어 인류는 망한다."라고 한 것은 아일랜드를 보고 예측한 것이라고 한다.

아일랜드의 대기근The Great Famine은 1740~1741년, 1847~1852, 1879년으로 총 세 번 있었는데, 그 중에서도 아일랜드에 치명적인 타격을 입혔던 두 번째 기근을 가리켜 '대기근'이라고 부른다. 영국 본토의 수탈로 인해 아일랜드 쪽에서는 감자 이외에는 먹을 것이 거의 없었고 그런 와중에 감자가 병들어 말 그대로 먹을 것이 없어져 대규모 아사가 발생하였다.

지니 존스턴 호(Jeanie Johnston)

더블린에서 인기 있는 관광 명소 중 하나이다. 지니 존스턴 호Jeanie Johnston는 1847~1855년까지 북아메리카로 떠나는 이민자들을 16 차례 사람들을 실어 나른 배로 가난한 아일랜드를 상징하는 배이다. 2,500명이 넘는 이민자가 지니 존스턴 호Jeanie Johnston에서 생명을 잃어서 아일랜드 인들은 시체를 실어 나르는 '관선'이라고 부르기도 했다고 한다.

리피 강에 있는 배는 케리Kerry사의 트랄리Tralee에 지어진 복제품으로 아일랜드 역사를 알리기 위해 만들었고 학생들의 역사교육으로 투어를 진행하고 있다.
갑판에 올라서면 19세기에 대서양을 항해 떠날 수밖에 없는 나무배의 작은 규모를 보고 놀라고 갑판 아래에 희미하게 빛나는 작은 공간속 이민자들의 고통을 생각하고 깜짝 놀란다. 그들의 고통이 어떤 것인지 생생하게 보여주는 지니 존스턴 호는 실제 승객의 이야기를 통해 이민에 관한 이야기를 전해준다. 12살의 동생과 15살의 누나 마르가레트 콘웨이Margaret Conway의 이야기에서 기근에 의해 살 수 없는 아버지에게 "역경을 극복하고 더 좋은 삶이 있을 거야"라는 희망의 이야기를 학생들은 가슴에 품게 된다. 커스텀 하우스Custom House Quay에 정박해 있는 배는 커스텀 하우스역에서 걸어서 5분 거리에 있다.

아비바 스타디움

아비바 경기장Aviva Stadium은 국가 스포츠 경기장으로 아일랜드 럭비 및 축구 국가 대표팀의 홈구장으로 사용된다. 경기장 둘레를 따라 이어져 있어 마치 파도처럼 보이는 지붕의 혁신적인 디자인이 인상적이다. 밤에는 파란색, 흰색, 노란색으로 조명이 켜져 경기장의 멋진 광경을 사진에 담을 수 있다. 세련되고 현대적인 외관으로 되어 있으며 들판과 운하가 있는 멋진 풍경 속에 자리하고 있다. 51,700석이 마련되어 있는 경기장에서 국가를 응원하는 열렬한 팬들의 우렁찬 응원가를 들어볼 수 있다.

아비바 경기장Aviva Stadium은 1872년에 만들어진 랜스다운 로드 경기장이 있던 부지에 자리를 잡고 2010년 개장했다. 지금까지 유럽 축구 대항전과 같은 큰 경기를 비롯해 국제 축구, 럭비 경기가 개최되었다. 두 스포츠의 아일랜드 협회가 경기장을 공동 소유하고 있다. 가끔 미국 대학 미식축구가 열리기도 한다.

거대한 경기장은 많은 사람들이 환호하고 소리를 지르는 경기장으로만 사용하는 것이 아니라 콘서트를 열기도 한다. 세계 유명 연예인의 공연이 열린 적도 있다. 마돈나, 레이디 가가, 리한나 등의 유명 가수들이 공연을 했다.

아비바 경기장Aviva Stadium은 더블린 남동쪽의 샌디 마운트에 있다. 더블린 시내에서 DART 기차를 타고 15분 정도 가면 경기장이 위치한 랜스다운 로드 기차역에 도착한다. 버스를 타고 약 3km 가면 경기장에 도착한다.

가이드 투어(약 1시간 진행)

경기장의 안까지 볼 수 있는 가이드 투어에 참여할 수 있다. 아일랜드의 최고 운동선수와 원정팀만 접근이 허용되는 곳도 구경할 수 있는 유일한 방법이다. 가이드투어를 통해 탈의실, 선수 입장 터널 등 일반적으로 대중에게 공개되지 않는 곳을 주로 본다. 홈 팀 탈의실에도 들러 중요 시합을 기다리는 중이라고 상상하면서 선수 입장 터널을 걸어 나오고, 미디어 센터에서 시합 당일의 혼잡한 분위기도 직접 느껴볼 수 있다. 가이드 투어는 경기가 열리는 날을 제외하고 연중 매일 제공된다.

트리니티 대학 & 그래프톤거리
Trinity College & Grafton Street

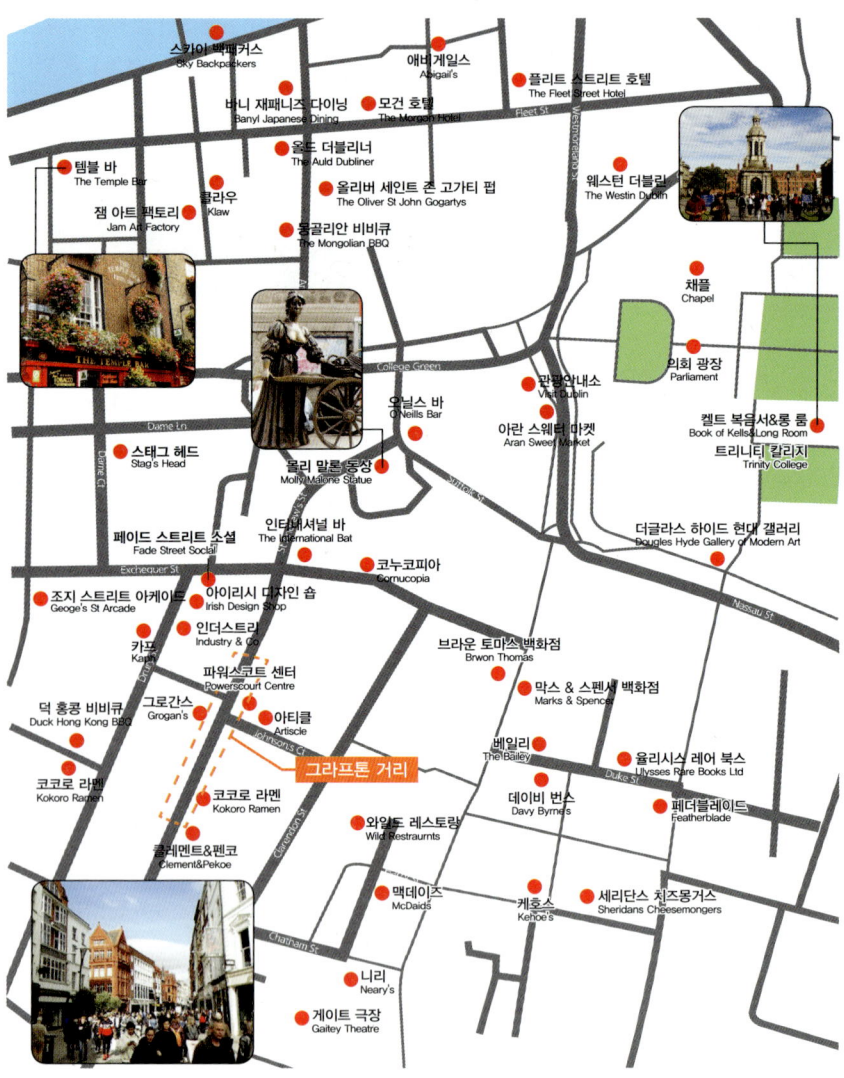

트리니티 칼리지
Trinity College

트리니티 칼리지는 아일랜드 최초이자 최고의 대학으로, 1592년 영국 여왕 엘리자베스 1세Elizabeth I 때 세워졌다. 이 대학은 커다란 부지에 세워진 (17~18세기) 고풍스러운 건축물이 인상적이다.
종루와 정원이 조화를 이루고 있으며 9세기에 만들어진 켈트 복음서The Book of Kells를 포함하여 20만권이 넘는 고서를 소장한 고서 박물관Old livrary이 있어 트리니티 칼리지 교정은 항상 많은 관광객으로 붐빈다.
트리니티 칼리지Trinity College는 더블린 중심지에 있는 칼리지 그린 광장College Green Square에 자리하고 있다. 다양한 대중교통과 홉 온 홉 오프Hop on Hop off 투어 버스를 이용하여 갈 수 있다. 광장까지 입장은 무료이지만, 도서관에는 입장료가 있다.

트리니티 칼리지의 유명인물

아일랜드 최고의 역사와 전통을 자랑하는 트리니티 칼리지는 세계적인 유명 인물을 배출한 곳으로 노벨문학상 수상자부터 대통령까지 다양하다. 그중에서 우리가 알 수 있는 인물은 다음과 같다.
'호수 섬 이니스프리'로 유명한 시인 예이츠(노벨문학상 수상), 조금은 난해한 희곡 '고도를 기다리며'로 노벨문학상을 받은 사무엘 베케트. 작가 조나단 스위프트와 오스카 와일드 등이 있고, 전 아일랜드 대통령 메리 맥갈리스는 트리니티 칼리지 법대에서 강의를 하기도 했다.

홈페이지_ www.tcd.ie **주소_** College Green, Dublin 2 **입장료_** 무료(고서 박물관 9€)

About 트리니티 칼리지(Trinity College) 가이드 투어

가이드 투어(14€/학생 13€)는 인터넷(www.tcd.ie/visiters/tours)이나 대학교 입구에서 신청하면 된다. 가이드 투어는 주말에만 진행되지만 여름 성수기에는 주중에 진행되기도 한다. 트리니티 칼리지Trinity College 학생들이 안내하는 30분짜리 가이드 투어에 참여하여 대학의 역사와 건축, 유명 졸업생들에 대해 알아볼 수 있다.

가이드 투어에 참여하면 영어로 설명을 하게 되며 가이드에 따라 트리니티 칼리지Trinity College에 대한 인상이 달라질 정도로 중요하다는 사실을 알게 되었다. 투어 내용은 이들의 설명을 토대로 만든 것이다.

1. 처음에 이들이 공통적으로 하는 문구

투어에 참여하지 않고 자유로이 구경하는 것도 좋지만, 구 도서관Old Library에 있는 켈스 복음서Book of Kells는 반드시 보아야 한다. 이 귀중한 필사본은 800년에 수도사들에 의해 제작되었다.

2. 관람 순서

문학계 거장들의 모교인 아일랜드 최고의 대학은 켈트 복음서Book of Kells의 소장처이기도 하다. 17~18세기에 세워진 종탑과 석조 건물을 둘러보고, 현대 미술을 둘러보거나, 가이드 투어에 참여하여 구 도서관에 있는 유물과 오래된 복음서와 중세 미술 작품을 관람하는 것이 좋다.

3. 트리니티 칼리지Trinity College의 간략한 역사

아일랜드 최고의 대학인 트리니티 칼리지Trinity College는 1592년, 황폐해진 수도원 자리에 설립되었다. 트리니티 칼리지Trinity College는 종교 전쟁을 비롯한 아일랜드의 중요한 순간들을 모두 견디어 왔다. 초기에는 신교도들만 입학할 수 있었지만, 1793년 이후에는 구교도들에게도 입학이 허용되었다. 1726년에 '걸리버 여행기'를 쓴 풍자 작가 조나단 스위프트는 14세의 나이로 트리니티 칼리지Trinity College에 입학하여 화제가 되기도 했다.

그리스 문학에 재능을 보인 오스카 와일드Oscar Wilde는 1874년에 졸업하였다. 오스카 와일드는 훗날 소설 '도리언 그레이의 초상'으로 명성을 얻게 되었다. 여성들은 1904년부터 입학이 허용되었다. 학생 수 15,000여 명 규모의 트리니티 칼리지Trinity College는 오늘날 세계 유수의 대학이자 연구 기관으로 성장했다.

4. 종탑

프런트에서 켈트 복음서 티켓을 구입해 들어가 트리니티 칼리지Trinity College 광장의 자갈길을 걸어 보자. 홀로 우뚝 서 있는 위풍당당한 종탑이 눈에 들어온다. 모서리의 조각들은 각각 다른 학문 분야인 신성, 과학, 법률, 의학을 상징한다.

5. 핵심 투어

구 도서관 앞에는 13곳에 설치된 조형물이 보인다. 이탈리아의 로마 바티칸 박물관 앞에서 대부분 관광객이 보았을 것이다. 아르날도 포모도로가 만든 '지구 안의 지구 조형물Sphere within Sphere'을 감상하고 입장한다.

구 도서관Old Library에 입장하면 1층에는 9세기의 '켈트 복음서Book of Kells' 원본을 비롯한 중세의 필사본을 둘러본다.

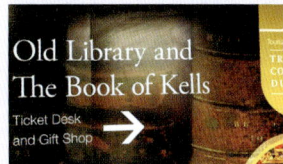

2층의 롱 룸Long Room으로 올라가면 졸업생들의 대리석 흉상, 15세기에 제작된 하프, 1916년 부활절 선언문의 희귀본을 볼 수 있다. 자연 과학실에서는 특별전이, 더글라스 하이드실에서는 현대미술전이 열린다. 지질학 박물관에서 희귀종도 구경해 볼 수 있다.

> **유럽에서 최초의 여성 입학 대학**
>
> 학교 설립자가 엘리자베스1세로 여성이기 때문일까? 유럽에서 최초로 여성 입학을 허용함으로써 세계를 놀라게 했다. 사실 여학생 입학에는 난관이 있었지만 여학생 입학의 흐름을 당시의 총장도 통제하지 못했다. 무어 총장은 트리니티 대학의 여학생 입학을 반대했으나 여학생이 입학한 날 급사했다. 처음 학교가 세워졌을 당시에는 신교도 재단 학교(Protestant College)였기 때문에 전통적으로 가톨릭교도였던 아일랜드 사람들은 대학에 입학하기가 어려웠다고 한다. 가톨릭교도 학생들이 입학을 허가받기 시작한 것은 비교적 최근인 1970년이라고 한다.

켈트 복음서
Book of Kells

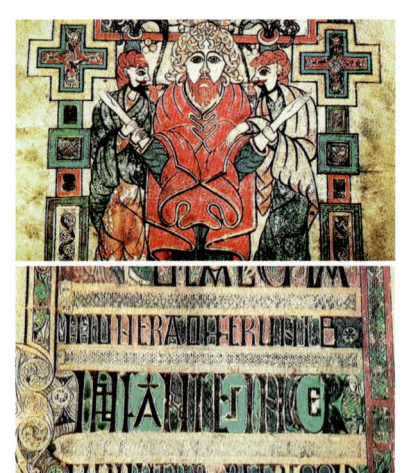

예술작품 못지않은 아름다운 장식과 화려한 색상으로 켈트족의 예술적 재능을 보여준다는 9세기, 수도사들이 기록된 성서 필사본이 켈트 복음서이다.

라틴어의 복음서는 스코틀랜드의 서쪽에 있는 이오나 섬Inoa Island의 아일랜드 수도원 내에 있는 수도사들이 필사했다고 한다. 오랜 세월이 흘러도 견고하게 제작된 복음서는 잘 보존된 모습을 보여주기 때문에 높이 평가된다.

9~10세기는 스칸디나비아 반도의 바이킹이 세력을 확장해 유럽을 공포로 몰아넣은 시기이기 때문에 성서 필사본은 바이킹의 침입으로 불태워지는 경우가 빈

번했다. 더블린 북부 켈즈 아비Kells Abbey에 맡겨 두면서 아일랜드로 전해지게 되었다. 그 이후 더블린의 트리니티 컬리지가 대학으로 지키기 가장 안전하다는 생각에 오랜 시간 보관되었고, 지금까지 이어져 내려오고 있다.

다른 필사본으로 더로우 복음서The Book of Durrow(7세기), 알마 복음서The Book of Armagh도 전시되어 있다. 켈트 복음서는 예술적, 문학적, 종교적으로 매우 높은 평가를 받는 문화유산이 되었다.

몰리말론 동상
MollyMalona Statue

1988년 더블린 시는 6월 13일을 '몰리 말론의 날'로 선언하고, 그래프턴 거리에 몰리 동상을 세웠다. 몰리말론은 낮에는 조개와 홍합을 파는 생선 장수로, 밤에는 트리니티 컬리지 부근에서 몸을 파는 매춘부로 생활한 가상의 불행한 여성이다.

허구의 인물 '몰리'는 식민지 시절 궁핍했던 아일랜드 인을 상징한다. '한(恨)'이 담긴 노래 '몰리 말론'은 더블린의 비공식 테마곡이 됐고, 무장 독립 투쟁을 벌인 아일랜드공화국군(IRA)의 '광복군가' 역할도 했다.

아일랜드 대통령의 최초 영국 국빈 방문을 환영하는 만찬장에서 연주된 음악은 아일랜드 민요 '몰리 말론'이다. 아일랜드 수도 더블린에서 조개를 팔던 여성에 대한 '새조개와 홍합Cockles and Mussels' 또는 'in Dublin's Fair City'이다. 3분 남짓한 이 곡에는 "새조개와 홍합이 왔습니다!" "살아있어요, 싱싱해요" 같은 가사가 반복된다. 1801년 영국·아일랜드 합병 이후 지속됐던 양국 대립이 종식되는 순간에 '몰리 말론'이 연주되었을 정도로 아일랜드에 중요한 노래이다.

아일랜드 전래 동화에 나오는 인물이 '몰리 말론'이다. 17세기 더블린에 '몰리'라는 아름다운 여성이 살았다. 가난 때문에 낮에는 생선을, 밤에는 몸을 팔다 병에 걸려 일찍 죽는다. 이후 밤거리에는 몰리의 유령이 생선 손수레를 끄는 소리가 들리게 됐다고 한다.

그라프톤 거리
Grafton Street

영국 왕 찰스 2세의 서자인 제1대 그라프톤 공작의 이름인 그라프톤 거리Grafton Street는 제임스 조이스와 여러 작가들이 작품에서 거리를 암시하기도 했다. 그라프톤 거리Grafton Street는 강의 남쪽에서 몇 블록 떨어진 칼리지 그린에서 그림 같은 공원인 성 스테판 정원까지 이어진다. 그라프톤 거리Grafton Street는 더블린의 고급 상점들과 레스토랑으로 가득한 거리 2곳 중 하나(더블린의 다른 주요 쇼핑거리는 리피 강 북쪽의 헨리 거리다)이다. 더블린의 주요 상업 지구 중 하나로 세계적인 유명 브랜드들이 진열되어 있다. 거리 공연자와 전통 펍Pub 덕분에 지역 사회의 매력을 간직하고 있다.

중심가의 매장들은 수시로 변하고 거리 공연자, 관광객, 시민들 사이에 활기찬 분위기를 느껴진다. 아일랜드 가수인 데미안 라이스Damien Rice, 멕시코 기타 듀오 로드리고 이 가브리엘라Rodrigo y Gabrila, 밴드 '더 프레임즈The Frames'와 더블린 러브 스토리 영화, 원스의 글렌 핸사드Glen Hansard 등 유명한 뮤지션들이 과거에 공연을 했다.

레스토랑과 술집을 방문해 거품에 하프나 클로버 무늬가 있는 기네스 맥주를 마시며 분위기를 느낄 수도 있고 쇼핑을 즐길 수 있다. 아일랜드 가수 고 '필 라이넛'의 실물 크기의 청동상을 볼 수 있다. 1927년부터 자리를 지킨 상징적인 블리스 그라프톤 스트리트 카페Bewley's Grafton Street Cafe에는 스테인드글라스 창문과 샹들리에, 높은 천장, 조각상 등 장식물이 있다.

성 스테판 정원
Faiche Stiabhna

성 스테판 정원은 상업가인 그라프톤 스트리트가 시작하는 곳에 있다. 푸른 풀밭과 화단, 석조 다리와 조각상, 백조들이 헤엄치는 호수와 놀이터가 있는 더블린의 공원에서 여행의 피로를 풀어보자. 아일랜드어로 성 스테판을 뜻하는 'Faiche Stiabhna' 표지판을 따라가면 도시 안의 오아시스, 성 스테판 정원Faiche Stiabhna이 나온다. 더블린 시민들이 사랑하는 성 스테판 정원Faiche Stiabhna에서 빅토리아 풍 건축물을 감상할 수 있다. 지나가는 사람들을 구경하고, 조깅을 하거나 오리에게 먹이를 주고, 소풍을 즐기는 한적한 모습을 볼 수 있다.

과거 공용 목초지였던 이곳은 1664년 인클로저 운동의 일환으로 귀족들에 의해 사유화되었는데, 그 후 200년이 지나서야 다시 대중에게 공개되었다. 이 과정에서 아서 기네스 경의 공이 컸다고 한다. '아르딜라운 남작'이라는 칭호를 달고 세워진 조각상은 오늘날까지 기네스 경의 관대함을 기리고 있다. 9헥타르(22에이커)에 이르는 성 스테판 정원은 빅토리아 시대의 조경을 그대로 간직하고 있다.

제임스 조이스의 걸작 '율리시스'는 1904년 성 스테판 정원에서 일어난 일을 기초로 하여 탄생하였다. 더블린 출신의 작가 조이스는 이 공원에서 싸움에 연루되었는데, 다친 조이스를 돌봐 준 남자가 '율리시스' 속 인물로 등장한다. 공원 한가운데에서 제임스 조임스의 흉상을 찾아볼 수 있다.

인근의 상점에서 샌드위치와 간식을 구입하여 소풍을 즐겨 보자. 푸실리어 아치를 통해 공원으로 들어가면 고대의 귀족이 된 기분이 든다. 푸실리어 아치는 로마 시대에 지어졌을 것 같지만, 1907년 최근에 세워졌다. 정원사의 오두막 무대와 분수대와 정자는 1800년대에 세워졌다. 1845~1850년까지의 아일랜드 대기근을 알리는 대기근 기념물이 있다. 공원 곳곳에 있는 정자에서 비와 햇볕을 피할 수 있다. 동쪽으로는 어린이 공원이 있고, 중앙의 맹인 공원에는 자유로이 만질 수 있는 점자 안내판과 식물들이 있다.(공원 내, 주류 반입 금지)

더블린 시청
Dublin City Hall

지금은 크라이스트 처치 Christ Church 뒤의 리피 강변에 있는 더블린 시티 의회 Dublin City Council이 시청 역할을 하고 있다. 더블린 시청은 20년 전까지 시청으로 사용되었던 곳이다. 18세기에 신고전주의 양식으로 만들어진 2층 건물로 이루어져 있다.

지금은 대부분 시청박물관으로 찾는 장소로 더블린의 역사를 알 수 있도록 영상과 전시물이 있다. 유물과 정치, 역사가 전시물로 상세히 알 수 있도록 되어 있다.
1층의 12개의 돔 기둥 사이에 있는 원형 돔에는 상인들이 무역을 토의했던 장소로 역사적인 사건을 벽화와 같이 전시해 놓았다.

홈페이지_ www.dublincity.ie/dublincityhall
주소_ Dame St, Dublin 2
시간_ 10~17시(월~토요일)
전화_ +353-1222-2918

메리온 스퀘어
Merrion Square

더블린 중심에 있는 공원으로 더블린 사람들의 일상과 오스카 와일드를 만날 수 있는 곳으로 놀이터와 공원이 합쳐져 가족단위로 찾는 시민들이 많다. 오스카 와일드의 동상이 생가와 마주 보이는 200m 정도에 있다.

다리를 벌리고 한쪽 눈을 살짝 찡그린 오스카 와일드 동상Oscar Wilde이 가운데에 있고 왼쪽에는 와일드의 임신한 아내상이, 오른쪽에는 술의 신 디오니소스 상이 있다. 그의 왼쪽 상은 동성애 연인이라는 설도 있다. 아내가 둘째를 임신했을 때 미성 소년 알프드 더글러스와 사랑에 빠졌다고도 한다. 그래서 왼쪽의 임신한 아내상은 고개를 오른쪽으로 돌리고 시선을 주지 않게 만들었다고 한다. 슬프고 비참한 복합적인 표정이 보인다.

오스카 와일드는 그러거나 말거나 살짝 불만인 표정으로 세상을 향해 냉소와 조롱을 담고 있다.

임신한 아내가 고개를 오른쪽으로 돌리고 시선을 주지 않는다.

입장료가 무료인 더블린 박물관

국립 고고학 박물관(National Museum of Ireland-Archaeology)

바이킹의 영향 및 켈트 양식의 금속 가공물부터 선사 시대 도구와 청동기 보물까지 다양한 아일랜드 역사에 대해 전시하고 있다. 국립 고고학 박물관National Museum of Ireland-Archaeology은 아일랜드의 방대한 역사적 산물을 모아놓은 곳이다. 기원전 7,000년 아일랜드의 각 지역에서 발견한 유물부터 1900년대 유물까지 다양한 소장품이 보관되어 있다. 바이킹 아일랜드와 관련된 전시물은 스칸디나비아 스타일의 은 소품과 수년 동안 이어진 아일랜드와 바이킹의 혼합 양식도 살펴볼 수 있다.

> **브람 스토커 생가**
> **(Bram Stoker, 1847~1912)**
> 국립 박물관의 왼쪽으로 국립 박물관 거리인 킬데어 거리(Kildare Street) 건너 드라큘라의 작가, 브람 스토커(Bram Stoker, 1847~1912)의 살던 생가가 있다.
> ▶위치 : 30 Kildare Street

신고전주의 양식의 콜로네이드, 돔 모양 원형 홀 및 아름다운 모자이크 바닥 등 빅토리아 팔라디오 양식으로 된 박물관 건물도 눈여겨 볼만하다. 이전 문명의 예술품과 보물이 가득한 전시실도 둘러보자.

흥미로운 전시물 중에는 8세기 초기 기독교인이 만든 복잡하고 정교한 장식의 아다 성배 Ardagh Chalice도 유명하고 700년대 유물로 옷 장식에 쓰이던 타라 브로치Tara Brooch 역시 대표적인 볼거리이다. '파단 모어 솔터'라는 시편집도 있다. 1123년에 만들어진 '콩의 십자가'도 유명 공예품이다. 아일랜드의 지고왕High King이 이 십자가에 그리스도가 매달린 성 십자가의 일부를 넣도록 했다는 역사가 있다.

홈페이지 www.museum.ie **주소** Kildare Street, Dublin 2 **시간** 10~17시(일요일 14시 시작) **전화** +353-1677-7444

주소_ Merrion Street
시간_ 10~17시(일요일은 14시 시작)
전화_ +353-1677-7444

자연사 박물관(The Natural History Museum)

커다란 공룡의 뼈와 아일랜드 근해에 사는 고래 등 박제 동물이 생동감 있는 박물관이다. '엘크'라고 부르는 자이언트 사슴 Giant Irish deer Moose가 인상적이다. 이제는 아일랜드에서 쉽게 볼 수 없는 동물들을 볼 수 있도록 동물원보다 많은 다양한 동물들이 전시되어 어린이들의 교육을 위해 가족단위의 관람객이 대부분이다. 스테판스 그린 역 St. Stephen's Green에서 내려 500m정도 걸어가면 나오기 때문에 사전에 위치를 확인할 필요가 있다.

국립 미술관(The National Gallery of Ireland)

유럽의 유명한 작품들이 많지는 않지만 루벤스와 페르메이르의 '편지를 쓰는 부인과 하인 Lady writing a Letter with her Maid', 카라바지오Caravaggio 작 '그리스도의 체포The Taking of Christ, 1602'은 찾아서 볼만한 작품들로 2, 3층에 있다.

아일랜드 화가들의 미술작품은 1층에 전시되어 있는데 러스보로 하우스Russborough House의 백만장자인 베이츠Beit가 기증한 베이츠 콜렉션이 유명하며 워터포스 크리스탈 샹들리에, 버나드 쇼의 초상화가 걸려 있는 쇼룸, 예이츠 룸 등이 있다.

홈페이지_ www.museum.ie
주소_ Kildare Street, Dublin 2
시간_ 10~17시(일요일 14시 시작)
전화_ +353-1677-7444

홈페이지_ www.imma.ie
주소_ Royal Hospital, Kilmainham, Dublin 8
시간_ 11시 30분~17시 30분
　　　(토요일은 10시, 일요일은 12시 시작)
전화_ +353-1612-9900

아일랜드 현대 미술관(Irish Museum of Modern Art / IMMA)

아일랜드에 현대 미술관이 없는 아일랜드의 상황을 탈피하기 위해 1684년 윌리엄 로빈슨이 퇴역한 군인을 위해 세운 건물을 킬마인햄 왕립 병원Royal Hospital Kilmainham 건물을 선정하였다. 천문학적 금액인 2,100만£를 들여 1986년에 아일랜드 인들을 위한 현대미술관으로 리모델링을 거쳐 1991년에 개관하였다.
피카소Picasso, 칼더Alexander Calder, 미로Joan Miró 등 국내 외 현대 예술가들의 작품을 전시하는 한편, 아틀리에와 현대 예술을 추진하는 학술 기관으로써 다양한 예술 작품 발표 등, 예술의 이해와 진흥을 도모하고 있다. 바로크 스타일의 예배당은 조각상과 스테인드글라스, 북쪽의 그레이트 홀The Great Hall에는 군주와 총독의 초상화가 서 있어 장엄함을 느낄 수 있다.

템플바
Temple Bar

하페니 다리Haif Bridge를 건너면 바로 나오는 골목이 있다. 골목을 지나면 오른쪽으로 본격적인 템플 바Temple Bar 구역이 시작되는 곳으로 관광객이라면 꼭 한번 가야하는 곳이다. 템플 바Temple Bar는 17세기 초 트리니티 칼리지의 학장이었던 윌리엄 템플Sir William Temple의 집과 정원이 있어서 이름이 생겨났다고 한다. 1960년대부터 주류상과 예술가들이 모여들면서 가난한 아일랜드의 삶을 이야기하고 유흥을 겸한 펍Pub이 생겨나면서 지금은 더블린을 대표하는 관광지로 탈바꿈하게 되었다. 더블린에서 밤 늦게까지 불이 꺼지지 않는 생동감 있는 젊음의 발산지이다.

펍Pub과 레스토랑, 작은 상점 등이 늘어선 곳으로 신기하기만 하다. 대한민국의 홍대처럼 단순하게 밤 문화를 즐기는 곳인데 이곳이 더블린을 대표한다는 것이 다소 낯설 수도 있다. 그렇지만 펍Pub은 아일랜드를 대표하는 문화로 영국과는 다른 점이 있다. 낮에는 관광객이 사진을 찍으면서 펍Pub과 레스토랑에서 식사를 하지만, 밤이 되면 아일랜드 젊은이들과 관광객이 펍Pub에서 아일랜드 문화를 즐기기 시작한다.

머천드 아치 (Merchants Arch)
모사와플 (MoSa Waffle)
아이리시 펍 가게 (Irish Pub Shop)

하페니 다리

(Hanleys Pasties)하네스 코르니시 파스티에스
(The Old Mill)더 올드 밀
(Quays Bar)퀘이스 바
● 고멧 버거(Gourmet Burger)

더 템플바 갤러리&스튜디오 (The Temple Gallery & Studios)
● 맥도날드
(Pizza Live Music)피자 라이브 뮤직
● 팀플 바 기념품점
(Cloud Nine)젤라또 클라우드 나인
● 더팀플 바(The Timple Bar)
(Mexico To Rome)멕시코 투룸
(Mexico To Rome)멕시코 투룸
● 더노맨스 카페(The Norseman Cafe)
(Straight Up Burger)스트레이트업 버거
● 브릭엘리카페(Brick Alley Cafe)
(MiLaNo)밀라노
● 더 쉑(The Shack)

밀레니엄 다리

피츠시몬스 템플바 (Fitzsimmons Temple Bar)

템플 바의 낯선 장면

중앙 광장(Temple Bar Square)에서 주말에 시장이 서기도 하고 각종 이벤트들이 열리기 때문에 더욱 붐비게 된다. 또한 결혼을 앞둔 남녀가 이색적인 복장을 입고 파티를 하기도 한다.

템플바의 진실 or 거짓

펍Pub과 상점과 미술관들이 들어서 있는 중세풍 골목을 누비다 맥주를 한 잔 마시고 음악에 맞춰 파티를 즐길 수 있는 장소이다. 템플 바Temble Bar는 더블린 중심가의 문화 지구로 밤 시간과 특히 주말에 사람들로 무척 붐빈다.
낮 시간에는 기념품 상점과 미술관들이 관광객들과 예술 애호가들로 가득하고, 오후가 되면 식사를 즐기는 관광객들이 넘쳐나고, 해가 지고 나면 떠들썩한 파티에 온 사람들로 온 지역이 들썩인다.

간략한 템플 바(Temble Bar)의 역사

1690년 트리니티 칼리지Trinity College의 학장이었던 윌리엄 템플 경의 이름을 따 명명되었다고 알려져 있지만 19세기에까지 아무도 찾지 않는 곳이었다. 지역 전체가 폐허로 변하기 직전, 저렴한 임대료에 매력을 느낀 소상인들과 문신 전문가들이 몰려와, 보헤미아 풍으로 되살아난 장소이다. 그 후 1990년대에 더블린 시에서 문화 지구로 지정해 재건되었다.

다양한 펍(Pub)

알록달록 칠을 한 상점가를 둘러보거나 펍Pub에 입장을 하는 데에는 돈이 들지 않지만, 기념품과 음료는 결코 저렴하지 않다. 더블린의 시민들처럼 생맥주를 한 잔 마시며 라이브 음악을 즐겨 보기에 천국 같은 곳이다. 템플 바Temble Bar 지구에서 가장 오래되고 가장 붐비는 빨간색 템플 바 펍Temble Bar Pub에도 들러 보자.

밤이 되면 흥청거리는 펍과 클럽에서 쾅쾅 음악이 울려댄다. 파티가 취향에 맞지 않아도 괜찮다. 펍Pub에 앉아 밴드 음악에 맞춰 기네스 잔을 들어 건배를 하고, TV의 스포츠 경기를 관람하면 된다. 술이 오른 아일랜드 인들의 말을 알아듣는 데에는 어려움이 따를 수도 있다.

밤새 펍(Pub)이 운영할까?

플 바Temble Bar는 데임Dame 거리와 리피 강 사이에 자리 잡고 있다. 펍Pub들이 자정 전에 문을 닫고, 새벽 3시가 되면 모든 곳이 문을 닫는다.

예술 애호가라면?

아일랜드 사진 센터와 템플 바Temble Bar 갤러리, 스튜디오에 들러보자. 템플 레인에 있는 락 아카이브 갤러리의 명예의 벽에 걸린 공연 사진도 감상하기에 좋다. 주말에는 카우스 레인에서 패션 상품을, 템플 바Temble Bar 광장에서 책을, 미팅하우스 광장에서 신선한 농산물을 구입할 수 있다. 여름철에는 미팅하우스 광장에서 야외 영화 상영이 진행된다.

EATING

피츠시몬스 템플 바
Fitzsimmons Temple Bar

호텔에서 운영하는 펍Pub으로 작은 술집으로 시작했지만 전문적인 펍Pub으로 운영하고 있다. 현대적인 분위기로 수준높은 다양한 공연을 제공하고 있어 현지 시민들이 더 많이 찾는 인기 장소이다. 공간도 상당히 넓어서 공연을 보면서도 술을 같이 마실 수 있어 편리하다.

주소_ 21~22 Wellington Quay Temple Bar
전화_ +353-91-563-634

면서 항상 활기찬 분위기여서 쉴 수 있는 공간이 부족하다. 이럴 때 카페에서 커피 한잔과 식사를 원한다면 방문할 만하다. 맛있는 스낵, 샌드위치, 차와 커피 및 코스 요리도 즐길 수 있다.

주소_ 25 East Essex Street
전화_ +353-1679-3393

브릭 앨리 카페
Brick Alley Cafe

템플 바 구역에서 잠시 쉬어갈 수 있는 카페이다. 템플 바는 관광객으로 넘쳐나

더 쉑 레스토랑
The Shack Restaurant

템플 바 주변에 있는 레스토랑으로 관광객들은 대부분 템플 바에 왔다가 식사를 하고 싶어 들어오는 레스토랑이다. 하지만 직원들도 친절하고 요리도 맛있어 다행이라고 생각하는 레스토랑 중에 하나이다. 템플 바

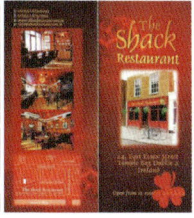

구역에 있기 때문에 항상 사람들로 붐비고 활기차다. 전통 아일랜드 요리인 Mash도 있지만 대부분의 관광객은 피쉬 앤 칩스, 피자 등과 기네스 맥주를 마신다.

홈페이지_ www.shackrestaurant.ie
주소_ 24 East Essex Street
시간_ 도미토리 5,500kr~
전화_ +353-1679-0043

더 노스맨 카페
The Norseman Cafe

더블린의 펍Pub과 카페를 대표하는 곳이다. 1696년부터 시작된 펍Pub에서 라이브 음악을 즐기는 대표적인 곳으로 유명하다. 메인 스테이지Main Stage에서 매일 밤 라이브 음악을 들을 수 있고, 12~22시까지 레스토랑으로도 운영하고 있는데 신선한 현지 계절 재료로 Irish Platter, 피쉬&칩스Fish & Chips, 찐 굴요리를 제공한다.

주소_ 28 East Essex Street
시간_ 12~22시
전화_ +353-1671-5135

디 올드 밀
The Old Mill

하페니 다리를 건너 골목을 지나면 바로 보이는 디 올드 밀The Old Mill 레스토랑은 코너에 위치해 있다. 템플 바 구역에서 가장 아일랜드 음식을 잘 만드는 레스토랑으로 유명하고 특히 스튜Stew가 유명하다. 하지만 입맛에 맞지 않다면 파스타나 햄버거를 먹고 싶은 관광객도 많이 찾고 있다.

주소_ 14 Temple Bar Sq.
시간_ 10~22시30분
전화_ +353-1671-9266

더블린 라이브 음악

라이브 뮤직의 천국

영국의 펍과 아일랜드의 펍Pub은 같기도 하고 다르기도 하다. 먼저 이야기 하자면 다른 점은 영국의 펍Pub은 11시에 문을 닫지만 아일랜드의 펍Pub은 새벽까지 이어진다. 또한 이야기를 나누는 것은 물론이고 라이브 음악이 아일랜드 펍Pub에서 흘러나온다. 펍Pub에 대해 알아보면서 영국과 아일랜드의 펍Pub에 대해 알아보자.

영국 펍Pub VS 아일랜드 펍Pub

우리에게 펍Pub이란 영국 사람들이 주로 맥주를 마시는 공간이라고 알고 있었다. 그 수도 많고 모습도 다양하지만 영국 펍Pub에는 몇 가지 특징이 있다.

1. 펍Pub의 간판이다. 영국 펍에는 가지각색의 그림이 그려져 있다. 옛날 문맹률이 높았던 영국에서 글을 읽지 못하는 사람들도 쉽게 펍Pub의 이름을 기억할 수 있도록 그림으로 간판을 설명한 데서 생긴 전통이다. 그래서 영국 여행에서는 거리를 걸으며 펍의 간판에 그려진 그림만 보고 다녀도 재미있다는 이야기를 듣는다.

→ 영국의 펍Pub처럼 아일랜드에서도 문맹률이 높은 사람들에게 그림을 통해 간판의 이름을 알게 해주었기 때문에 영국과 동일하다.

2. 펍Pub 안으로 들어가면 바Bar와 의자, 테이블 등이 나무로 된 곳이 많아 전체적으로 약간 고풍스럽고 묵직한 느낌을 받는다. 역사가 오래된 펍Pub일수록 이런 분위기를 가지고 있다.
조명이 밝지 않아 분위기가 아늑하고 맥주를 마시면서 이야기 하기에 좋다. 이것은 전기가 발명되기 전부터 펍Pub이 일상화되어 서민들이 주로 오는 펍Pub에서는 어두울 수밖에 없었기 때문이다. 지금도   Pub은 어두침침하다는 생각을 할 정도로 조명을 밝게 하지 않는다.

→ 아일랜드도 역시 펍의 조명은 어둡다. 전기가 발명되기 전부터 펍Pub의 문화는 시작되었기 때문에 밝은 조명아래에서 술을 마실 수는 없었을 것이다.

3. 펍Pub의 바Bar에는 생맥주 꼭지가 여러 개 달려 있고 생맥주 꼭지에는 맥주 회사의 로고가 붙어 있다. 맥주의 브랜드에 따라 다른 전용 맥주잔을 사용하는 독일과 다르게 영국 펍Pub에서는 에일Ale 맥주를 마실 때 파인트Pint 잔을 사용한다.

→ 아일랜드 펍Pub도 생맥주 꼭지가 여러 개 달려 있고 맥주 회사의 로고가 붙어 있다. 하지만 아일랜드의 대표적인 기네스 맥주를 마시는 사람들이 많기 때문에 때로는 맥주회사의 로고가 필요 없을 때가 많다. 대부분 까만 기네스 맥주를 잔에 들고 마시는 장면을 볼 것이다.

간단한 맥주 상식, 기네스

기원전 1800년경 만들어진 수메르의 점토판에는 현존하는 최고의 맥주 제조법이 새겨져 있다. 오늘날 라거(Lager) 맥주가 맥주의 표준처럼 자리 잡은 것은 14세기 결성된 북부 독일 중심의 도시 동맹인 한자동맹 상인들이 영주가 독점한 허브 혼합물인 그루트 대신 홉(Hop, 삼과의 덩굴식물)을 넣고 발효 방식을 바꿔 보존성을 높인 데서 유래한다. 현재, 에일(Ale)맥주는 세계맥주의 약 30%를 차지하고 있으며 대표적인 맥주가 아일랜드의 기네스(Gunness)이다.19세기 초 흑맥주, 기네스(Gunness)의 탄생은 영국이 아일랜드에 부과한 무거운 양조세와 관계가 있다. 세금을 피하려고 맥아 대신 볶은 보리를 사용했기에 기네스(Gunness)는 탄 맛이 난다.

4. 선 채로 맥주를 마시는 사람들이 많이 눈에 띄는 것도 영국 펍의 특징 가운데 하나이다. 날씨가 좋은 날이면 묵직한 파인트Pint 잔을 들고 바Bar 밖으로 나와 이야기를 나누는 장면을 볼 수 있다. 영국 펍Pub은 11시에 주로 문을 닫는데 학교 종과 같이 생긴 종을 울려 마감 시간을 알려주는 것도 영국 펍Pub에서 볼 수 있는 풍경 가운데 하나이다.

→ 영국의 펍Pub은 11시에 문을 닫지만 아일랜드의 펍Pub은 새벽까지 이어진다. 또한 이야기를 나누는 것은 물론이고 삶의 고난함을 아일랜드 음악과 함께 날려 버린다. 버스킹Busking이 아일랜드 낮의 거리를 밝혀준다면 밤의 음악은 아일랜드 펍Pub을 밝혀준다.

아일랜드 각 도시의 펍Pub마다 매일 밤 라이브 음악이 흘러나온다. 아일랜드의 전통음악인 컨트리 음악이나 인기 팝음악이 흘러나오기도 하고 악기만의 공연도 흘러나오기도 한다. 펍Pub에서 춤을 추기도 하고 한쪽에서는 대화를 나누는 아일랜드 인을 볼 수 있다. 불타는 금요일에 더블린에 있다면 밤에 잘 생각을 버리고 펍Pub에서 그들과 함께 라이브 음악을 들으며 이야기를 나누고 여행의 피로를 푸는 호사를 누려보자. 피로를 푸는 가장 좋은 약일 것이다.

파인트(Pint) 잔

파인트(Pint)는 용량과 모양이 나라마다 다르다. 우리나라와 미국에서 주로 사용하는 파인트Pint는 주둥이에서 하단으로 일직선으로 좁아지는 형태로 보통 473㎖다. 영국에서 사용하는 파인트(Pint)는 기네스 맥주 전용 잔 모양을 떠올리면 되는데 주둥이 아래쪽이 불룩한 형태로 대부분 568㎖이다. 파인트(Pint)는 라거와 에일 상관없이 두루 잘 어울린다. 고로 어느 잔에 따라 마시면 좋을지 고민될 때 파인트를 선택하면 기본은 한다.

미국식 파인트잔　　　　　라거잔　　　　　기네스 파인트잔

밤의 좀비들

아일랜드를 여행하다 보면 작은 도시들이 낮에는 조용한 것을 보고 "왜 이렇게 사람들이 없지?"라고 의아할 때가 있다. 그런데 저녁이 되면 하나둘씩 사람들이 나온다. 저녁식사 시간이 되면 레스토랑에서 식사를 하고 또는 바Bar에서 식사를 하고 펍Pub으로 몰려온다. 매일 만나는 사람들이 또 만나 기네스 맥주와 함께 대화를 나누고 있으면 라이브 음악이 시작된다. 조금씩 사람들이 좀비처럼 펍Pub으로 밀려들면서 펍Pub은 가득차고 음악으로 하나가 되어 흥겹게 하루를 보낸다. 특히 일요일 낮에는 한적한 도시가 저녁이 되면 흥겹게 도시 전체가 들썩이는 것을 보고 나는 '밤의 좀비들'이라고 불렀다. 물론 나도 같이 흥겹게 펍Pub에서 여행의 하루를 마무리했다.

아일랜드에서 펍Pub은 일상의 활력소이고 대화창구이며 옛 가난한 아일랜드 인들이 그들의 정체성을 찾으며 독립을 찾으려 애쓴 역사의 현장이다. 그래서 펍Pub은 오래된 간판에 나무로 옛 흔적이 있어야 한다. Since 1846나 Since 1783 정도의 숫자가 있어야 아일랜드 펍pub같다. Since 1928의 20세기에 시작된 펍은 왠지 펍이 아니라 술집 같은 느낌까지 들 정도이다.

아일랜드 포크 음악이 흘러 나와야 아일랜드 펍Pub 같다. 기타와 함께 흘러나오는 음악은 실제로 아일랜드 전통음악은 아니다. 아일랜드는 하프가 국가의 상징으로 쓰일 만큼 하프를 사용해 느린 음악을 해왔다. 하지만 1960년대에 세계적인 음악의 추세에 편승하면서 아일랜드적인 음악스타일을 넣어 팝음악을 만들었다. 지금 펍Pub에서 듣는 음악들은 대부분 그때에 만들어진 음악이다.

펍Pub에서 가끔은 아일랜드 춤인 '스텝 댄스'를 볼 수 있을 때도 있다. 상체를 바로 세우고 두 손을 편안하게 내린 다음 두 발만을 이용해 소리를 내면서 추는 춤을 말한다. 이 춤은 대가족으로 작은 오두막집에 모여 살면서 좁은 부엌에서 많은 사람이 춤을 즐기기 위해서 생각해 냈다고 한다. 1887년에 더블린에서 최초로 열린 음악 경연 대회에서 정식 종목으로 채택되면서 유명해졌다.

만약 아일랜드 여행을 한다면 반드시 펍Pub문화를 체험하고 기네스 맥주와 라이브 음악을 들으며 늦은 밤까지 그들과 함께 즐겨보라고 권하고 싶다. 또한 아일랜드 춤을 볼 수 있다면 금상첨화일 것이다.

역사지구
Historical Places

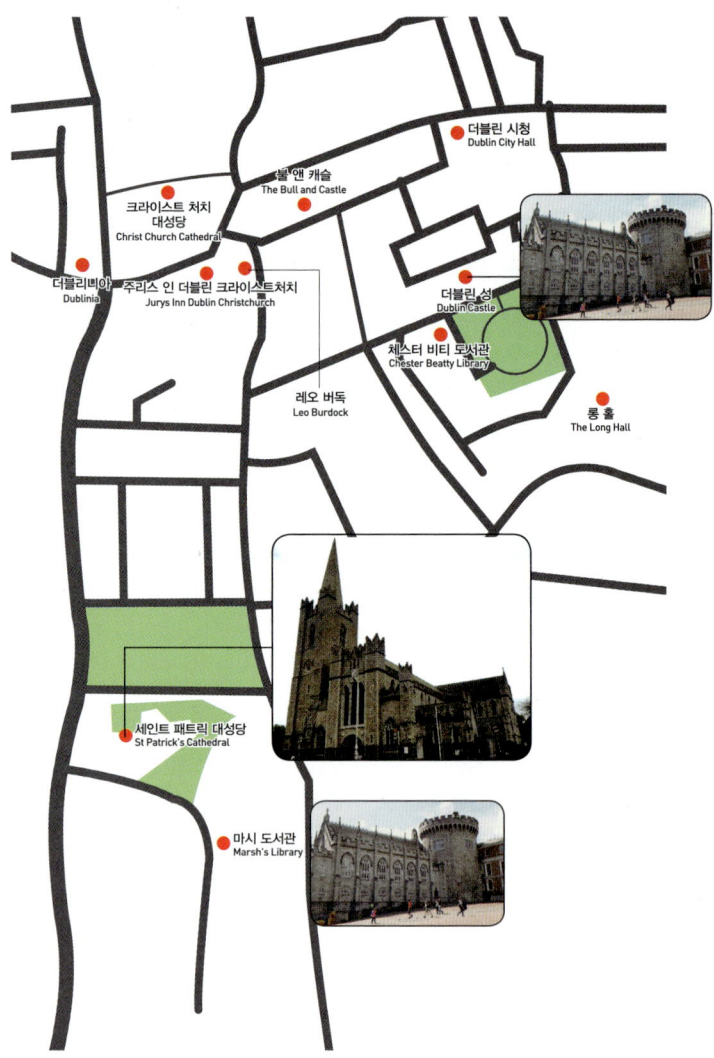

더블린 성
Samuel Beckett Bridge

중세 시대 바이킹의 흔적과 왕실 저택, 예배당, 멋진 경치의 정원 등도 둘러볼 수 있는 18세기 더블린 성Dublin Castle은 더블린에서 가장 유명한 관광지 중 하나이다. 아름다운 꽃으로 가득한 작은 공원은 성의 뒤쪽에 있으며 13세기 바이킹 군 요새를 대신해 조성되었다. 수 세기에 걸쳐 영국과 아일랜드 정부의 활동이 이루어졌다.

조지 왕조George Dynasty 양식의 넓은 정원과 성의 베드포드 타워는 1761년에 지어졌다. 시계탑 맨 꼭대기에는 밝은 녹색의 돔 모양 지붕이 있고 건물의 골격을 이루는 기둥과 페디먼트 등 로마네스크 양식으로 지어진 건축물이다. 지금까지 남아 있는 중세 성에서 유일하게 보존된 부분이 베드포드 타워이다.

오늘날 더블린 성Dublin Castle은 주정부 회의실과 대통령 취임식 등에 사용되고 있다. 켈트양식으로 미로 같이 꾸며진 각 정원은 다채로운 꽃과 식물로 조성되어 있고 중앙 잔디에는 잔디 사이로 실처럼 이어진 벽돌 모양의 길이 원형으로 나 있다. 더블린 성 안에 있는 실크 로드 카페에서 가벼운 식사를 할 수 있고 더블린 성은 더블린에서 가장 역사적 지역 중 하나인 리피강 남동쪽에 있다.

가이드투어
왕실 저택을 둘러보고 성의 역사에 대해 더 자세히 알아보려면 가이드 투어에 참여하는 것이 좋다. 바이킹 유물과 조지 왕조(George Dynasty) 양식의 회의실과 웅장한 왕실 예배당에서는 고딕풍의 인테리어를 볼 수 있다.

주소_ Dublin Castle, Dame Street
요금_ 5.5€(내부 관람은 가이드 투어로만 가능, 약 1시간 소요)

베드퍼드 타워(Bedford Tower)
1750~1760년에 토마스 아이보리(Thomas Ivory)가 건축한 타워는 성에서 가장 돋보인다. 1916년, 부활절 봉기에는 아일랜드 무장군의 공격을 받고 1922년, 독립을 쟁취하면서 아일랜드 임시정부가 사용하였다. 성 내부의 세인트 페트릭 홀(St. Patrick's Hall)은 아일랜드 대통령의 취임식이 열리는 장소이기도 하다.

더블린 도시 이름의 기원
더블린 성 앞에 검은 연못은 게일어Gaelic의 'Dublinn(=Black pool)'이다. 이 단어가 후에 '더블린(Dublin)'의 기원이 되었다.

킬마인햄 감옥
Kilmainham Gaol

영국 지배 하의 악명 높은 감옥에서 독립을 위해 투쟁한 아일랜드의 과거에 대해 알아볼 수 있는 대표적인 관광지이다. 킬마인햄 감옥Kilmainham Goal에는 아일랜드의 혁명의 날까지 150년 간 죄수들이 수감되었다. 킬마인햄 감옥Kilmainham Goal은 1924년에 문을 닫았지만 1960년에 복원하여 킬마인햄 감옥Kilmainham Goal 역사박물관으로 다시 태어났다.

1796년에 완공된 킬마인햄 감옥Kilmainham Goal에는 독립투사, 좀도둑, 가난한 시민과 어린이들이 수감되었고 살아서 나가지 못한 사람도 많다. 킬마인햄 감옥Kilmainham Goal에서는 1820년대까지 교수

형이 행해졌다. 1916년 부활절 봉기의 배후 중 한 명이었던 28세의 플랜켓Plunket은 감옥에서 결혼식을 올린 후 바로 총살형에 처해지기도 했다. 감방이 넘쳐나자 여성 수감자들은 공용 강당의 짚 더미 위에서 잠을 자야 했다고 한다. 1916년 부활절 봉기에서 봉기의 지도자들 페트릭 피어스 Patrick Pearse, 에이몬 데 벨레라 Eamon de Valera, 프런켓Plunket은 과거 쇄석장으로 사용되던 장소에서 처형을 당했다. 독방으로 이어지는 계단과 감방이 펼쳐지는 중앙홀은 1993년에 제작된 전기 영화 "아버지의 이름으로"와 2008년에 제작된 스릴러 영화 〈도망자〉의 배경으로 사용되었다. 꼭대기 층에서는 아일랜드 전역의 교도소에 수감된 죄수들의 작품이 전시되어 있다.

가이드투어

아일랜드 민족주의자들의 독립을 위한 투쟁에 대해 가이드 투어에 참여해 오디오와 비디오를 이용한 전시를 관람하다 보면 비극적인 사건들을 알 수 있다. 지하 감옥과 복도를 다니며 오디오와 비디오 전시로 보여지는 킬마인햄 감옥(Kilmainham Goal의 역사를 투어 가이드가 들려주는 고문과 저항의 이야기를 귀 기울여 듣다보면 탄식이 절로 나오게 된다. 역사박물관은 가이드 투어로만 가능하기 때문에 미리 도착해 합류해야 하며, 투어는 한 시간 가량 걸린다.

홈페이지_ www.heritageireland.ie/en/dublin/kilmainhamgaol
주소_ Kilmainhan Gaol, Inchicore Road
요금_ 6€ **시간_** 9시30분~18시
전화_ +353-1453-5984

더블린의 대표적인 성당 BEST 2

크라이스트 처치 대성당(Christ Church Cathedral)

더블린 중심지의 세인트마이클 언덕 꼭대기에 자리 잡고 있는 거대한 성당은 더블린에 두 곳밖에 없는 신교도 성당 중 하나이다. 성공회 성당인 크라이스트처치 대성당Christ Church Cathedral의 거대한 19개의 종이 울리면 온 더블린 시내가 들썩인다. 템플 바Temble Bar에서 종탑에 도착하면 중세나 빅토리아 시대로 돌아간 듯한 느낌을 받게 된다.

11세기에 덴마크의 왕이 이곳에 목조 교회를 지었다가 1172년부터 노르만 양식을 적용해 석조로 개축되기 시작했다. 신도자리 남쪽 통로에 있는 리차드 드 클레어Richard de Clair의 묘도 이 시기에 만들어졌다.(묘 안에 시신은 남아 있지 않다.) 고딕 양식도 가미되었지만, 빅토리아 시대를 거치며 중세의 특징을 대부분 잃어버리게 되었다. 성가대와 신도 자리사이의 칸막이와 부벽이 설치되었고 탑이 재건되었고 지금까지 남아있다.

크라이스트처치 대성당Christ Church Cathedral은 중세의 순례자들이 현재는 이곳에 없는 '말하는 십자가'와 같은 성 유물을 보기 위해 모여드는 장소였다. 12세기에 지어진 성 로렌스 오툴 예배당에는 방부 처리된 로렌스 오툴의 심장이 철 상자 안에 보관되어 있었지만, 최근에도난을 당했다. 로렌스 오툴의 심장과 예배당의 13세기 바닥 타일은 종교개혁 중에도 살아남았다. 거대한 중세 지하 납골당으로 내려가 톰과 제리라 불리는 고양이와 쥐의 미라를 볼 수 있다. 크라이스트처치 대성당은 템플바 서쪽, 세인트마이클 언덕 위에 자리하고 있다. 근처에 크라이스트처치Christchurch Place 버스 정류장이 있다.

홈페이지_ www.cccdub.is **주소_** Christchurch Place, Dublin 8 **시간_** 9시 30분~18시 **요금_** 9€
전화_ +353-1677-8099

성 패트릭 성당(St Patrick's Cathedral)

패트릭이 그리스도교도로 개종한 사람들에게 세례를 했다는 우물 근처에 세워진 고딕 양식의 성 패트릭 성당은 아일랜드에서 가장 큰 교회로, 800년대부터 교회가 있던 부지에 위치해 있었다. 현재 국립성당이라는 상태를 유지하고 있지만 주교가 있는 곳은 아니다. 현재 건물은 1220년에 만들어졌다.
정면의 큰 정문을 통해 입장하면 화려하게 장식된 내부를 보고 놀랄 것이다. 성가대석에서는 갈색, 빨간색의 복잡한 바닥 패턴이 어우러져 따뜻하고 경건한 분위기를 느낄 수 있다. 18세기에 성당의 주임 사제였던 작가 조나단 스위프트의 묘비와 묘비명도 볼 수 있다. 성 패트릭 성당은 더블린의 남쪽에 있어서 오도노반 로사 다리에서 크라이스트처치 성당과 밀레니엄 어린이공원을 지나 남쪽으로 걸어가면 10분 정도 지나 성 패트릭 성당에 도착한다.

홈페이지_ www.stpatrickscathedral.ie **주소_** 21~50 Saint Patrick' Close Off Clanbrassil St.
시간_ 9시 30분~17시(주말 18시까지) **요금_** 5.5€ **전화_** +353-1453-9472

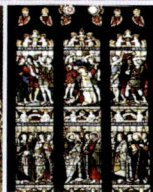

가이드투어
월~토요일까지 여러 시간대에 걸쳐 가이드 투어도 운영 성당의 특징에 대해 잘 알고 싶다면 오디오 가이드도 이용해 보면 좋다.

성당의 음악회
17세기부터 이어져 오는 중세 분위기의 벽을 울릴 정도로 웅장하면서도 아름다운 소리를 들을 수 있다. 이곳의 오르간은 4,000개가 넘는 개별 파이프로 이루어져 아일랜드에서도 최고 규모를 자랑한다.

더블린에 2개의 성당이 존재하게 된 이유
중세 시대 수세기 동안 두 성당 사이에는 묘한 긴장감이 있었다. 결론적으로 성 패트릭 성당이 국립성당의 위치를 획득하게 되었고, 크라이스트처치 성당은 더블린과 글렌달록의 성당이라는 별호를 갖게 되었다.

더블린의 대표적인 공원

세인트 스트븐스 그린 공원(St. Stephen's Green)

2006년에 개봉한 영화 〈원스(Once 2006)〉를 촬영한 곳으로 알려진 1663년에 더블린에서 최초로 조성된 시내 중앙에 만들어진 공원이다. 넓은 잔디와 연못이 인상적인 공원은 더블린 시민들이 쉴 수 있는 대표적인 공원이다. 낮 12시면 시내의 직장인들이 휴식을 취하고 식사를 즐기는 장면을 볼 수 있다.

피닉스 파크(Phoenix Park)

유럽에서 규모가 제일 큰 공원으로 영국 런던의 하이드 파크의 5배 크기라고 한다. 걸어가면 시내 중심에서 약30~40분 정도 소요되기 때문에 버스타고 가는 것이 편리하다. 공원을 가로지르는 길은 약 4㎞, 공원을 둘러싸고 있는 둘레길이는 약 11㎞에 이른다.

공원은 대단히 크기 때문에 자전거(10€)를 타고 둘러보는 시민들과 여행자가 많다. 도시에 있는 공원으로는 세계 최대 규모인 1730에이커의 넓이를 자랑한다. 공원 내에 웰링턴 기념비는 더블린에서 태어난 웰링턴이 워터루 전투에서 나폴레옹을 이긴 것을 기념하기 위해 만들어졌다. 공원에는 아일랜드 대통령 관저, 미국대사관과 경찰청, 폴로와 크리켓, 축구 경기장이 있다. 피닉스 파크 동물원(17€)에는 주말에 아이를 데리고 방문하는 부부들이 많다. 동물원 안으로 들어가면 사슴도 볼 수 있다. 공원 근처에는 국립 아일랜드 박물관National Ireland Museum, 현대미술관Modern Museum이 있다. 아일랜드 화가만의 색채를 느낄 수 있다.

홈페이지_ www.phoenixpark.ie **주소_** Parkgate St. Conyngham Road **시간_** 9시 30분~17시(주말 18시까지) **전화_** +353-1677-0095

더블린의 대표적인 양조장 BEST 2

기네스 스토어 하우스(Guinness Storehouse)

기네스 스토리 하우스는 흑맥주 기네스 스타우트Stout 원산지로서 1904~1988년 맥주 제조 공정을 위해 사용되었다. 2000년 11월에 박물관으로 문을 열면서 더블린의 중요한 관광지가 되었다. 1층의 기념품 상점에는 폴로셔츠, 모자, 컵, 등 다양한 기네스 기념품을 팔고 있다. 기네스가 처음으로 수출된 것은 1769년부터 영국으로 수출되었고 기네스 하프에는 기네스의 본사가 지금도 영국에 위치해 있는 이유이다.

기네스 역사

1759년, 아서 기네스(Arthur Guinness)는 레인포드 양조장을 사들여 '포터(Poter)'라는 맥주를 만들면서 기네스의 역사가 시작되었다. 기네스를 상징하는 하프 문양 아래에 1759라는 숫자가 새겨져 있다. 1795년 설립된 기네스 양조장, 250여 년의 역사를 담은 흑맥주 기네스 양조장은 지속적으로 커졌고 26만㎡에 이르는 세계에서 가장 큰 규모를 자랑한다.

아서 기네스(Arthur Guinness)의 아버지 리처드 기네스는 직업이 집사였지만, 맥주 양조를 감독하는 일을 겸했다. 옛

아일랜드의 양조장은 강압적인 과세로 힘들어하였지만 아서 기네스는 버려질 위기의 양조장을 인수하여 9천년 동안 리스 계약을 체결하였다. 양조장 박물관을 입장하기 전에 1층 바닥에는 아서 기네스(Arthur Guinness)가 직접 사인한 9천 년짜리 계약서를 볼 수 있다.

주의사항
1. 인터넷으로 예매하면 기다리지 않고 10%(9시30분~11시 30분)가 할인된다.
2. 마지막 입장시간 확인하지 않으면 해질녘 더블린의 일몰을 볼 수 없으니 시간을 체크하자.
3. 기네스 스토어하우스 근처의 치안은 좋지 않다고 알려져 있으므로 늦은 시간에는 시내로 돌아오는 것이 좋다. 렌트카로 여행한다면 무료주차이므로 차량을 이용하는 것도 좋은 방법이다.

투어
1. 제조과정의 순서대로 이루어지는데 가이드가 따로 있는 것은 아니기 때문에 자유롭게 둘러봐도 상관이 없다. 마이크를 차고 이름표를 부착한 직원이 설명을 한다.
2. 재료가 되는 홉(HOP)은 직접 만져볼 수 있고 깐깐한 조건에서 수확이 되어 2새 지역에서만 재배된다. 15,000톤의 보리가 로스팅(Roasting) 된다고 설명한다.
3. 여러 층으로 쌓아올린 기네스 통은 단순히 장식이 아니고 실제로 기네스가 담겨 나오는 통을 모아두었다. 그래서 각각의 고유번호가 새겨져 있는 것이다.
4. 기네스 정신과 오랜 전통을 볼 수 있는 기네스 맥주의 공정을 관람 및 견학 후 360도 타워에 올라가서 기네스 맥주 공장 파이프라인에서 바로 뽑은 기네스 맥주 맛을 볼 수 있다. 기네스의 종류에 대해 간단하게 설명을 하고 작은 잔에 로스팅(Roasting)한 기네스를 직접 맛볼 수 있다. 퍼펙트 파인트(Perfect Pint)를 직접 따라볼 수 있는 기회를 가지는 것이다.
5. 7층 전망대 라운지에서 해질녘 더블린 풍경을 바라보면서 기네스 맥주를 마시며 더블린 여행의 하루를 마무리할 수 있다. 기네스 스토어하우스의 꼭대기 층에 가면 무제한으로 기네스를 마실 수 있다.

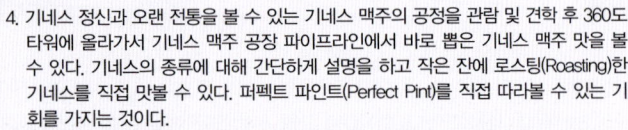

홈페이지_ www.guinnessstorehouse.com **주소_** St James's Gate, Dublin 8, Ireland
요금_ 18.50€(기네스 맥주 시음 포함 / 인터넷 예매 10% 할인 / 18세 이상, 65세 이상 16.5€)
전화_ +353-1-408-4800

퍼펙트 파인트(Perfect Pint)
완벽한 기네스 한 잔을 말하는 것으로 맥주를 파인트 잔에 따라 마시는 것인데 569ml로 방법이 까다롭다. 기네스는 2번에 나누어 잔을 채워야 한다. 처음 따를 때 파인트 잔의 3cm를 남겨두고 90~120초 후에 남은 3cm를 채워야 하얀 거품이 예쁘게 올라온다. 약 2cm가 올라오는 것이 일반적이라고 설명해 준다.

기네스 투어 설명 내용

기네스 투어 설명을 듣고 다시 각색한 내용으로 존칭으로 만들어 실제 설명하는 것처럼 간단하게 구성했다. 홉 열매와 보리의 향을 맡으며 스타우트 맥주를 따르는 전통적인 방법을 배우고, 씁쓰름한 스타우트 맥주의 맛을 즐겨 보자.

기네스 맥주 박물관에 오신 것을 환영합니다. 지금부터 유서 깊은 양조장의 파인트 잔 모양 박물관에서 아일랜드를 대표하는 맥주의 제조 과정에 대해 알아보겠습니다. 파인트 잔 모양을 한 내부의 구조를 따라가며 먹음직스러운 거품이 얹힌 스타우트 흑맥주의 역사에 대해 알아보겠습니다. 제임스 게이트에 자리 잡고 있는 기네스 맥주 박물관은 매일 개관합니다. 입장료에 무료 맥주 한 잔이 포함되어 있습니다. 어린이들에게는 할인 요금이 적용됩니다. 맥주는 물론 포함되지 않습니다.

1759년, 아서 기네스는 오래된 양조장과 9000년 임대 계약을 맺었습니다. 그 후 10년이 지나 첫 수출이 이루어졌습니다. 아서 경은 1803년에 세상을 떠났지만, 그의 여러 후손들이 가업을 물려받았습니다. 1960년대에는 목재 케그(맥주 저장용 작은 통) 사용이 중단되고 철제 케그가 사용되기 시작했습니다. 오늘날 전 세계로 수출되는 기네스 맥주는 세계인들의 사랑을 받고 있습니다.

기네스 맥주 박물관은 2000년에 문을 열었습니다. 주류 애호가와 기네스 맥주 애호가들에게 이곳은 천국과도 같습니다. 박물관에 들어서면 위쪽으로 보이는 아트리움에서 무료로 시음을 할 수 있습니다. 1층에서는 맥주 양조 과정을 직접 볼 수 있고, 아일랜드인들이 사랑하는 기네스 맥주의 역사에 대해 알아볼 수 있습니다.

시음하는 룸에서 다양한 양조 방식을 비교해 보세요. 기본적인 단계를 밟으면 '맥주를 완벽하게 따를 줄 아는 사람' 인증서를 받게 됩니다. 윗 층의 유리로 된 그래비티 바(Gravity Bar)에서 두 가지 테스트에 참여해 보세요. 하나, 맥주를 완벽하게 따를 수 있는가? 둘, 맥주 한 잔을 마시고도 똑바로 서 있을 수 있는가? 두 번째 테스트를 통과할 수 있어야 이토록 높은 곳에서 내려다보이는 더블린의 360도 전경을 즐길 수 있습니다.

홈페이지_www.jamesonwhiskely.com 요금_ 16€(위스키 포함)

제임슨 양조장(Jameson Whiskely Distillery)

박물관은 구 제임슨 양조장 부지에 자리잡고 있다. 위스키를 좋아한다면 라벨 위에 '두려움 없이 Sine Metu'라고 라틴어로 적힌 아일랜드 제임슨 위스키의 녹색 병을 본 적이 있을 것이다. 이 라틴어 글귀는 제임슨 일가의 가훈이었다.

아일랜드에서 가장 많이 수출되는 위스키를 만든 존 제임슨 Jone Jameson은 스코틀랜드 출신이었다. 1780년에 존 제임슨 Jone Jameson이 제임슨 양조장을 설립하였고, 이후 그의 아들이 양조장을 물려받았다. 오늘날 제임슨 위스키의 증류는 코크 주에서 이루어지지만, 숙성은 여전히 더블린에서 이루어지고 있다. 제임슨 위스키가 뛰어난 이유는 미국 위스키는 1번, 스코틀랜드 위스키는 2번의 증류를 거치지만, 제임슨 위스키는 3번의 증류를 거치기 때문이다. 증류를 한 다음에는 특유의 바닐라 향이 날 때까지 오크통에서 숙성을 시킨다.

투어
1. 25분에 한 번씩 가이드 투어가 출발한다.
2. 양조장의 역사에 관한 짧은 영상으로 시작한다.
3. 영상을 관람한 후에는 구 양조장에 입장한다. 벽을 따라 늘어선 오크통들을 구경하게 된다.
4. 거대한 가열기의 내부를 보면서 3중 증류 방식에 대해 설명을 듣는다. 물과 보리와 이스트의 혼합물이 옅은 황금색의 위스키가 되는 과정을 눈으로 직접 확인할 수 있다.
5. 투어가 끝나면 제임슨 디스커버리 바에서 무료 위스키 음료를 즐길 수 있다.

세 가지 종류의 위스키 맛을 비교해 볼 사람이 있는지 질문을 하면, 지체하지 말고 손을 들어보자.
공짜 위스키를 마실 기회이다. 제임슨 위스키와 잭 다니엘, 조니 워커를 비교하게 된다. 너무 취하면 구분하지 못하니 조심하자.

버스를 타고 애런 퀘이$^{Arran\ Quay}$이나 루아스 트램을 타고 스미스필드^{Smithfield}에서 내린다. 약 3분을 걸으면 양조장이 나온다. 시티투어버스를 이용하여 갈 수도 있다. 내부에는 기념품 상점과 레스토랑이 있다.

아일랜드 위스키 VS 스코틀랜드 위스키

제임슨 양조장의 주원료는 보리로 몰트(Molt)된 보리이다. 보리를 건조시키고 몰트하는 과정에서 아일랜드 위스키는 '무연탄'을 사용하고 스코틀랜드에서는 토탄을 사용한다. 무연탄을 사용해 향이 위스키에 닿지 않도록 순수한 위스키의 맛을 내기 위해서이다.

위스키 제조과정
▶몰트과정
1. 보리를 48시간 동안 물에 불려 둔다.
2. 구멍이 뚫려 있는 판에 보리가 숨을 쉬도록 뒤섞어가면서 5일 동안 말린다.
3. 보리의 발아가 시작되면 발아된 보리를 오븐으로 옮겨 굽는다.
4. 보리를 보관하는 방법
   보리를 보관한 창고를 잘 관리하는 것은 중요한 일이다. 창고에서 사용되는 보관 통은 옛 방식 그대로 아일랜드 남부의 코크지방에서 생산한 나무를 사용한다. 보리의 수확은 가을인 10월에서 다음해 3월까지 가능하므로 6개월 동안에 사용할 보리를 미리 수확하여 보관한다.

▶제조과정
5. 몰트작업을 마치면 보리는 분쇄작업을 시작한다. 물레방아를 사용하던 때도 있었지만 물레방아는 코크지방의 미들톤(Middleton)에 있는 제임슨 양조장에 보존해 있다. 몰트와 분쇄를 마친 보리는 빻아서 63도 정도의 따뜻한 물과 섞어 죽 형태로 만든 후 걸러진 액체를 위스키의 원료로 사용한다.
6. 4시간 정도 증기작업 후 이스트를 섞으면 알코올이 생성된다.
7. 발효작업은 약 80시간 정도 소요된다.
8. 발효작업을 마치면 증류를 시작한다. 스코틀랜드의 스카치위스키는 2번 증류하지만 아일랜드 위스키는 3번의 증류를 거쳐 순도 높은 위스키를 생산한다.
9. 3번의 증류를 마친 위스키는 오크통에 담아 보관한다.

SLEEPING

더블린 여행에서 관광객에게 가장 좋은 숙소의 위치는 오코넬거리 인근의 가든 스트리트이다. 이곳에 저렴한 숙소가 몰려있다. 렌트카로 이동할 수 있다면 시내보다는 더블린 외곽의 숙소를 이용하는 것이 저렴하고 시설이 더 좋기 때문에 참고하면 좋다. 2박3일부터 4박5일 이내의 짧은 여행이라면 더블린 시내에서 숙박하는 것이 편리하다. 템플 바 구역에서 가까워 도보로 이동이 가능하고 밤에도 위험하지 않다.

아일랜드는 대체로 덥지 않기 때문에 숙소에는 에어컨이 없고 선풍기만 있는 곳이 많다. 호텔도 에어컨이 없는 숙소가 많기 때문에 더운 날은 고생일 수도 있다. 지구온난화로 최근에는 아일랜드의 여름에 더울 때가 많다.

세인트 조지 바이더키컬렉션
Hotel St. George by the KeyCollection

더블린 호텔 가운데 가성비가 높은 시설이 좋은 호텔이다. 평범한 외관과 달리 내부 시설은 식당도 있고 상당히 훌륭하기 때문에 비즈니스를 하는 사람들이 많이 찾는다. 시내에 위치해 더블린 어디로든 쉽게 이동이 가능하다.

주소_ 7 Parnell Sq. East, D1
요금_ 더블룸85€~
전화_ +353-1874-5611

더 찰스 스튜어트 게스트하우스
The Charzimut Hotel

더블린에서 가장 인기 있는 저렴한 호텔로 예약이 쉽지 않다. 템플 바에서 늦은 시간까지 즐기고 싶다면 5분이면 도착할 수 있는 찰스 스튜어트 게스트하우스를 이용하면 편리하다. 오코넬 거리에서 트리니티 칼리지 사이에 위치한 이 호텔은 욕실과 룸의 크기가 커서 쾌적하다.

주소_ 7 Parnell Sq. East, D1
요금_ 더블룸 71€~
전화_ +353-1878-0350

엠벌리 하우스 바이 더 컬렉션
Amberley House by the KeyCollection

트리니티 대학과 그래프턴 스트리트 상점가에서 걸어다닐 수 있는 거리에 있는 숙소는 활기찬 분위기에서 지낼 수 있는 젊은 여행자가 주로 찾는다. 코널리 기차

역Connoly Rail Station이 가까워 시내 어디서든 이용하기가 쉬운 저렴한 호텔이다. 드라이기까지 비치되어 여성들이 좋아한다.

주소_ 34 Lower Gardiner Street
요금_ 더블룸 70€~
전화_ +353-1874-6979

캐슬 호텔
Castle Hotel

고전적이면서도 현대적인 호텔로 가격도 저렴하여 자유여행자들에게 인기가 있는

호텔이다. 오코넬 거리에서 가깝고 크지만 오래된 호텔이라 내부 인테리어는 감안하고 지내야 한다. 19세기 와인 셀러 본래의 노출된 아치형 천장을 갖추어 호텔 고객이 아닌 식사만을 위한 고객도 많다. 핀들래터Findlater의 교회가 내려다 보여서 더욱 테라스분위기가 좋다.

주소_ Gardiner Row/Great Denmark St. D1
요금_ 더블룸 99€~
전화_ +353-1874-6949

홀리데이 인 익스프레스 더블린 시티 센터
Holidat Inn Express Dublin City Centre

오코넬 거리가 쭉 뻗어있는 야경을 감상할 수 있는 현대식 6층 건물의 호텔이다. 현대식으로 개조한 호텔은 1층부터 카페 분위기에 넓은 홀은 조식을 이용하는 데에 불편함이 없다. 더블린을 가장 편하게 분위기 있도록 여행할 수 있는 대표적인 호텔로 점점 인기를 더해가고 있다. 6층 건물에 많은 객실까지 갖추어 예약에 여유가 있지만 최근 여름에 늘어난 관광객으로 빨리 예약해야 한다.

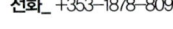

주소_ 28~32 O'Connell St. Upper, D01 T2X2
요금_ 더블룸 93€~
전화_ +353-1878-8099

제너레이터 호스텔
Generator Hostel Dublin

새로 오픈한 시설이 좋은 대표적인 호스텔로 침대마다 콘센트 2개에 침구류도 깨끗하고 화장실도 룸 안에 있어 편리하게

사용할 수 있다. 시내 중심에서 떨어져 있지만 걸어 다닐 수 있는 거리이다. 트램을 이용하면 2~3정거장 이내로 이동할 수 있다. 호스텔 근처에 마트가 있어 여행하기에 불편함이 없어서 유럽의 여행자가 많이 찾는다.

주소_ Smithfield Sq. Smithfield, D7
요금_ 도미토리 31€~
전화_ +353-1817-6137

마이 플레이스 더블린 호스텔
My Place Dublin Hostel

저렴하고 시내에 위치한 숙박을 원한다면 찾는 유명한 배낭여행자의 호스텔로 조지 왕조 스타일의 타운하우스에 자리하고 있다. 실내 욕실을 갖춘 도미토리룸과 조식이 제공되어 많은 여행자들이 찾는 호스텔이지만 작은 공간이 불편한 단점이 있다.

주소_ 89~90 Lower Gardiner Street
요금_ 더블룸 70€~
전화_ +353-1874-6837

마이 플레이스 더블린 호스텔

더 리플리 코트 호텔
The Ripley Court Hotel

시내 중심에 있는 이 호텔은 넓고 세련된 내부 인테리어를 갖춘 호텔이다. 아침은 전통 아일랜드식의 조식이 제공되며 저녁에는 'The Ulysses Bar'에서 다양한 맥주와 칵테일을 즐길 수 있다. 직원들이 친절하고 조식의 맛이 특히 좋다.

주소_ 37 Talbot St, D1
요금_ 더블린 69€~
전화_ +353-1836-5892

더블린 센트럴 아파트먼트 오코넬 브릿지
Dubin Central Apartments O'Connell Bridge

오코넬 거리
O'Connell Street
에 위치하여 편안한 아파트로 가격이
비싸다는 단점이 있지만 시설이 좋은 독립적인 숙소를 원하는 연인이나 부부에게 어울리는 숙소이다. 깨끗하고 룸 내부가 넓어 숙소를 편안하게 만들어준다. 몇 명이 머물러도 추가적인 비용을 요구하지 않아서 4명 정도의 가족단위 여행자가 특히 좋아한다.

주소_ Corn exchange place(Dublin 2)
요금_ 룸 220€~
전화_ +353-87-393-6183

더블린 센트럴 아파트먼트 오코넬 브릿지

제임스 조이스 센터(James Joyce Centre)

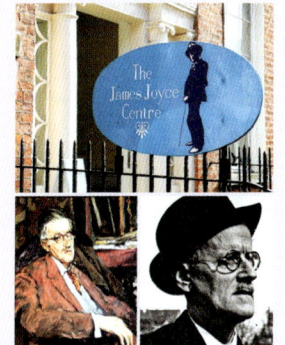

20세기 문학에 커다란 변혁을 초래한 아일랜드의 소설가이자 시인인 제임스 조이스James Joyce에 대한 내용이 전시된 곳이자, 7번가 에클레 문이 보관된 장소이다.

6월 16일 블룸스 데이Blooms Day가 열리는 장소로 유명하다. 제임스 조이스는 37년간 망명을 하며 해외를 떠돌며 살았다. 대표작에 '더블린의 사람들', '율리시스' 등이 있다. 그리스 · 라틴 · 프랑스 · 이탈리아 · 독일 등 언어에 능통하였고, 일찍부터 입센, 셰익스피어, 단테, 엘리자베스왕조 시조 등의 작품과 아리스토텔레스, T.아퀴나스, 비코 등의 철학을 습득하였다.

아일랜드의 문예부흥 기운에 반발하여 졸업과 동시에 파리로 갔으며, 1904년 벌리츠 학원의 영어교사로 러시아, 이탈리아 등에서 살았다. 제1차 세계대전이 일어나자 취리히로 피난, 1920년부터 파리로 옮겨 새로운 문학의 핵심적 존재가 되어, 주변에 각국의 시인 작가들이 모여들었다. 제2차 세계대전 중 독일군의 침입을 받자 다시 취리히로 가던 도중 병으로 죽었다. 그는 고향 더블린을 등지고 37년간이나 망명으로 방랑하였다. 빈곤과 고독 속에서도 눈병에 시달리면서, 전인미답의 문학작품을 계속 집필하였다. 작품의 대부분이 아일랜드 · 더블린 · 더블린 사람을 대상으로 한 것이 아이러니하다. 1914년에 단편집 '더블린 사람들Dubliners'을 출간하면서 단번에 유명해졌다. 1917년, 자서전적 요소가 많은 '젊은 예술가의 초상A Portrait of the Artist as a Young Man'은 '의식의 흐름'을 따른 심리묘사로 다시 한번 주목받았다. 1918~1922년까지 '율리시스Ulysses' 일부를 미국의 잡지에 발표하여 풍기문란으로 유해하다고 고소당하기도 하였으나, 조이스라는 이색작가의 존재를 널리 세계에 알리는 기회가 되었다.

About 율리시스

1904년 6월 16일 노라 바너클(아내)과 싸돌아다닌 경험은 율리시스를 집필하는데 영향을 주었다. 아내와 만난 뒤 조이스는 이른 바 자기유배(self-exile)의 길을 떠나 스위스의 취리히 등에서 산다. 영국인의 도움을 받아 학교의 영어교사가 되고, 이탈리아에도 살았다. 그 와중에 자식을 낳기도 하고 형을 불러 일자리를 주기도 한다. 1909년에는 다시 아일랜드를 방문하여 더블린 사람들을 출판하기 위한 작업을 한다. 1912년에 소설을 다시 출판하려고 아일랜드를 찾는데 일이 파토나자 그 후 평생 더블린을 찾지 않았다. 1922년 파리에서 대본업을 하던 미국인 여성 실비아 비치의 희생적 노력으로 '율리시스'가 간행되자, 그의 명성은 전 세계로 퍼져 나갔다. 그의 작품에 대한 비평은 엇갈렸으나, 출중한 문학적 재능에는 경탄을 금하지 못하였다. 뿐만 아니라 그의 작품은 독일어와 프랑스어로 번역되었고 연구 해설서도 잇달아 출간되었다. 영문학계에서 아주 위대한 작가 중 한 사람. 영문학에 정말 지대한 영향을 미쳤다. 율리시스는 읽은 사람보다 이 책으로 논문을 쓴 사람이 더 많을 거란 농담이 돌기도 한다. 이 말은 제대로 읽지도 못하는 연구자들도 많았다는 뜻의 농담이기도 하다.

Dublin Outside
더블린 근교

호스
Howth

아일랜드의 더블린Dublin 교외에 있는 마을이다. 더블린 베이Dublin Bay의 북쪽 경계를 형성하는 호스 헤드Howth Head 반도의 상당 부분을 차지한다. 원래 작은 어촌이었던 호스Howth는 번화한 주택 개발과 야생 언덕이 어우러진 마을로 탈바꿈했다. 육지에 있는 유일한 이웃 지역은 서튼Sutton이다. 호스Howth는 아일랜드에서 가장 오래 점령된 건물인 호스 성Howth Castle의 고향이기도 하다. 호스Howth는 〈The Last King of High King〉과 〈Boy Eats Girl, Sing Street〉와 같은 영화 촬영 장소였다. 호스 헤드Howth Head는 더블린 베이Dublin Bay의 더블린Dublin 북쪽에서 동쪽으로 약 13km 떨어진 곳에 있다. 마을 자체는 더블린 시내 중심부에서 15km 떨어져 있으며 연결되어있는 호스 헤드Howth Head의 북부 대부분을 차지하고 있다.

브레이
Bray

18세기까지 브레이Bray는 작은 어촌 마을에 불과했지만 18세기 후반 더블린의 중산층들이 복잡한 도심을 떠나 브레이Bray로 이주해 옮겨 오고 1854년에 더블린과의 철로가 연결됨에 따라 아일랜드 최대의 해양리조트로 성장한다. 하지만 2차 세계대전으로 휴양을 즐기는 사람이 급감하고1960년대부터는 해외여행이 증가함에 따라 휴양지로서의 활기는 없어져 버렸다. 하지만 아직도 더블린 시민으로부터 사랑받는 명소이다.

더블린에서 20km 정도 떨어져 있어 버스나 다트를 타고 쉽게 갈 수 있다. 브레이Bray에는 골프코스, 테니스, 세일링, 승마, 수족관 등의 시설이 있지만 사람들에게 사랑받는 곳은 길게 뻗은 바닷가이다. 브레이 헤드Bray Head라는 언덕이 있는데 이곳에 올라서면 브레이Bray 전경을 한눈에 내려다 볼 수 있다. 언덕을 오르는 중에 화려한 색의 야생화도 볼 수 있다.

달키
Dalkey

달키로 향하는 가장 쉬운 방법은 다트를 타고 달키행 기차를 타면 된다. 40분 정도 지나면 달키역에 도착한다. 소박한 항구 마을로 달키 성 Dalkey Castle이 마을에서 보일 정도로 작다. 마을에서 10분 정도 걸어가면 달키의 바다가 보인다.

해안마을이라 해산물을 주로 하는 레스토랑이 많다. 20분 정도 걸어 킬라이니 언덕 Killiney Hill에 올라가면 바다가 한 눈에 보이는 풍경을 만나게 된다. 이곳이 바로 영화 '원스 Once'의 남자주인공이 여자주인공에게 사랑을 고백하는 장면이 나오는 장소이다. 탁 트인 바다와 아름다운 아일랜드의 경치를 감상할 수 있다.

킬데어 빌리지 아울렛
Kildare Village Outlet

더블린과 리머릭 사이에 있는 커다란 아울렛으로 약 55㎞ 떨어져 있다. 아울렛이지만 가격이 저렴하지 않아서 아울렛의 기능은 작고 드라이브로 들려서 식사와 함께 하루를 즐기러 온다면 추천할 수 있다. 약 90개가 넘는 중고가 브랜드가 있지만 아일랜드에 사는 사람들에게는 저렴할지라도 여행자에게는 다른 유럽의 아울렛에 비교해 비싸기 때문에 방문하지는 않는다.

M 7 익스프레스 버스
(왕복 10€ / 편도 5€)

7~24시까지 30분 간격으로 아울렛을 운행하는 버스로 1시간이면 킬데어 빌리지에 도착한다.
▶ www.dublincoach.ie

홈페이지_ www.kildarevillage.com
시간_ 10~19시(월~수 / 목, 금, 일 20시까지)
　　　 10~20시(토요일)

더블린 당일치기 투어

위클로우 산 국립공원(Wicklow Mountains National Park)

아일랜드 정원으로 알려진 위클로우 산 국립공원Wicklow Mountains National Park은 아일랜드의 6개 국립공원 중 하나로 더블린Dublin에서 약 30㎞ 정도 떨어져 있어 더블린 시민들이 주말여행으로 많이 찾는 장소이다. 차량으로 이동하면 당일치기 여행으로 가능한 지역이다. 여행자는 위클로우 산맥을 방문하여 야생의 아일랜드를 즐길 수 있다. 2만 헥타르의 광활한 지역에 낮은 산과 고요한 호수, 깊은 빙하계곡이 트레킹과 자전거 여행뿐만 아니라 낚시, 카약 등을 할 수 있다.

파워스코트Powerscourt

늪지부터 환상적인 경관이 기다리고 있다. 위클로우 국립공원에는 아일랜드의 가장 높은 폭포로 알려져 있는 파워스코트Powerscourt, 글렌크리 계곡 Glencree Valley, 샐리 갭Sally Gap, P.S 아이 러브 유 다리PS I Love You Bridge가 있다.

Powerscourt 정원
브레이브 하트Brave Heart가 촬영 된 위클로우 갭 (Wicklow Gap)

기네스 호수라고도하는 **러프 테이(Lough Tay)**
자연 산책로를 포함해 자연 그대로의 상태를 볼 수 있다.

쉬어가는 기네스 호수 푸드트럭

위클로우 국립공원은 날씨의 변화가 상당히 심하다. 그래서 쌀쌀한 기온은 감기에 걸릴 수 있기 때문에 조심해야 한다. 그런데 이때 길가에 있는 푸드트럭이 보인다. 커피와 간단한 샌드위치 정도와 함께 쉬어가는 것이 좋다. 친절한 얼굴에 담긴 커피 한잔은 위클로우의 기억을 좋게 바꿀 것이다.

글렌달록 둥근 탑(Glendalough Monastic Settlement)
6세기에 세인트 케빈St. Kevin이 설립한 글렌달록 둥근 탑Glendalough Monastic Settlement

글렌달록 관광 안내소(Glendalough Visitor Centre)
어퍼 레이크Upper Lake와 가까운 그린로드Green Road에 위치하고 있으며 글렌 달로 방문자 센터Glendalough Visitor Centre에서 2㎞ 떨어진 어퍼 레이크Upper Lake 주차장에서 약 100m 거리에 있다. 어퍼 레이크Upper Lake와 로우 레이크Lower Lake에 있는 몇 개의 길과 산책로의 정보가 주로 제공된다. 글렌달록Glendalough지역에서 찾을 수 있는 다양한 정보를 제공한다. 대부분의 코치 투어는 더블린 시내에서 출발하기 때문에 관광안내소를 방문하지는 않는다.

중세 수도원 정착지 지도

▶투어

더블린Dublin 시내에서 매일 출발하는 위클로우 산Wicklow Mountains 투어는 더블린에서 산으로 가는 경치가 좋은 길은 길을 따라 많은 언덕과 호수를 지나가는 도로를 통해 차량이나 코치버스로 약 1시간이 소요된다.

아일랜드의 위클로우 지역Wicklow County을 코치버스를 타고 문화와 자연을 보는 위클로우 마운틴 국립공원Wicklow Mountain National Park과 글렌달록Glendalough의 중세 수도원 정착지를 방문한다. 영화 〈PS I Love You〉와 〈브레이브하트Braveheart〉의 촬영 장소인 샐리 갭Sally's Gap도 방문한다. 희귀한 난초부터 야생의 아름다운 팔콘Peregrine Falcon에 이르기까지, 국립공원 안에는 야생 동물이 보호되고 있어 이동하면서 볼 수 있다.

▶투어일정

글렌달록Glendalough의 6세기 수도원 → 아보카 핸드위버Avoca Handweaver → 브레이브 하트Braveheart의 촬영장소인 샐리 갭Sally's Gap → 점심 식사(펍 방문) → 샌드코브Sandycove의 더블린 베이Dublin Bay

Southern Ireland
남부 아일랜드

Kilkenny
남부 | 킬케니

Kilkenny

더블린에서 남서쪽으로 약 100㎞ 떨어져 있는 킬케니 Kilkenny는 중세의 성과 오랜 건축물이 남아 있어 아일랜드에서 유일하게 중세 이미지를 잘 보여주는 도시로 알려져 있다. 아일랜드 남부 내륙의 주도로 인구는 약2,200명이다. 대부분의 교회와 성당의 겉모습은 회색빛이라서 맑은 날보다 구름 낀 하늘과 맞춰진 모습이 더욱 아름답다. 좁다란 중세 거리의 전통 펍 사이사이에 위치한 미술관과 식당을 들러 보자.

한눈에 보는 킬케니 역사

규모는 작지만, 400년이 넘는 역사를 자랑한다. 오랜 옛날부터 켈트족이 살았던 도시가 중세에는 노르만 세력이 터를 잡고 살았다. 노르만 족은 교회를 짓고 '케니 Kenny의 교회'라는 뜻으로 '킬케니 Kilkenny'라고 이름 지었다. 중세에 수공예품이 발달하면서 남부 아일랜드의 거점 도시로 성장하였다.

한눈에 킬케니 파악하기

노어 Nore 강이 도시를 가로지르며 강변을 따라 산책로가 형성되어 있다. 명소로는 세인트 케이니스 성당을 비롯하여 세인트 메리 대성당, 블랙 아비 등의 종교적 건축물과 수도원, 오르몬즈 성 등 중세 건물이 대부분이기 때문에 중세도시라는 별명이 생겨났다.

킬케니 아트 페스티벌 (Kilkenny Arts Festival)

킬케니(Kilkenny)는 아일랜드 창작 활동의 중심지로 알려져 있다. 문화와 예술의 중심지라는 명성을 듣고 수많은 사람들이 도시를 방문하고 있다. 킬케니 예술 축제를 비롯해 연중 수많은 문화 행사들이 펼쳐진다. 킬케니의 중세 건축물은 축제의 고풍스러운 배경 역할을 한다.

킬케니에서는 세계 최고의 코미디 축제 중 하나인 〈The Cat Laughs Comedy Festival〉과 〈Kilkenny Arts Week〉가 유명하다. 특히 전국 공예위원회 본부와 아일랜드 최고의 공예매장인 킬케니 디자인 센터(Kilkenny Design Centre)가 위치하고 있어 명실상부한 예술과 공예의 도시로 입지를 굳혔다.

킬케니 성
Kilkenny Castle

킬케니를 대표하는 명소로 건축학적으로도 높게 평가 받는 곳으로 현지인뿐만 아니라 관광객도 반드시 찾아오는 장소이다. 12세기에 건축된 킬케니 성은 도시의 전경을 내려다볼 수 있다.

노어 강둑에 위치한 킬케니 성은 드넓은 녹지로 둘러싸여 있다. 입구부터 보이는 넓은 잔디 공원에 가족과 함께 놀고 있는 부부와 아이들이 붐비고, 햇살을 받으며 잔디위에 누워 즐기는 모습을 볼 수 있다. 누구나 자유롭게 방문할 수 있다. 상당히 넓은 공원을 보면 킬케니 성이 중심이라는 사실을 자연스럽게 알 수 있다. 공원과는 별개로 킬케니 성 뒤에는 정비가 잘 된 아름다운 꽃이 정원에 피어있다. 킬케니 귀족의 개인 정원이 20세기부터 개방되어 누구나 볼 수 있다.

킬케니 성Kilkenny Castle에 입장하면 다양한 가구와 보물의 모습을 볼 수 있지만 사실, 내부의 가구와 보물들은 가난한 킬케니 사람들이 처분해 모두 팔아 버렸다. 복원사업이 시작되면서 본 모습이 복원되어 전시되어 있다.

현관홀에 놓인 커다란 테이블은 누군가 죽었을 때 시신을 보관하기 위해 사용되었다. 초상화가 길게 늘어선 갤러리 룸의 입구에 서면 마치 중세로 빠져드는 착각이 들 것이다. 에드워드 7세를 맞이하기 위해 급히 만들어졌다는 거대한 변기는 환영의 뜻을 최대한 보여주기 위해 만들어진 것이라고 한다.

홈페이지_ www.kilkennycastle.ie
주소_ The Parade
시간_ 09시 30분~17시 30분
요금_ 입장료 8€, 학생 4€
전화_ +353-56-770-4100

킬케니 산책로
Kilkenny

도심이 아담하여 도보를 이용해 돌아다니기 편리하다. 축제와 행사를 보기 위해 몰려드는 관광객이 많아도 산책로에는 킬케니 주민들이 산책을 하고 대화를 나누고 있다. 시간이 넉넉하지 않아 중요 관광지만 둘러봐도 한나절이면 충분하기 때문에 산책로를 걸어보라고 권한다.

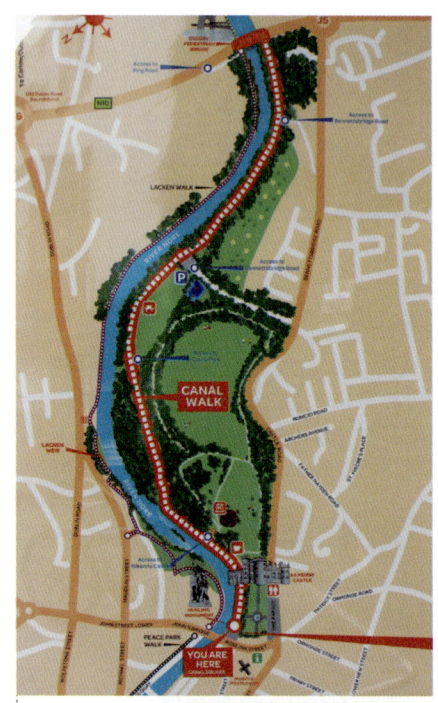

스미스 윅 맥주 양조장
Smithwick's Experience Killenny

아일랜드 맥주의 양대 산맥인 기네스와 함께 아일랜드를 대표하는 맥주이다. 1710년부터 시작된 빨간색 에일ALE 스타일의 맥주, 스미스 위크Smithwick's는 열량을 보여주는 최초의 아일랜드 맥주이다. 에드먼드 스미스 위크Edmund Smithwick는 그의 킬케니Kilkenny 양조장 문에 이름을 세기며 과일과 풍미 가득한 양조장에서 나온 오래된 요리법에서 영감을 얻은 패일 에일Pale Ale 맥주로 아일랜드를 대표하는 맥주로 유명하다. 스미스 윅Smithwick의 에일맥주Pale Ale는 저명한 몬데상을 2015년에 수상했다.

양조장투어는 다른 플젠이나 기네스 맥주양조장과 동일하다. 가이드는 스미스 윅의 역사를 소개해주고 에일 맥주에 대해 설명해 준다. 이어서 영상과 양조장을 둘러보면서 설명을 이어가고 마지막에 스미스윅 맥주를 시음하면서 끝이 난다.

홈페이지_ www.smithwicksexperience.com
주소_ Saint Francis Abbey Brewery 44 Parliment Street
전화_ +353-56-778-6377

한눈에 보는 스미스 윅 역사

스미스 윅(Smithwick) 맥주는 13세기 수도사들이 성 프란시스 수도원 (St. Francis Abbey)의 우물에서 바로 흘러나오는 양질의 물로 만들면서 시작해 수도원을 둘러싸고 있는 천연 재료를 사용하여 양조를 시작했다. 스미스 윅Smithwick이 킬케니에 도착한 직후 1705년 킬케니 귀족 콜먼에게 빌려 온 땅에서 리차드 콜(Richard Cole)과 함께 양조업에 뛰어 들면서 맥주양조장으로 성장하였다.

시간이 지남에 따라 사업에 관심이 생긴 스미스 윅은 아들 인 애드먼드 스미스 윅(Edmond Smithwick)에게 넘겨주면서 본격적인 맥주산업으로 성장시켰다. 양조장이 아일랜드 전역에서 폐쇄될 당시 그는 새로운 시장을 발굴하는 데 집중했다.

세인트 케이니스 성당
St. Canice's Cathedral

도시의 이름을 따온 6세기 수도사 케니스에 대한 경의를 표하기 위해 만들어진 성당은 13세기에 건축되었다. 킬케니는 가난이 심했던 도시여서 계속 방치되고 있다가 1980년대부터 훌륭하게 복원되어 있다.

바로 옆의 라운드 타워Round Tower는 킬케니에서 가장 오래된 건축물로 온전하게 보존된 킬케니 건축물 중 가장 오래된 것으로, 사람이 올라갈 수 있는 탑은 이곳을 포함해 아일랜드에서 단 두 곳밖에 없다. 날씨가 좋은 날에는 탑 꼭대기에서 도시의 전경을 감상해 보자.

홈페이지_ www.stcanicescathedral.ie
주소_ Coach Rd The Close
전화_ +353-56-776-4971

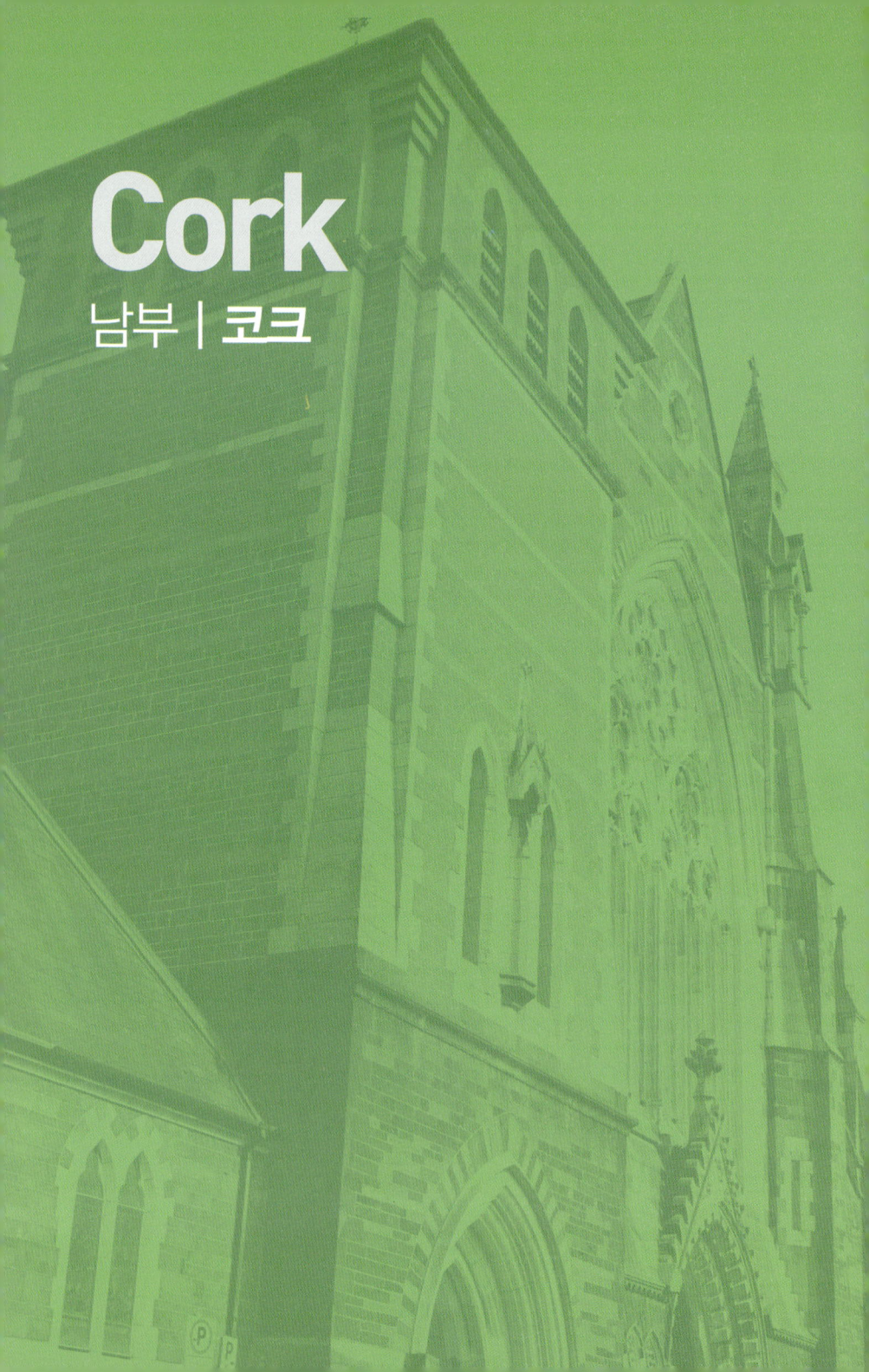

Cork
남부 | 코크

Cork

아일랜드의 '반역 도시'라 불리는 코크Cork는 독특한 억양과 문화와 요리를 자랑한다. 아일랜드에서 3번째로 인구가 많은 도시인 코크Cork는 현대적인 도시이자 곳곳에 역사가 배어 있는 곳이기 때문에 문화 여행지로도 단연 손꼽힌다. 남부 아일랜드 사람들에게 '코르킥'이라는 이름으로 더 친숙한 코크는 아일랜드 남부, 먼스터 지방에 위치해 있다.

코크Cork에서는 한여름 축제, 영화제, 문학 모임 등 연중 다양한 문화 행사가 펼쳐진다. 크로퍼드 미술관에 들르면 토요일 아침마다 지역 예술가들이 전시해 놓은 야외 전시회를 관람할 수 있다. 밤에는 코크 오페라 하우스를 방문하거나, 라이브 음악을 연주하는 펍Pub에서 코크Cork의 현지인들과 어울려 보자.

한눈에 보는 코크 역사

650년에 세이트 핀바St. Finbar가 수도원을 지으면서 사람들이 모이기 시작하였고 도시는 점점 커져갔다. 잉글랜드와의 싸움에서 아일랜드 독립운동의 근거지로 아일랜드 독립을 위해 싸운 저항의 도시이기도 하다. 그래서 아일랜드 영화에 아

한눈에 코크 파악하기

볼 것 많은 도시가 아니어서 관광객이 오래 머물지 않는다. 코크 시내는 걸어서 돌아볼 수 있는 거리이기 때문에 대중교통을 이용할 필요가 거의 없다. 코크 시내를 내려다 볼 수 있는 언덕에 화려한 모습으로 건축된 세인트 핀바 대성당 St. Finbar's Cathedral을 중심으로 Walking코스가 형성되어 있다. 세이트 앤 교회 St.Ann's Church의 종탑 Shandon과 세이트 메리 교회 St.Mary's Church, 바로 옆의 버터 거래소, 등이 있다.

> ### 코크에서 알아야 할 중요한 2가지
>
> **1. 반역 도시라는 별명을 얻은 이유**
> 코크(Cork)는 생동하는 미술계와 역사적 명소로 잘 알려진 평화로운 곳이지만, 한때는 영토전쟁과 종교전쟁에 휩쓸리기도 했다. '반역 도시'라는 별명은 15세기 장미전쟁 당시 영국 편에 서면서 얻게 되었다. 코크(Cork)가 아일랜드 독립전쟁과 후의 아일랜드 내전에 참여하면서, 그 별명은 뗄 수 없는 코크의 일부분이 되었다.
>
> **2. 육류 수출의 중심지**
> 코크(Cork)의 역사에서 또 중요한 부분은 바로 산업이다. 수 세기 동안 육류 수출의 중심지였다. 가난한 아일랜드 서민들은 가축의 내장을 이용해 요리를 했다. 잉글리시 마켓(English Market)에서 선지와 내장 요리를 도전해 보자.

름다운 자연환경과 함께 독립운동의 상징으로 코크 지방 사투리가 구수한 재미를 더하고 있다. 현재, 첨단 IT회사와 제약회사들이 모여 경제발전의 원동력이 되고 있다.

남부 여행 1일 코스

코크 공항과 코크 켄트 기차역에 도심으로 향하는 셔틀 버스가 마련되어 있다. 더블린에서는 기차로 3시간 거리에 있다. 18세기 다리에서는 리 강Lee River의 전경을 감상할 수 있고 코크에서 가장 유서 깊은 거리 중 하나를 통해 코크 시내를 구경할 수 있다.

서른 개가 넘는 다리가 도시를 관통해 흐르는 리 강Lee River과 코크Cork의 도심을 연결한다. 코크Cork 주 인근 마을에서 배를 타면 부속 섬들과 항구를 둘러볼 수 있다. 남쪽의 킨세일 항구 위에 위치한 찰스 요새 위에 오르면 아름다운 전경을 볼 수 있다.

코크Cork 교도소에서는 실제와 똑같은 밀랍 인형으로 역사를 그대로 재현해 내고 있다. 세인트 메리 세인트 앤 가톨릭 성당과 프랑스의 영향을 받은 세인트 핀 바레스 신교도 성당은 종교적인 색채가 짙은 코크의 모습을 둘러보면서 빼 놓을 수 없는 곳이다.

근교

코크Cork의 남동쪽에 위치한 코브Cobh는 '가라앉지 않는' 배로 불린 타이타닉의 마지막 출항지였다. 서쪽의 밴트리 하우스 앤 가든Bantry and Garden에서 부유한 백작들의 삶을 엿볼 수 있으며, 제대로 된 아이리시 크림 티도 맛볼 수 있다. 북쪽으로 15분 거리에 있는 블라니 성에서 블라니 스톤에 입을 맞춰 보고 돌아가면 하루의 여행일정을 마칠 수 있다.

코크 워크 Cork Walks

아일랜드에는 각 도시마다 걸을 수 있는 코스를 준비해 시민들의 건강을 증진시키기 위해 노력하고 있다.

코크에는 4개의 짧은 코스를 만들어 여행자도 쉽게 코크를 알 수 있도록 코스를 만들었다.

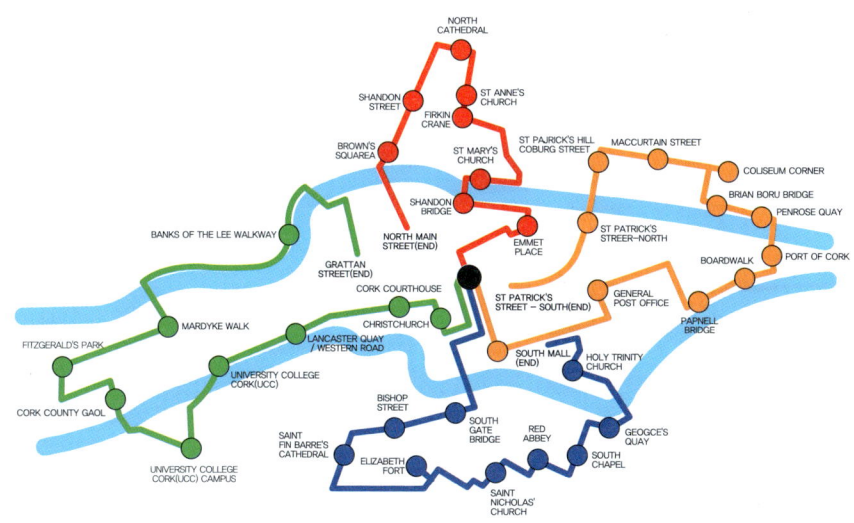

시티투어버스

잉글리시 마켓
English Market

1788년, 웅장한 빅토리아 양식의 건물에 자리한 유서 깊은 재래시장에는 세계 곳곳의 신선한 농산물을 쇼핑하고 코크^{Cork}의 전통 음식들을 맛볼 수 있다. 코크^{Cork}에서 수백 년 역사를 자랑하는 잉글리시 마켓을 꼭 들러보자. 매력적인 풍경과 소리, 냄새에 빠져드시게 될 것이다. 유기농 과일과 채소부터 수제 아이스크림, 신선한 해산물, 현지 생산된 치즈 등 없는 게

코크는 도시의 관광자원이 부족하다. 그래서 새로운 코스와 명소를 알리기 위해 노력하고 있다. 시티투어버스를 운영하고 있지만 탑승하는 관광객은 아직 많지 않다. 구석구석 코크를 알고 싶은 관광객에게만 추천한다.

없다. 카페나 레스토랑에 편안히 앉아 분주하게 돌아가는 시장 풍경을 바라보며 코크Cork의 대표적인 음식을 맛 볼 수 있다. 지금도 이곳의 50여 개 점포는 코크Cork의 요식업에서 아주 중요한 역할을 하고 있다.

골목, 골목을 둘러보면 먹어보고 싶은 음식으로 가득하다. 이왕이면 일찍 상인들이 부지런히 장사를 준비하는 모습도 구경하면서 활기찬 분위기를 만끽할 수 있다. 그러다 나면 곧 호기심에 가득한 관광객과 필요한 것들을 사러 나온 현지인들로 시장이 금방 북적인다.

잉글리쉬 마켓(English Market)

1. 육류
전통적으로 생선과 고기를 구입하기에 좋은 곳이다. 여전히 시장 상인의 대부분은 고기와 생선을 취급하고 있다. 스테이크용 쇠고기, 양 다리 고기, 돼지 족발, 양대창 등 다양한 종류의 고기에 신기해 할 것이다. 쇠고기, 돼지고기, 양의 피에 빵부스러기, 지방, 우유 등을 섞어 만든 소세지 등은 꼭 맛보기 좋은 메뉴이다.

2. 농산물
과일과 채소 구역에는 건강에 좋은 품목들이 다양하게 펼쳐져 있으며 이국적인 유기농 농산물도 다채로운 색상으로 진열되어 있다. 지중해식 치즈, 절인 햄, 오일, 피클 등은 물론 수십 가지 종류의 올리브도 만나실 수 있다. 갓 구워낸 빵과 진한 초콜릿 등 달콤한 각종 빵도 먹어보자.

3. 2층 식당
위로 올라가면 식당에서 코크 지역의 전통 음식들을 맛볼 수 있다. 베란다 옆의 테이블에서 코크의 전통 음식을 먹으면서 아래의 시장 풍경을 구경할 수 있다. 아니면 샌드위치를 사서 이동하면서 먹어도 좋다.

치킨 인(The Chicken Inn)

잉글리시 마켓에 우리가 먹었던 '옛날통닭'식의 통닭을 먹을 수 있다면 얼마나 좋을까? 거기에 더해서 저렴한 가격의 3€에 전자레인지에 돌려서 맛있는 식사를 할 수 있다. 마켓에서 소스와 피클을 구입해 느끼함을 제거해 줄 수 있어서 통닭의 맛을 제대로 즐길 수 있다.

초콜릿 숍(The Chololet Shop)

아일랜드에도 다양한 초콜릿 맛을 느낄 수 있지만 가격이 저렴하지는 않다. 그러나 코크의 초콜릿을 직접 만드는 수제초콜릿까지 있기 때문에 원하는 가격에 맞추어 달콤한 초콜릿부터 진하고 쓴 다크 초콜릿까지 수십 개 이상의 맛을 느낄 수 있어서 추천한다.

성 패트릭 다리

Saint Patrick Bridge

리 강Lee River에 걸쳐 있는 100년 역사의 성 패트릭 다리Patrick Bridge는 코크Cork의 과거 무역 산업에서 중요한 역할을 했다. 코크의 시내 중심에서 조금만 걸으면 나오는 성 패트릭 다리는 도시의 대표적 명소에서 가깝다. 51m의 성 패트릭 다리Patrick Bridge는 1789년에 처음 개통했는데 같은 해 홍수로 인해 파괴되는 불행을 겪었다. 1853년에 다시 파괴되었다가 1859년에 다시 개통되었다. 성 패트릭 다리Patrick Bridge가 지어진 계기는 버터 상인들이 강의 북쪽에서 부두와 창고가 있는 시내 중심까지 쉽게 이동할 수 있도록 하기 위한 것이었다. 지금 성 패트릭 다리Patrick Bridge는 코크의 유명한 명소로서, 리 강의 멋진 풍경을 감상하기에 좋은 곳이 되었다. 다리 한가운데로 가면 강변을 따라 늘어선 옛날 상인들의 주택을 볼 수 있다.

성 패트릭 거리
Saint Patrick Street

다리의 남쪽 끝은 현지인들이 파나라고 부르는 활기찬 대로 세인트 패트릭 거리와 만난다. 한때 여러 부두로 둘러싸인 이곳은 1780년경 우아한 거리로 변모하게 되었다. 금주를 주장했던 천주교 개혁자, 테오발드 매튜의 조각상도 있다.

휘어지는 거리를 따라 걸으면 대저택과 다채로운 색상의 타운하우스가 나오는데, 지금은 이곳에 바, 카페, 상점 등이 자리하고 있다. 코크Cork의 위그노 구역 중심부인 프렌치 처치 거리French Church Street와 캐리스 레인Carris Lane에서 우회하면 나오는 고딕 양식의 세인트 피터와 세인트 폴 교회도 볼 수 있다.

다리의 한쪽 끝으로 가면 3개의 아치형 구조물이 보인다. 각 아치형 구조물 위에는 바다의 신인 넵튠, 성 브리짓과 성 패트릭을 묘사한 석상이 있다. 다리에는 아래의 해상 교통 흐름을 통제하기 위해 내리닫이 쇠창살문이 있었지만 1824년에 제거되었다.

성 패트릭 거리

세인트 핀바 대성당
St. Finbar's Cathedral

프랑스식 고딕 양식과 중세 건축 스타일이 복합된 겉모습은 물론 내부도 화려하게 장식된 19세기 중반의 세인트 핀 바 성당St. Finbar's Cathedral은 코크에서 가장 쉽게 눈에 띄는 건축물이다. 예술적인 장식과 100년의 오랜 역사를 간직한 세인트 핀 바 성당St. Finbar's Cathedral은 코크의 수호성인인 핀 바가 설립한 7세기 수도원에 자리하고 있다. 지금의 세인트 핀 바 성당St. Finbar's Cathedral은 3번째 재건축이며 유명한 영국인 건축가 윌리엄 버제스가 60여 명의 건축가들과 경쟁한 끝에 1863년에 처음으로 건축되었다.

아치형 출입구와 높다란 첨탑이 세워져 있는 타워가 인상적인 외관에 여러 괴물 석상, 그리핀과 성인들의 형상이 정교하게 조각되어 있는 것을 볼 수 있다. 성당을 꾸미고 있는 조각상이 무려 1,200여 점에 달한다고 한다.

성당 동쪽의 돔 꼭대기에는 금빛의 천사가 앉아 있다. 전설에 따르면 이 천사가 코크 주민들에게 세상의 종말을 경고하는 트럼펫을 불어서 코크 주민들은 가장 먼저 천국으로 들어갈 수 있다고 한다. 성당의 남쪽 끝으로 가면 초기 중세 시대 교회의 일부였던 아치형 입구를 볼 수 있다. 안에는 성당의 벽을 꾸며주는 웅장한 스테인드글라스 창문에 성경 속 여러 장면이 묘사되어 있다. 흥미로운 유물에는 무게가 11kg에 달하는 포탄으로, 1690년 코크가 포위된 당시 이곳의 중세시대 첨탑 중 하나를 파괴했던 잔재라고 한다. 1865년 타워를 없애는 도중 발견된 12세기 스톤 헤드도 전시되어 있다.

> **조각상의 인물을 찾아보자!**
> 세인트 매튜(St. Matthew)를 상징하는 인간상, 세인트 마크(St. Mark)를 상징하는 사자상, 세인트 루크(St. Luke)를 상징하는 황소상, 세인트 존(St. John)을 상징하는 독수리상, 세인트 핀바의 초상이 있다.

주소_ Dean Street **입장료_** 6€ **전화_** +353-21-496-3387
시간_ 9시30분~17시(일요일 13~14시30분, 16시30분~17시30분 / 12~3월까지 월~토요일까지)

성 피터와 폴 교회
St. Peter and Paul's Church

세인트 앤 교회
St. Anne's Church

코크 시내 한 가운데에 있는 교회로 분주한 쇼핑 거리인 패트릭 거리를 지나 다리를 건너면 볼 수 있다. 아일랜드의 대부분의 교회가 회색빛의 교회라면 이 교회는 붉은 사암으로 이루어진 내부에 스테인드글라스가 아름다운 교회이다.

주소_ Paul St.
시간_ 9시 30분~17시
전화_ +353-21-427-6573

세인트 앤 교회St. Anne's Church는 코크의 활기 넘치는 쉔던Shandon 지구에 위치한 유서 깊은 관광지이다. 1722년에 작은 예배당으로 지어진 교회는 이후 우아한 조지 왕조 양식의 건축물로 바뀌게 된다.

세인트 앤 교회 St. Anne's Church에서는 교회의 탑 꼭대기로 올라가서 코크와 주변의 탁 트인 전망을 바라볼 수 있다.(유명한 교회 종을 울려보는 특별한 기회도 가질 수 있다.) 지상 40m 높이의 100여 개 계단을 오르면 전망대에 이르게 되는데, 여기서 코크 시내는 물론 리 강과 주변의 시골 풍경까지 다 보인다.

안으로 들어가면 빅토리아 왕조 양식의 아치형 천장이 보인다. 역사가 1629년으로 거슬러 올라가는 침례반과 성 누가의 초상화가 그려진 타원형의 스테인드글라스를 다양한 예술적인 스테인드글라스 창문이 보인다.

홈페이지_ www.shandonbells.ie
주소_ Church St. Shandon
시간_ 3~5월 10~16시/6~8월 17시까지/11~2월 11~15시
요금_ 종 울리는 비용 5€
전화_ +353-21-450-5906

종탑

18세기 교회에서 유명한 종들도 울려보고, 코크의 멋진 전경도 볼 수 있다. 교회를 압도하는 높은 이탈리아식 탑은 2m 벽으로 둘러싸여 있다. 탑으로 가서 돌계단을 따라 종탑으로 올라가면 탑의 꼭대기에는 물고기 모양의 풍향계가 있는 종탑이 있는데, 코크 연어 산업의 중요성을 표현한 것이다. 이곳의 4개 시계는 시간이 항상 안 맞아서 네 얼굴의 거짓말쟁이로 '알려져 있다. 이 탑의 빨강과 흰색은 이 도시의 스포츠 색상에서 영감을 받았다고 한다.

8개의 18세기, 쉔던(Shandon) 종

현지의 시인인 프랜시스 실베스터 마호니(Francis Sylvester Mahony)는 자신의 시 Poet, 쉔던의 종(The Bells of Shandon)에서 종을 작품에 남겼다. 종을 직접 울려볼 수도 있고 노래 악보에 따라 연주해볼 수도 있다.

크로퍼드 아트 갤러리
Crawford Art Gallery

1819년 그리스 로마 신고전주의 양식의 조각 작품이 기부되면서 설립된 크로퍼드 아트 갤러리Crawford Art Gallery는 현재 2,500점 이상의 작품을 전시하고 있다. 1724년에 지어진 건축적 걸작인 코크의 구 세관 건물에서 3개 층을 차지하고 있다. 미술관에는 유명 화가인 잭 예이츠의 작품을 비롯하여 16세기부터 5세기에 걸친 회화, 사진, 조각, 비디오 설치 등의 방대한 예술 작품을 무료로 감상할 수 있다. 아일랜드 예술품이 상당수를 차지하지만, 유명한 유럽 아티스트들의 작품도 볼 수 있다. 코크 시내 중심에 위치한 크로퍼드 아트 갤러리Crawford Art Gallery는 잉글리시 마켓, 성 패트릭 다리에서 조금만 걸으면 나온다.

홈페이지_ www.crawfordartgallery.ie
주소_ Emmett Pt. Centre **시간_** 10~17시(일요일 휴무 / 목요일 20시까지) **전화_** +353 21 490 7856

전시 구성

각 층에는 상설 전시관과 임시 전시관이 있다. 회화 전시관에서는 아일랜드의 많은 유명 예술가들의 작품이 전시되어 있는데, 제임스 베리, 나다니엘 혼, 존 래버리 등이 있다. 존경받는 예술가 가족인 존 예이츠와 잭 예이츠 부자의 회화 작품을 감상해 보면 아일랜드 예술작품을 이해하는 데 도움이 된다. 메이니 젤렛, 앤 버틀러 예이츠를 비롯하여 1886~2000년까지의 아일랜드 여성 화가들의 작품만 전시한 곳도 놓치지 말자.

조각 전시실에는 미술관의 대표적인 작품들이 전시되어 있다. 그리스 로마 시대를 대표하는 이탈리아의 조각가 안토니오 카노바가 만든 아도니스, 소크라테스 등의 그리스 인물들의 조각상이 특히 인상적이다. 카노바의 작품 대다수는 1800년대에 바티칸 박물관에서 코크로 가져온 것이다.

다른 전시실은 그림, 사진, 스테인드글라스 창문까지 다양한 종류의 예술 작품을 전시해 놓았다. 헨리 존 노블렛과 사뮤엘 포드의 미완성 스케치인 반역 천사의 추락이라는 수채화가 유명하다. 쿠퍼 펜로즈 컬렉션에는 18세기 대표적인 상인 가족의 화려한 생활을 보여주는 책과 도자기 및 가구 등이 전시되어 있다.

피츠제럴드 공원
Fitzgerald's Park

아름다운 강변 공원에서 피크닉을 즐기고, 시립 역사박물관을 구경하고, 여름에는 무료 콘서트도 즐길 수 있는 코크Cork 시민들의 휴식처이다.

리 강Lee River의 강변에 자리한 피츠제럴드 공원Fitzgerald's park은 코크Cork 시내 중심에서 잠시 벗어나 한가로운 여유를 만끽하기에 좋은 장소이다. 섬세하게 가꾸어진 다채로운 색상의 꽃밭을 감상하며 느긋하게 산책을 즐기는 시민들을 쉽게 볼 수 있다. 시립 박물관이 있어 코크Cork 역사를 살펴볼 수 있고, 곳곳에 예술 작품이 설치되어 있다. 여름에는 다양한 문화 행사도 열리는 피츠제럴드 공원Fitzgerald's park은 1900년대 초에 일반 대중에게 문을 연 이후 코크Cork에서 가장 사랑받는 녹지 공간의 역할을 해왔다.

공원 주변에 조성된 길과 거대한 나무가 드리워진 잔디밭에서 산책을 즐기고 유명한 아일랜드 인물들을 표현한 흉상과 추상 조각 작품들과 함께, 수상 경력에 빛나는 스카이 가든Sky Garden은 눈 모양으로 생긴 정원에서 멋진 강변 전망을 즐길 수 있다.

여름에는 공원에서 다양한 무료 공공 행사인 음악이나 연극 공연도 열린다. 재래시장에서 현지 음식을 맛보고 거리 공연도 구경하고 요가 강습에도 참여할 수 있다. 어린이들을 위해 연중 내내 최신 놀이터가 개방된다. 놀이터에는 나무로 만든 성, 가라앉은 해적선, 정글 짐, 미끄럼틀, 그네 등이 갖추어져 있다.

주소_ Mardyke, Cork
시간_ 8시 30분~17시

코크 공립 박물관(Cork Public Museum)

코크의 역사와 중세 시대 유물이 전시되어 있다. 도시주변에서 발굴된 은제품, 옛날 의상 등 고고학적 유물을 살펴볼 수 있다. 아일랜드가 독립 전쟁을 벌일 당시 코크의 역할을 확인할 수 있고, 호주, 아프리카, 고대 이집트와 그리스에서 온 민속 유물들과 예술 전시품도 전시되어 있다.

▶주소 : Mardyke, Cork ▶전화 : +353 21 427 0679 ▶시간 : 10~16시(일요일 14~16시 / 월요일 휴관)

코크 대학교
University College Cork

본관 건물부터 현대적이고 상당히 큰 대학이다.

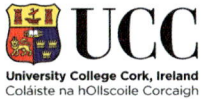

대학 내에 큰 교회가 있고 커다란 정원이 공부하는 분위기에 일조할 것 같다. 하지만 오래된 건물이 많지 않아 평범한 대학의 캠퍼스처럼 느껴진다.

홈페이지_ www.ucc.ie
전화_ +353-21-490-1876

루이스 글럭스맨 갤러리
(Lewis Glucksman Gallery)

아일랜드를 비롯한 전 세계 현대 아티스트들의 작품을 전시하고 있다. 공식 이름이 루이스 글럭스맨 갤러리Lewis Glucksman Gallery은 문화의 중심지 역할을 하는 현대미술관이다. 독창적인 설치를 통해 비주얼 아트의 다양한 세계를 보여준다. 글럭스맨 갤러리Lewis Glucksman Gallery에서는 다양한 종류의 형태로 아일랜드는 물론 전 세계 아티스트들의 작품을 만날 수 있다.

2004년에 문을 루이스 글럭스맨 갤러리Lewis Glucksman Gallery는 아일랜드와 미국에서 문화 프로그램에 기부를 많이 한 유명 독지가인 루이스 글럭스맨Lewis Glucksman 박사의 이름에서 따왔다. 여러 전시실에 걸쳐 회전하는 전시가 펼쳐진다. 현대적인 건물은 우수한 건축물로 뽑혀 영국의 시빅 트러스트Civic Trust 상을 수여하기도 했다. 마크 어빙Mark Irving의 저서 죽기 전에 꼭 봐야 할 세계 건축 1001에도 나온다.

1년에 3번의 전시 시즌이 있는데, 각 전시 시즌에는 테마별 전시 외에도 콘서트, 가이드가 안내하는 투어, 대담, 워크숍 등 다양한 활동과 행사가 열린다. 예술과 수학과의 관계를 탐구하면서 유명한 수학자 조지 불George Boole을 조명했던 전시였다. 살바도르 달리와 프란체스카 우드만 등과 같은 아티스트들의 사진 초상화를 전시한 것이 유명하다. 영국인 건축가 윌리엄 버제스의 스케치를 모아 전시한 것이 인기가 높다.

루이스 글럭스맨 갤러리Lewis Glucksman Gallery는 계절별 전시 외에도 유니버시티 칼리지 코크(UCC)의 아트 컬렉션을 관리한다. 갤러리와 이어진 대학교 캠퍼스에 컬렉션이 전시되어 있다. 유명 아일랜드 아티스트로는 앨리스 마허, 브라이언 맥과이어, 마이클 퀘인 등이 있다.

주소_ Lower Grounds University College Cork
시간_ 10~17시(일요일~14시부터 / 월요일 휴관)
전화_ +353-21-490-1844

검은 바위 성
Blackrock Castle

강변에 위치한 검은 바위 성Blackrock Castle 은 400년 역사를 간직한 곳으로, 직접 경험할 수 있는 과학 전시와 인터랙티브 극장 등을 통해 코크의 지난 역사를 살펴볼 수 있는 곳이다.

검은 바위 성Blackrock Castle은 우리가 살고 있는 우주를 깊이 탐구하고 코크Cork 의 고대 통치자들에 대한 흥미로운 이야기를 들어볼 수 있다.

검은 바위 성Blackrock Castle의 공식 천문대 인 더 스페이스 포 사이언스에서 관객들에게 적합한 교육적이고 역사적인 전시를 감상할 수 있다. 1582년 요새로 지어진 검은 바위 성Blackrock Castle에는 이후 코크의 해양 법원이 들어섰다가 2007년 과학 박물관으로 다시 문을 열게 되었다.

수백 년 된 지하 감옥과 포격 장소 등은 가이드의 안내에 따라 구경해 볼 수 있다. 잉글랜드의 제임스 1세와 같은 이전의 왕족들 이야기를 들을 수 있다. 성의 작은 탑에서는 코크 항구의 탁 트인 전망이 한 눈에 보인다.

주소_ Blackrock Castle Road
시간_ 10~17시
전화_ +353-21-435-7917

과학박물관 하이라이트

코스모스 앳 더 캐슬(Cosmos at the Castle)
셀프 가이드로 구경하는 방대한 전시를 살펴보면 우주를 이해하는 것이 쉽게 될 것이다. 지구의 극단적인 생물 형태와 우주에 어떤 영향을 미치는지 등을 관찰하면서 과학의 최신 성과를 볼 수 있다. 거대한 극장 화면을 통해 지구의 진화 과정을 영상으로 감상할 수 있다.

팬 갤럭틱 스테이션(Pan Galactic Station)
우주 공간으로 이메일을 써서 보낼 수 있는 이벤트가 있다. 전파 망원경이 이러한 이메일 메시지를 태양계를 통해 원하는 목적지로 전송해 준다. 메시지 진행 상황을 확인하고 나중에 이 성의 공식 웹사이트에서 답변을 찾아볼 수 있다.

코밋 체이서(Comet Chaser)
중요한 우주 임무를 직접 지휘해 보는 인터랙티브 극장식 게임 전시에서 지구를 파괴할 수 있는 위험한 혜성의 방향을 바꾸는 과학적인 판단을 내림으로써 세계를 구하는 짜릿한 경험을 하도록 한다.

코크 시 감옥
Cork City Gaol

코크 시 감옥Cork City Gaol은 킬케니 출신의 건축가 윌리엄 로버트슨이 설계해 1824년에 문을 열었다. 모양이 성을 닮아 작은 탑이 있는 흉벽을 비롯하여 조지 왕조 양식과 고딕 양식을 가미하였다. 1878년에는 여자 죄수들만 수감하는 감옥이 되었다. 유명한 죄수보다 가난한 시민들이 주로 수감되었는데, 상당수가 옷이나 음식을 훔친 경범죄로 인해 들어온 경우가 많았다고 한다.

1923년에 폐쇄되었고 1927~1950년대까지 라디오 방송국으로 운영되었다. 교도소장이 살던 곳은 현재 라디오 박물관으로 바뀌어 앤틱 라디오, 사진, 존 F 케네디 미국 전 대통령이 사용한 마이크 등을 전시하고 있다.

건축적으로 매우 인상적인 이 건물은 19세기 아일랜드 교도소 생활이 얼마나 거칠었을지 직접 보고 느낄 수 있다. 1800년대~1900년대까지 거의 100년 동안 죄수들이 끔찍한 환경에서 수용되었던 코크 시 감옥은 잘 보존된 건물을 걸으면서 유서 깊은 감옥에 수감되었던 유명한 죄수들, 그들이 저지른 범죄, 탈출, 사형 집행 등에 대한 이야기를 확인할 수 있다.

감방 안을 들여다보면 당시 의복을 입은 죄수와 무자비한 표정의 간수들이 모형으로 만들어져 불결했던 당시 생활상을 알 수 있다. 수감된 유명 인물 중에 여성 최초로 영국 의원으로 선출된 아일랜드 국적의 백작부인 콘스탄스 마르키에비츠가 있다. 1923년 42명의 아일랜드 공화국군 참전 용사들이 탈출하여 상당수가 다시 잡히지 않았다고 한다.

주소_ Convent Avenue Sundat's Well
요금_ 6€
전화_ +353-21-430-5022

조지 버나드 쇼
(George Bernard Shaw, 1856~1950년 11월 2일)

아일랜드의 극작가, 소설가이자 수필가, 비평가, 화가, 웅변가이다. 조지 버나드 쇼는 아일랜드 더블린의 프로테스탄트집안에서 1남 2녀 가운데 막내로 출생하였다. 정부 인사로 근무하던 아버지의 곡물사업 실패 후 집안이 급격히 기울기 시작했다. 가난하여 초등학교만 나왔지만 일하면서 음악과 그림을 배웠으며 소설도 썼다.

모친으로부터의 영향으로 음악에 흥미를 가져서 받은 성악 레슨은 후에 연설자가 되었을 때 큰 도움이 되었다고 한다. 일반적인 학교교육을 받았으나 성적은 최하위였지만 작문은 뛰어났으며 쇼의 흥미는 문학, 음악, 그래픽 아트 등에 있었다.

1871년에는 더블린의 토지 중개사무소에 근무하여 십대 후반을 보냈지만 일에 흥미가 없어 여러 신문잡지에 투고하면서 꿈을 키웠다. 런던의 예술가들과 사귀어 각 신문에 원고를 썼으나 수입이 적어 어려운 생활을 하였다. 1879~1883년 동안 5편의 소설을 썼으나 모두 출판사로부터 거절당하고 그 가운데 4편은 친구의 잡지에 게재되었다.

1882년 9월, 헨리 조지의 연설을 듣고서 쇼는 사회주의로 나아갔다. 카를 마르크스의 '자본론'에 크게 감동받아 마르크스 연구를 하였고, 1884년 창설 직후였던 온건 좌파 단체 페이비언 협회를 협회에 참가하여 많은 사회사상가와 사귄다.

그는 스스로도 많은 극을 써서 연극계에 새로운 바람을 불어넣었다. 풍자와 기지로 가득 찬 신랄한 작품을 쓰기로 유명하다. 쇼가 극작에 전념하기 시작한 것은 비교적 늦다. 1885년부터 쓰기 시작했던 최초의 희곡은 1892년까지 완성되었으며 런던의 로열티 극장에서 상연되었다. 1894년에 상연된 '무기와 사람'으로 쇼는 극작가로서의 지위를 굳혔다.

쇼의 인물은 거의가 작가의 대변자이며 그 작품은 자기 사상을 진술하는 것 이외의 아무 것도 아니라는 비난, 혹은 그와 반대로 쇼는 단순한 감상적인 오락작가에 불과하다는 비난이 적지 않다.

"(나의 작품을 이해하려면) 나의 전 작품을 적어도 2회 이상은 읽고
그것을 10년 동안 계속해 달라"
― 조지 버나드 쇼 ―

Cobh | Cove
코브

Cobh

코브Cobh는 퀸즈 타운Queens Town으로 불리던 항구도시로 타이타닉의 마지막 기항지로 유명하다. 코크에서 15km 정도 떨어져 있는 코브는 기차로 약 25분 소요된다. 코브는 코크 항구에 대해 사전 지식을 가지고 여행을 해야 풍경이 이해가 된다. 타이탄 트레일Cobh Walking Trail과 퀸즈타운 스토리 헤리티지 센터Queenstown Story Heritage Centre를 찾아가 보자. 이 두가지 관광지를 결합하면 아일랜드에서 가장 역사적인 도시 중 하나인 코브Cobh에 대해 파악할 수 있다.

코브라는 이름의 변천사

아일랜드어의 이름을 가진 코브Cobh는 1750년에 처음으로 '코브Cobh'라고 불렸다. 빅토리아 여왕의 방문을 기념하기 위해 1849년, 영국인에 의해 '퀸즈타운Queenstown'으로 이름이 바뀌었다. 그 이름이 공식적으로 코브Cobh로 바뀌었을 때 출처는 밝혀지지 않았지만 아일랜드국가가 설립될 무렵이었다. 코브Cobh는 영어 이름 "코브Cove"의 게일어Gaelicisation이며 동일한 발음을 사용한다.

코브의 대기근 역사

19세기에 아일랜드를 덮친 대기근 때문에 600만 명이 새로운 삶의 터전을 찾아 신대륙으로 이민을 갈 때 많은 이주민들 중에 약250만 명이 코브 항구에서 출발했다고 전해진다. 코브 항구는 늘 사람들로 붐비고 이별의 눈물을 흘리는 슬픔과 새로운 대륙을 찾아 떠나는 사람들의 각오와 비장함. 미래에 대한 불안과 희망으로 교차하던 곳이었다. 이 느낌을 담아 코브 항구 앞에 애니 동상이 세워졌다.

타이타닉의 마지막 기항지

비극적 운명의 호화 유람선인 '타이타닉'의 마지막 기항지가 코브이다. 19세기에 가장 화려한 유람선의 침몰이 시작되었을 때, 삼등 선실에 탑승한 궁핍한 아일랜드 이민자들은 타이타닉의 운명과 함께 대서양 바다에 잠기고 말았다. 아일랜드 감자기근으로 인해 이어지던 막바지 이민행렬 중에서 가장 최악의 사건으로 기록되어 있다.

벨파스트에 있는 타이타닉 호 모형

퀸스타운 스토리

유람선이 내리는 장소에 바다를 바라보는 동상이 있다. 미국으로 이민 간 최초의 아이리시 이민자 남매인 애니 무어Annie Moore와 두 동생 청동상이 바다를 조망하고 있다. 두 동생은 철없이 막연한 기대감을 가진 표정이지만 누나인 애니 무어는 새로운 신대륙의 삶에 대해 걱정스러운 표정을 담고 있다.
1892년 뉴욕의 엘리스Ellis 섬에 이민 사무소가 개소되었을 때 최초로 등록된 이민자로 역사에 남게 되었다.

한눈에 코브 파악하기

코브Cobh는 코크Cork 항구의 3대 섬 중 하나인 그레이트 아일랜드Great Island에 위치하고 있다. 코브Cobh를 마주보고 아일랜드 해군 기지Irish Naval Service 기지였던 스파이크 섬과 하울보우라인Haulbowline섬이 있다.
언덕이 가파른 언덕을 등지고 있는 언덕 꼭대기에는 인상적인 코브 대성당인 성 콜맨 성당St. Coleman 's Cathedral이 있다. 이 섬들은 모두 현재 도로와 다리로 연결되어 있다. 리틀 아일랜드Little Island와 포타Fota는 다른 섬이다. 동쪽으로는 코크 하버Cork Harbour가 동쪽 페리로 연결되고 로체스 포인트Roches Point는 남쪽으로, 남서쪽에는 크로스 헤븐Crosshaven의 요트 센터가 있다.

축제

7월 : 개최되는 페스티벌 온 더
    (The Festival on the Hill)
8월 : 코브 인민 경마 대회
    (Cobh People 's Regatta)
9월 : 코브 인터내셔널 심해 낚시 축제
    (COBH International Deep Sea Angling Festival)

세인트 콜먼 대성당
St. Colman's Cathedral

세인트 콜먼 대성당 St. Colman's Cathedral은 코브의 거리 위에 솟아 있는 중요한 종교적 랜드마크이다. 유명한 교회 건축가 에드워드 웰비 푸긴  Edward Welby Pugin과 조지 아쉬린 George Ashlin의 작품으로 1868년에 시작된 공사는 완공까지 약 47년이 걸렸다. 세인트 콜먼 대성당 St. Colman's Cathedral을 방문해 정교한 건축물을 감상하고 49개의 종소리를 들으며 코크 하버 Cork Harbour의 전망을 감상할 수 있다. 예배 장소로 사용되고 있으므로 단정한 옷차림을 하고 예배에 대한 예의를 갖추고 입장해야 한다.

성당의 감상 포인트
19세기 언덕 성당에서 신 고딕 양식의 파사드를 감상하고 거대한 종소리를 듣고 정교한 조각을 찾아보자.

성당 입구
파사드의 신 고딕 디자인을 바라보면 정교하게 장식된 창문의 꼭대기에 서있는 성도들의 조각상을 볼 수 있다. 성당의 장엄함은 정시에 맞춰 도시 전체에 울려 퍼지는 성당 종의 종소리를 들으면 느낄 수 있다. 49개의 종들이 아일랜드와 영국을 통틀어 가장 큰 소리를 구성한다.

내부
들어가면 중앙 제단까지 쏟아져 들어가는 우아한 아치가 늘어서 있다. 정교한 조각을 통해 성 패트릭 시대부터 현재에 이르기까지 아일랜드의 교회 역사를 확인할 수 있다. 종교의 모든 것이 묘사되어 있다.

항구 조망
밖으로 다시 나오면 성당의 부지에서 코브 항구의 멋진 전망을 볼 수 있다. 코브는 1800년대에 호주와 미국으로 이주한 많은 아일랜드 주민들의 출발점이었다. 결과적으로 성당은 이주민들이 새로운 삶을 찾아 떠나기 전에 고국에서 마지막으로 보는 건축물 중 하나였을 것이다.

홈페이지_ www.discoverireland.ie **주소_** 5 Cathedral Terrace **시간_** 8~18시 **전화_** +353-21-481-3222

퀸즈타운 스토리 헤리티지 센터
Queenstown Story Heritage Centre

코브Cobh에는 타이타닉과 관련된 센터가 두 곳이 있는데, 하나는 타이타닉 체험관 Titanic experince cobh이고 또 하나가 이 곳이다. 타이타닉 체험관과 코브 대성당에서 걸어갈 수 있는 거리에 위치하고 있고, 코브 기차역도 바로 근처라 접근성이 뛰어나다. 다만 코브 기차역 안에 있는 것으로 생각할 수도 있는데, 헤리티지 센터 입구가 기차역처럼 생겨서 착각하기 쉽지만 코크로 나가기 위한 기차를 타기 위해서는 헤리티지 센터를 지나서 좀 더 걸어야 코브 기차역이 나온다.

미국으로의 이민 역사, 1차 세계 대전 당시 항만에 있었던 군대의 존재, 대서양 횡단 라이너의 시대, 호주로 가는 '죄수'수송의 어두운 기간을 설명하고 있다. 타이타닉의 마지막 승객의 마지막 출발, 아일랜드에서의 이민, 루시타니아Lusitania의 침몰과 같은 사건과 밀접한 관련이 있는 장소와 이야기가 설명이 되어 있다.

홈페이지_ www.cobhheritage.com
시간_ 9시 30분~17시(12, 16시에 가이드투어가 있다.)
전화_ +353-21-481-3592

퀸즈타운 이야기(Queenstown Story)

코크 항구(Cork Harbour)가 타이타닉 호의 마지막 항구라는 사실과 아일랜드 인들의 삶을 알게 된다. 영국 식민시절에 '퀸즈타운(Queenstown)'불렸다가 아일랜드 독립 후 코브(Cobh)라는 이름으로 돌아온 마을은 아일랜드의 이민, 교통, 크루즈 시대가 시작된 역사의 중심에 있다. 타이타닉 호(RMS)가 1912년 대서양을 횡단하여 치명적인 항해 전에 마지막 출발지로 유명하다. 123 명의 승객이 코브(Cobh)에서 탑승해 시작된 바다 건너의 희망적인 항해가 죽음의 투어가 된 이야기는 헤리티지 센터(Queenstown Story Heritage Centre)에서 가장 유명한 이야기이다.

루시타니아(Lusitania)

기념물이 있으며 그 중 많은 사람들이 코브(Cobh)의 오래된 교회묘지(Old Church Cemetery)에 묻혀 있다. 배는 독일 잠수함에 의해 1915년에 킨세일(Kinsale)에서 침몰 되었으며, 이는 미국을 전쟁에 참전하게 하는 사건이었으며, 생존자들은 코브(Cobh)로 되돌아 왔다.

타이타닉 익스피리언스 코브
Titanic Experience Cobh

타이타닉의 마지막 출항지였던 건물을 그대로 체험센터로 만들었다. 티켓을 구입하면 실제 체크인을 하는 것처럼 탑승권을 준다. 탑승권에는 1912년 4월 11일 목요일 코브^{Cobh}에서 침몰 직전에 마지막으로 타이타닉 호에 탑승한 123명 중 한 명의 신상 정보가 담겨있다. 직접 그 사람이 되는 것처럼 체험하는 것이라고 생각하면 된다. 퀸즈타운에서 뉴욕으로 간다고 적혀있고 소소한 전시물이 있다.
표를 받으면 바로 들어갈 수는 있지만 가

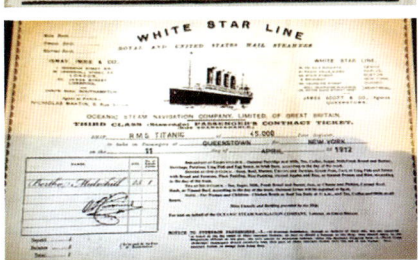

타이타닉(Titanic

코브(Cobh)는 과거에 퀸스 타운(Queens Town)의 활기찬 항구 도시였다. 이 작은 마을이 유명해진 것은 세계사에 족적을 남긴 중대한 사건 때문이었다. 1912년 4월 11일, 2000명이 넘는 사람을 태운 RMS 타이타닉 호는 코브(Cobh)에서 출항해 처음이자 마지막이 된 항해 길에 올랐다.

'가라앉지 않는' 배라는 별명을 가졌던 타이타닉 호는 벨파스트에서 건조되었으며, 코브(Cobh) 전역에 타이타닉 호의 유산이 다양한 모습으로 아로새겨져 있다. 코브(Cobh)에서 미국으로 이주한 250만 명의 이야기 중 하나를 항구 근처에 세워진 조각상으로 만들었다. 1892년 미국의 엘리스 섬에서 최초로 허가 받은 이민자 애니 무어를 기념하기 위해 만들어졌다. 웨스트본 플레이스에 있는 작은 기념비를 방문하거나, 타이타닉을 만든 해운 회사인 화이트 스타 라인의 매표소에서 당시의 체험을 할 수 있다.

이드의 안내에 맞춰 중간에 영상도 보여주고 맞춤으로 안내가 진행되어 가이드와 함께 이동하는 것이 좋다. 코브에서 뉴욕까지 2800마일, 약 4,056km로 북대서양을 가로질러 이동한다. 실제로 배를 탈 수 있었던 승선장이 그대로 남아 있어서 갑판처럼 꾸며둔 곳에서 바라볼 수 있다.

주소_ 20 Roger Casement Sq, White Star Line Building
시간_ 9~17시 30분 요금_ 9.5€
전화_ +353-21-481-4412

코브 박물관
Cobh Museum

19세기 스코틀랜드 교회를 개조한 작은 박물관이다. 코브 역사에 대해 설명한 사진과 그림, 모형으로 전시되어 있다.

시간_ 11~13 / 2~17시30분(월~토요일)
요금_ 4€(어린이 2€)
전화_ +353-21-481-4240

유령투어
Ghost Tour

코브Cobh의 유령 같은 역사를 발견하고, 항구의 해양 역사에서 어두운 역사를 듣고서 코크 항구를 1시간 정도 돌아다니  면 다 둘러볼 수 있다. 1912년 타이타닉 호(RMS)가 코크 항구에서 출발한 이래로 거의 변하지 않은 코브Cobh 마을의 어두워진 거리를 돌아다니면서 아일랜드를 감상하고 초자연적인 이야기를 듣게 된다. 젊은 아일랜드 출신의 유흥가의 유령, 필러스 바Pillars Bar의 유령, 지역 호텔에서 유령처럼 울부짖는 아이에 대해 듣는다.

영국 식민시절에 '퀸즈타운Queenstown'불렸다가 아일랜드 독립 후 코브Cobh라는 이름으로 돌아온 마을은 아일랜드의 이민, 교통, 크루즈 시대가 시작된 역사의 중심에 있다. 타이타닉 호(RMS)가 1912년 대서양을 횡단하여 치명적인 항해 전에 마지막 출발지로 유명하다. 123명의 승객이 코브Cobh에서 탑승해 시작된 바다 건너의 희망적인 항해가 죽음의 투어가 된 이야기를 들을 수 있다. 투어가 끝나고 분위기 있는 펍Pub에서 마지막으로 피의 칵테일이라며 건배를 하면서 끝이 난다.

밝은 색채로 꾸며진 집들

코브Cobh는 쾌적한 해안 마을로 코브 박물관에서 언덕 꼭대기로 가면 코브 마을의 사진을 찍는 핵심 포인트가 있다. 언덕에 나란히 붙어있는 집들이 밝은 색채로 꾸며져 관광객의 발길을 붙잡고 있다.

아일랜드 엑티비티 Best 5

1. 카약킹(Kayarking)

아일랜드는 비가 자주오고 이로 인해 다양한 강이 발달한 나라이다. 그래서 예부터 강을 따라 이동하는 교통수단인 발달했기 때문에 카약이 자주 사용되었다. 지금도 더블린 시내에 카약투어가 있고 각 지역마다 강을 따라 다양한 카약코스가 준비되어 있다. 더블린, 슬라이고, 킬케니 등은 카약킹이 투어상품으로 인기를 끌고 있는 도시이다.

2. 서핑(Surfing)

"아일랜드는 더운 나라도 아닌데 서핑이 가능해요?"라는 질문을 많이 받는다. 하지만 아일랜드에는 바다가 얕고 파도가 일정하게 만을 향해 들어오기 때문에 서핑을 할 수 있는 최적의 조건이다. 다만 비가 오는 쌀쌀한 날씨로 어려움이 예상되지만 아일랜드 인들은 쌀쌀하거나 비가와도 아랑곳하지 않고 서핑을 즐긴다. 서핑을 할 수 있는 지역에서는 어디나 서핑스쿨이 있어서 배울 수 있고 가격도 비싸지 않다. 딩글 반도의 인치비치(Inch Island)와 슬라이고 인근의 물라모어 해안에서 서핑이 인기 있는 바다이다.

3. 고래투어

고래투어는 근래 들어 꾸준히 인기가 늘어가고 있으며 아일랜드에선 최근에 고래투어가 생겨났다. 아일랜드 서부해안에서 투어가 가능하다. 아일랜드에서는 돌고래가 가장 흔하지만 쥐돌고래harbour porpoises와 흰부리돌고래white-beaked dolphins, 밍크고래minke whale까지 볼 수 있다. 범고래killer whales, 향유고래sperm whales, 참고래fin whales, 혹등고래humpback whales와 흰긴수염고래blue whales는 거의 볼 수 없다. 고래투어가 가장 인기가 높은 지역은 북부 지역이다. 수도인 더블린에서도 고래투어를 신청할 수 있지만 북부나 남부로 이동하여 고래투어를 하게 된다.

펀기(Fungi)

1984년 딩글 항구에 처음 모습을 나타낸 이래로 항구 주변에 살면서 지역 주민뿐 아니라 관광객들의 인기를 끌고 있는 펀기(Fungi)라고 불리는 수컷 주먹코 돌고래가 있다. 이 고래는 등대가 바라다 보이는 항구 입구에 살고 있으며, 많은 다큐멘터리와 영화, 광고 등의 주인공이 될 만큼 인간과 친숙하지만, 여전히 사람들이 주는 먹이를 받아먹지 않는 야생동물로 생활하고 있다.

펀기(Fungi)는 거의 항구를 떠나지 않는데 이에 대해 과학자나 동물학자들도 의아해 하고 있다. 매년 6~7월이 되면 항구 주변에 많은 돌고래들이 나타나는데 펀기(Fungi)는 이들과 어울려 놀기도 한다. 펀기(Fungi)를 보기 위한 보트투어가 있다.

4. 낚시(Fishing)

다른 나라와 달리 아일랜드는 수질이 깨끗하며, 산란을 위한 연어의 이동이 바다의 어업으로 인해 방해받지 않는다. 강에서 낚시를 하려면 보통 일주일 단위 패키지로 허가를 받아 예약을 해야 할 수 있다.(한화 5~10만 원으로 비싸다.) 바다낚시는 아일랜드 서부의 물라모어에서 즐길 수 있다.

5. 말타기

강인한 아일랜드 말은 독특한 종으로 켈트족 초기 정착민들이 데려 온 이 후로 순종을 유지해 왔다. 거친 날씨와 험한 지형에 순응해 왔기 때문에 현지의 조건에 이상적이다.
현재, 대부분의 말들은 레크레이션으로 이용되며 경마는 인기가 있는 스포츠 종목이다. 아일랜드 서부의 슬라이고Sligo 근교에서 1시간 코스의 말타기부터 일주일간의 승마코스를 제공하기도 한다.

6. 골프

아일랜드 전역에 60개 정도의 골프코스를 가지고 있다. 아일랜드 골프장은 인공적으로 만들기보다 대부분 있는 그대로의 초원 위에 조성하였다.
보통 5~9월까지 운영하므로 골프를 즐기고 싶다면 여름의 아일랜드 골프를 활용하자. 인기가 있는 골프장은 아름다운 경관의 서부 해안을 따라 조성된 골프장이 골퍼들이 주로 찾는 곳이다. 풀 패키지 상품이 아일랜드 여행사를 통해 예약할 수 있다.

블라니 성(Blamey Castle)

수백만 명이 방문한 세계적인 명소이자 아일랜드가 자랑하는 최고의 관광지인 블라니 성Blamey Castle은 코크 시내에서 자동차로 15분 정도 떨어진 곳에 있다. 블라니 캐슬Blamey Castle은 아일랜드 최고의 족장 중 한 명인 코맥Cormac MacCarthy이 약 6백 년 전에 세웠다. 큰 사랑을 받는 관광지로 발돋움하는데 가장 큰 기여를 한 것은 말을 잘하게 만든다는 바로 블라니 스톤Blarney Stone 때문이다.

블라니 스톤Blarney Stone에 입을 맞추면 달변이 된다는 전설 때문에 블라니 스톤Blarney Stone이 있는 탑의 꼭대기까지 올라가야 한다. 블라니 스톤Blarney Stone에 입맞춤을 하려면 손으로 철 기둥을 잡고, 몸을 뒤로 젖히면 블라니 스톤Blarney Stone에 맞출 수 있지만 쉽지 않기 때문에 도와주는 직원이 있다. 이 때문인지 블라니 성과 정원Blarney Castle & Gardens을 들어가려면 입장료를 지불(입장료 18€)해야 한다. 나올 때 블라니 스톤에서 입맞춤하는 장면을 찍은 사진을 판매하고 있으나 대부분은 다른 사람에게 부탁하여 사진을 찍기 때문에 구입하는 경우는 거의 없다.

블라니 스톤 Blarney Stone

돌의 기원은 다양하다. 확실한 것은 행동은 하지 않고 끝없이 변명을 늘어놓으며 떠들어대기만 하는 것이 못마땅하여 붙인 이름이다. 영국의 처칠과 월터 스콧 경에서부터 미국 대통령, 각국의 지도자들 및 세계적인 연예인에 이르기까지 이 돌에 입을 맞추고 신비한 능력을 갖게 된 사람들이 많다고 하니 달변이 되고픈 사람이라면 한 번 시도해 보자.

탑에 올라가면 탁 트인 전망에서 보는 정원이 가슴을 탁 트이게 만든다. 끝없이 펼쳐진 평원에 오랜 세월을 지킨 나무와 숲이 인상적이다. 성 주변에는 수백 년 된 나무가 자라는 아름다운 정원과 호수, 시냇물이 흐르는 산책로가 있어서 연인들의 데이트 장소로도 유명하다.

블라니 스톤의 기원

200년이 넘는 세월동안 세계 정치가, 문학가 등은 물론이며 수백만 명의 관광객이 블라니 스톤Blarney Stone에게 키스하고 달변의 선물을 얻기 위해 계단을 오르고 있다. 그 능력은 의심의 여지가 없지만 그 이야기는 여전히 논쟁이 있다.

옛날, 방문객들은 발목을 붙들어 매고, 먼저 발을 딛고 머리를 낮추어야 했다. 오늘날은 방문객의 안전에 신중하여 직원이 상시 대기하고 있다. 돌은 성벽에 세워져 있어서 키스를 하려면 난간 산책로에서 뒤쪽으로 기울여야 한다. 철제 난간을 잡고 키스를 하면 돌이 달변을 선물로 준다고 한다.

1. 예언자 예레미야가 아일랜드에 가져온 야곱 베개라고 말하기도 한다. 여기에서 치명적인 돌Lia Fail이 되었고, 이는 왕들을 위해 일종의 아일랜드 왕의 신탁 왕좌로 사용되었다.

2. 다른 사람들은 십자군 원정에서 아일랜드로 돌아온 돌일지도 모른다고 말한다. 그 돌 뒤에는 다윗이 조나단의 충고(사울)에서 도망쳤을 때 숨겨진 '돌의 돌Ezel'이라고 하기도 한다. 기원의 진실이 무엇이든, 사람들은 믿음을 통해 매일 블라니 스톤Blarney Stone에 입맞춤을 하고 있다.

정원(Gardens)

사실 블라니 성Blarney Castle의 입장료가 저렴하지는 않다. 그래서 그냥 지나쳐 가는 관광객도 많지만 가족이나 연인과 함께라면 정원을 꼭 둘러볼 것을 추천한다.
다양한 산책로가 마련되어 있어 아일랜드의 자연을 맛볼 수 있는 좋은 기회이다. 이 정원까지 다 둘러보면 입장료가 아깝지는 않다.

Dingle Peninsula
딩글 반도

Dingle Peninsula

아일랜드 문화를 계승하기 위해 아일랜드의 모국어인 게일어Gaelic Language사용지역을 '겔탁트Gealtacht'로 지정하였다. 겔탁트Gealtacht 지역으로 지정된 마을은 게일어로만 표기가 되어 있다. 아일랜드 여행객들은 영어가 아닌 철자를 보고 당황하기도 한다. 겔탁트 지역은 주로 아일랜드 서부에 집중되어 있고 남부에서는 딩글 반도Dingle Peninsula가 대표적인 곳이다.

딩글 반도Dingle Peninsula는 길이 48km, 폭 8~19km정도의 면적으로 육지에서 대서양쪽으로 돌출된 남서쪽의 밑에서 4번째로 튀어나온 반도지역이다. 슬리에브 미시Slieve Mish 산맥에서 흘러나온 용암이 식어 화강암이 띠를 두르고 있고 맥길리커디스 릭스MacGillycuddy's Reeks 산맥이 케리 지방Kerry Region의 북쪽으로 이루어져 있다.

딩글 반도Dingle Peninsula 여행은 북쪽의 트라네Tralee나 남쪽의Killarney킬라니에서 시작된다. 캐슬마인Castlemaine에서 R561도로를 타면 딩글 반도Dingle Peninsula로 들어섰다고 판단할 수 있다.

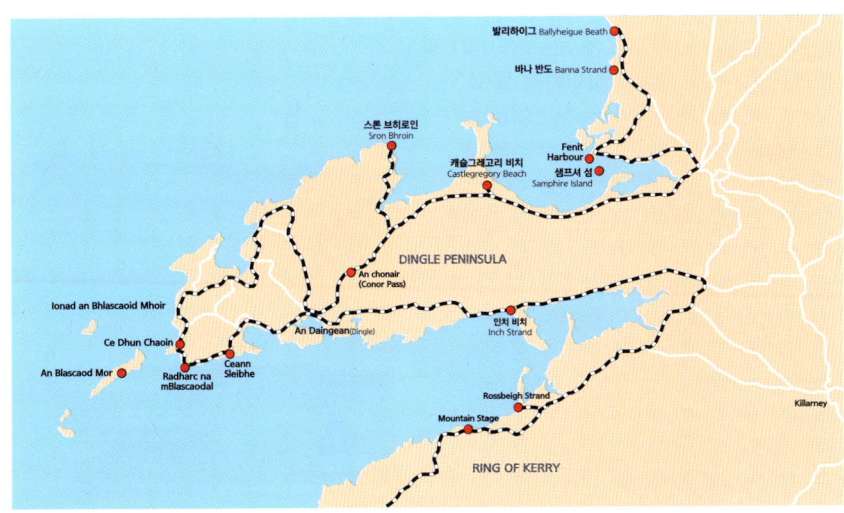

인치 비치
Inch Beach

딩글 반도 Dingle Peninsula의 첫 여행지는 인치해변이다. 아일랜드의 강인함을 볼 수 있는 곳이 인치 비치 Inch Beach일 것이다. 날씨가 따뜻한 날이면 인치 비치 Inch Beach에는 일광욕을 하려는 현지인과 해수욕을 즐기는 젊은이들로 붐빈다. 인치 비치는 한여름이라고 해도 의외로 추워서 한기가 오는데 아일랜드 인들은 춥다고 하면서 햇빛에 몸을 내맡기고 있다.

인치 비치 Inch Beach는 아일랜드에서 서핑을 하는 인기지역이다. 아침부터 학생들은 서핑을 배우고 하루 종일 서핑을 타는 젊은이들도 많다. 해변 어디에나 서핑을 가르쳐준다는 문구가 붙어있고 관광객들은 그 서핑을 타는 사람들의 멋진 장면을 사진에 옮기려고 한다.

딩글 타운
Dingle Town

딩글 반도Dingle Peninsula의 중심이 되는 딩글 타운Dingle Town은 관광객을 대상으로 삶을 이어가는 마을이다. 1862년, 매카시 J.J McCarthy와 오코넬O'Connell이 설계한 신고딕 양식의 세인트 메리 교회 St. Mary's Church가 있고 다양한 아일랜드 펍Pub과 레스토랑이 여행자에게 신선함으로 다가오는 마을이다. 이곳의 펍Pub에서 아일랜드의 전통음악을 쉽게 들을 수 있다. 관광객도 아일랜드 음악을 듣기 위해 발길을 머무는 장소이다.

매년 6~7월이 되면 항구 주변에 많은 돌고래들이 나타나 고래투어가 활발히 진행된다. 펑기Fungi라고 불리는 수컷 주먹코 돌고래가 관심의 대상이다. 1984년 딩글Dingle 항구에 처음 모습을 나타낸 이래로 항구 주변에 살면서 관광객들의 인기를 끌고 있다.

이 고래는 등대가 보이는 항구 입구에 있으면서 다큐멘터리와 영화, 광고의 주인공이 될 만큼 인간과 친숙하다. 그런데 특이하게 인간과 친숙한데도 사람들이 주는 먹이를 받아먹지 않는 야생생활을 하고 있다.

비하이브 허츠
Beehive Huts

R561에서 R559도로로 바뀌면 딩글 반도의 서쪽에 가깝다는 표시이다. 비하이브 허츠Beehive Huts이라고 하는 벌집형 유적을 보게 된다. 바닷가에는 양떼들이 바다 절벽에서 한가로이 풀을 뜯고 있는 모습이 반전적으로 보인다.

바다절벽의 위험성과 한가롭게 있는 양떼의 풍경은 대조적이라 끌리게 되는 듯하다. 딩글 투어Dingle Tour는 여기서 휴식을 취하게 된다.

슬리 해드
Slea Head

비하이브 허츠Beehive Huts지나고 '슬리 해드Slea Head'라고 하는 반도의 머리부분에 십자가에 못 박힌 그리스도상을 세워놓은 장소가 있다.

슬리 해드Slea Head에서 구불구불한 도로를 따라가는 사이에 작은 섬과 함께 전방으로 낯익은 모래사장이 보인다. '스타워즈 라스트제다이'의 촬영장소라는 안내판이 있다.

갈라루스 예배당
Gallarus Oratory

7세기에서 9세기 사이에 수도사들이 세운 것으로 추정되는 초기 그리스도교 교회로 딩글 반도의 스머윅Smerwick 항구가 바라다 보이는 속에 있다. 뒤집힌 배 모양을 하고 있는데 동쪽벽에 나 있는 로만틱 양식의 창문으로 보아 12세기 이후에 세운 것으로 주장하는 사람들도 있다.
건축 방식은 접착제 없이 사암으로 차곡차곡 쌓아 신석기시대 무덤을 만들던 방식이며 태양이 예배당의 창문에 오르면 영혼이 정화 된다고 생각하여 선조들은 아침에 떠오른 태양을 향해 아침기도를 저녁에 노을을 보며 감사기도를 했다고 전해온다.

던퀸
Dunquin (Dún Chaoin)

퀸Caon의 거점인 서쪽 마을 케리 아일랜드 에 있는 겔탁트Gaeltacht 마을이다. 던퀸Dunquin은 블라스킷 섬Blasket Islands이 내려다 보이는 딩글 반도Dingle Peninsula의 가장 서쪽 끝에 있다. 10°27'16"W에서 아일랜드에서 가장 서쪽에 위치한 정착지인 인근 던모어 해드Dunmore Head는 아일랜드 본토에서 가장 서쪽에 있는 지점이다.

페이그 세이어스Peig Sayers가 살았던 블라디킷 섬Blasket Islands의 전망이 있는 극적인 절벽에 장관이 있다. 마을의 박물관은 섬의 유명한 작가를 포함하여 블라스킷Blaskets과 그곳에 살았던 사람들의 삶에

갈라루스 예배당

대한 이야기를 전달하고 있다. 스페인 함대가 아일랜드를 통해 귀국한 1588년에 많은 배들이 던퀸Dún Chaoin과 섬 사이의 블라스킷 사운드Blasket Sound에서 피난처를 찾다가 일부는 난파되기도 했다. 기념탑은 현장이 내려다 보이는 절벽 위에 있다. 던퀸Dunquin은 딩글 반도의 대부분을 차지하는 179㎞의 순환 산책로인 딩글 웨이Dingle Way에 있다.

코너 패스(Conor Pass)

렌트카로 여행하려고 한다면 딩글 반도의 절경 포인트인 '코너 패스'까지 보아야 한다. 언덕에 올라가면서 차는 힘겨워하고 오르면 호수와 강, 울퉁불퉁한 암면, 안개에 휩쓸려 무엇인가 나타날 것 같은 어둠에 휘감긴 굴곡진 길은 딩글 반도(Dingle Peninsula)를 환상적으로 볼 수 있는 포토 포인트이다. 좁은 길이 이어지고 휘어진 길의 가려진 시야는 우리나라의 대관령 고개를 넘는 것 같다는 이야기를 누구나 하게 만든다.

딩글 반도의 양떼들
Dingle Peninsula sheep

딩글 반도Dingle Peninsula에서 처음부터 끝까지 보는 동물은 양들이다. 양들이 한, 두 마리가 한가로이 풀을 뜯어 먹는 장면부터 절벽에서 떨어져 도로로 나오기도 하며, 떼로 길을 가로막고 이동하는 모습도 볼 수 있다.

리머릭(Limerick)

아일랜드 남서부에 있는 리머릭Limerick은 인구는 약 91,000명의 작은 도시이지만 있을 것은 다 있는 경제규모로 아일랜드 제3의 도시이다. 공업과 상업이 중심으로 제분업은 아일랜드 제1이지만 농기구, 베이컨, 유제품이 주된 산업이다.

골웨이, 코크의 대도시까지 2시간 미만이면 도착할 수 있으며, 더블린까지는 버스로 2시간 30분이 소요된다. 1시간 정도거리에 있는 아일랜드의 가장 큰 자연공원인 킬라니 국립공원을 방문할 수 있다. 리머릭Limerick 시의 서쪽 25km에 섀넌 공항Shannon Airport이 있다.

리머릭 대학교(UL)라는 큰 대학과 대기업들이 있고 세계 상위의 보안 수준과 레스토랑, 대형 쇼핑센터, 영화관 등 모든 종류의 엔터테인먼트서비스를 통해 생활의 편안함을 누리는 도시로 시민들의 만족도가 높은 도시이다. 리머릭Limerick에 사는 시민들은 매우 친절하며 아일랜드의 문화와 전통을 매우 자랑스럽게 생각하고 최선을 다해 문화를 보존, 발전시키기 위해 노력하고 있다.

문화의 도시
리머릭Limerick은 2014년에 처음으로 아일랜드에서 문화의 도시로 지정되어 전시, 공연, 문화 체험 등 많은 행사들이 진행되면서 문화 중심적인 도시로 부흥시키는 데 기여했다. 리머릭의 주변은 자연의 아름다움과 많은 이야기가 숨어있는 곳이 많다.

국제 도시
리머릭은 지속적으로 다국적 기업을 지원하고 100여 개국에서 온 학생들이 리머릭 대학에 파견되어 세계 각국의 전문가들이 찾고 있는 도시이다. 이곳에서 다양한 문화와 일자리 등 새로운 기회를 찾을 수 있는 기회의 도시이다.

Ring of Kerry
링 오브 케리

Ring of Kerry

링 오브 케리Ring of Kerry는 딩글 반도Dingle Peninsula와 함께 반도를 여행하는 긴 여행코스로 남서부 여행의 대표적인 관광지이다. 링 오브 케리는 처음 여행을 어디서부터 시작을 해야 할지 난감하다. 킬라니Killarney에서 시작하여 이베라 반도Beara Peninsula 주변을 돌아 켄메어Kenmare와 스니엠Sneem, 카허시빈Cahersiveen, 글렌베이Glenbeigh 등을 지나는 도로로 길이는 약 170km이다.

아일랜드에서도 자연 그대로의 자연을 느껴볼 수 있는 신비한 일주도로인 링 오브 케리Ring of Kerry는 오래 전에 세워진 오검 스톤Ogham Stones 요새와 고대 수도원 등 역사적 유적지는 물론이고, 자전거, 트레킹을 기본으로 가족여행객이 주로 수상 스포츠와 낚시를 할 수 있고 골프 등의 휴양지로서 아일랜드에서 최고의 장소로 인정받고 있다.

About 링 오브 케리(Ring of Kerry)
링 오브 케리Ring of Kerry의 관광은 대부분 킬라니 국립공원Killarney National Park 안의 머크로스Muckross부터 시작한다. 링 오브 케리Ring of Kerry는 여러 길이 있어서 혼동하는 경우가 많다. 아일랜드에서 가장 긴 도보로 갈 수 있는 케리웨이Kerry Way라는 도로가 있으며 세인트 피니언스 만St. Finian's Bay과 발렌시아 섬Valencia Island으로 가는 여러 길이 있다.

1. 킬라니Killarne에서 남부의 N71에서 N70 도로를 따라 내려가면 켄메어를 지나 스니엠Sneem, 데리난 하우스Derrynane House을 돌아 북쪽으로 올라간다. 케허시번Cahersiveen과 켈스Kells 등의 N70 해안 도로를 따라가는 도로가 반지처럼 동그랗게 돌아가는 N70도로를 링 오브 케리Ring of Kerry라고 부르는 것이다.

2. 링 오브 케리Ring of Kerry에는 던로 계곡을 빠져, 몰스 갭Moll's Gap 주변 도로에서 R568을 타고 서쪽으로 가면 스님Sneem에서 케리 일주 도로로 들어간다. 링 어브 케리는 이베라 반도를 일주하는 도로를 말한다. 자전거를 즐기는 여행자의 모습을 많이 볼 수 있다.

킬라니 국립공원
Killarney National Park

도로를 따라가다 보면 여러 관광지들이 있는데, 킬라니Killarney 근처에 있는 머크로스 하우스Muckross House와 스테이크 포트Staigue Fort, 다리네인 하우스Darrynane House, 다니엘 오코넬Daniel O' Connell이 태어난 곳 등이 있다. 킬라니Killarney 남쪽에 있는 로스 캐슬Ross Castle과 린 호수Lough Leane, 그리고 아름다운 경치를 바라볼 수 있는 지점인 귀부인의 전망대Ladies View도 있다.

아일랜드 남서부 몬스터 주 케리 카운티에 있는 킬라니 국립공원Killarney National Park은 원래 머크로스Muckross의 일부였으나 켄메어Kenmare 백작이 토지를 사들이면서 지금의 103㎢에 달하는 지역을 포함하게 되었고 켄메어 백작이 땅을 기부하면서 전체를 국립공원으로 지정하게 되었다.

킬라니 호수Killarney Lake를 비롯해서 3개의 호수와 호수를 둘러싼 맹거턴, 토크, 셔히, 퍼플 산으로 둘러싸여 있다. 아일랜드에서 보기 드문 붉은 사슴을 볼 수 있는 유일한 장소이기도 하다. 1981년에 유네스코에 의해 세계자연유산으로 지정된 후 더 많은 관광객이 찾고 있다.

킬라니(Killarney)

킬라니Killarney는 아일랜드 남서부에 위치한 아름다운 자연으로 유명하다. 킬라니Killarney는 작은 마을이지만 관광용 마차가 거리를 달리는 활기찬 킬라니 국립공원 내에 있는 도시이다. 킬라니Killarney는 토르크 폭포Torc Waterfall를 시작으로 킬라니 국립공원Killarney National Park을 따라 여행을 하다 보면 색다른 아일랜드를 느낄 수 있다. 도시 킬라니Killarney가 링 오브 케리Ring of Kerry의 여행을 시작하는 거점으로 더블린에서 하루 전에 내려와 다음날 대부분 링 오브 케리Ring of Kerry 여행을 시작한다.

토르크폭포(Torc Waterfall)

킬라니Killarney에서 켄메어Kenmare로 가는 도로 옆에 있는 18m의 작은 폭포이다. 폭포수는 계곡을 따라 머크로스 호수Muckross Lake로 들어간다. 마법에 걸려 낮에는 사람, 밤에는 멧돼지로 변하는 한 남자는 사랑하는 여인이 있었지만 자신의 비밀이 드러나 헤어질 것을 두려워한 나머지, 불덩이로 변해 돌진하여 만들어진 폭포라고 전해 내려온다. 한 여자를 사랑했으나 이루지 못한 한 많은 눈물이 폭포수가 되어 끊임없이 흘러내린다고 한다.

머크로스 하우스(Muckross House) & 수도원(Muckross Abbey)

아일랜드에서 내 아이와 함께 꼭 다녀오는 여행지는 단연 머크로스Muckross 지역이다. 머크로스Muckross에는 옛 아일랜드 인들이 살았던 현장을 재현해 자녀가 자연스럽게 아일랜드에 대해 알 수 있도록 만들어 놓은 일종의 교육현장이다.
머크로스Muckross지역은 넓은 잔디와 호수, 옛 아일랜드 인들의 모습을 재현해 아일랜드 인의 삶을 배울 수 있는 장소인 것이다.
▶입장료 9€

1448년에 프란체스카 수도회에 의해 만들어진 머크로스 수도원Muckross Abbey은 1653년 영국과의 전쟁에서 크롬웰 군대에 의해 파괴되어 지붕 없이 건물만 남아있다. 머크로스 하우스와 정원Muckross House & Garden은 19세기 맨션하우스로 호수와 정원을 조망하도록 호수와 멀지 않은 곳에 입구가 있다.

홈페이지 www.muckross-house.ie

몰스 갭(Moll's Gap)

킬라니Killarney에서 N71도로를 따라 내려오면 아름다운 자연이 곳곳에 펼쳐진다. 그 중에 가장 인상적인 언덕이 몰스 갭Moll's Gap이다. 언덕에는 경치를 즐기는 관광객을 위해 주차장이 있어서 충분히 시간을 투자해 경치를 즐길 수 있다.

로스캐슬(Ross Castle)

중세시대의 아일랜드 지방 영주 캐슬의 모습을 잘 나타내는 건축물로 1420년도에 세워졌다. 주변에는 린 호수Lough Leane가 있고 이 호수를 이용하여 외부의 침입을 막기 위한 해자를 만들었다. 1653년 크롬웰Cromwell 군대의 침략을 받았던 이곳은 현재 내부 관람이 가능하며, 16~17세기의 가구들이 비치되어 있어 당시의 주택문화를 엿볼 수 있다.

홈페이지_ www.heritageireland.ie/en/South--West/RossCastle
입장료_ 4€

> ### 귀부인의 전망대(Ladies View)
>
> 영국의 빅토리아여왕이 아일랜드를 여행하다가 계획에 없던 골짜기 사이를 걸으며 호수와 사이사이 이어지는 나무들이 뿜어내는 향기와 풍경에 넋을 잃고 멈추고 가슴깊이 심호흡하고 여행을 이어갔다고 한다. 그래서 이후에 귀부인의 전망대(Ladies View)라고 부른다.

아보카 몰스 갭(Avoca Moll's Gap)

놀라운 전망이 있는 카페로 스콘과 샐러드의 조합이 좋다. 신선한 야채 샐러드와 과일이 있고 밑에 펼쳐진 아름다운 전망을 보면서 식사를 하는 즐거움이 있는 곳이다.

시간_ 9시 30분~17시 30분
전화_ +353-64-663-4720

던로 계곡(Gap of Dunloe)

마차가 다니던 길이 지금의 자동차 도로로 바뀌었기 때문에 도로 폭이 좁고 구불구불하여 자동차 운전이 쉽지는 않아 좁은 도로에 마차가 달리고 있다. 마차가 대기하고 있는 케이트 키라니 코타지Kate Kearney's Cottage가 나오고, 높고 험한 산에 둘러싸인 강, 폭포, 호수가 구불구불한 골짜기가 아일랜드 최고봉인 맥길리커디스 릭스Macgillycddy's Reeks로 이어진다.

도로 폭이 좁아 소형 자동차나 경차가 적합하고 도로가 구불구불하기 때문에 속도를 줄이고 풍경을 감상하면서 조심조심 운전해야 한다.

글레닌샤킨 공원(전화 : +353 64 662 3200)

켄메어
Kenmare

켄메어Kenmare는 소박한 마을로 교회Holy Cross Church를 중심으로 광장이 형성되어 있다. 또한 광장에는 장이 서는 데, 주위의 다른 타운에 비해서 큰 장Market이 서고 상점이 많아 본격적인 링 오브 케리Ring of Kerry 여행을 시작하기 전에 장을 보고 출발하면 좋은 장소이다.

글레닌샤킨 공원(Gleninchaquin Park)
좁은 길에 산, 강, 폭포를 볼 수 있는 공원으로 하이킹을 할 수 있는 데 아름다운 풍경 사진을 담을 수 있는 공원이다.

홀리 크로스 교회(Holy Cross Church)
입구의 캘틱 십자가를 볼 수 있는 극단적인 직선을 강조한 교회이다. 내부에는 스테인드글라스가 아름다게 수놓아 있다.

전화_ +353-64-41233

이베라 반도
Iveragh Peninsula

링 오브 케리를 가는 가장 서쪽의 작은 반도이다. N70도로에서 R567도로로 바뀌는 지점이 이베라 반도 Iveragh Peninsula가 시작되는 지점이다. 반도의 서쪽에 맥길리커디스 릭스 산맥 Macgillycuddy's Reeks이 지나고 동쪽에는 링 오브 케리 Ring of Kerry N70 도로가 지나고 북쪽에는 발렌시아 섬 Valencia Island이 있다. 반도에는 포트마기 Portmagee, 워터빌 Waterville, 카허다니엘 Caherdaniel 등의 작은 타운이 있다.

워터빌(Waterville)

채플린의 별장이 있던 작은 마을로 관광객은 찰리 채플린의 동상에서 사진을 찍고 이동하기 때문에 워터빌에서 오래 머물지는 않는다.

스켈리그 링(Skellig Ring)

유네스코에 등재된 돌섬 스켈리그 마이클Skillig Michael은 초기 기독교 교회의 유적이 남아 있는 곳이다. 5~9월까지 배가 운행하기 때문에 넘어가기가 쉽지 않다.

발렌시아 섬 브래이(Valencia Island Bray)

발렌시아 섬은 육로로 이어지는데, 스켈리그 링 끝단 포트마기Portmagee에서 다리를 건너면 발렌시아 섬으로 들어갈 수 있다. 섬으로 들어가 왼쪽 도로를 따라가 주차하고 걸어서 언덕을 넘어가면 브래이 헤드Bray Head가 나온다.

포트마기 Portmagee에서 다리를 건너 발렌시아 섬으로 들어가 오른쪽 길로 가다가 채플타운Chapeltown 사거리에서 좌회전하여 올라가면 슬레이트의 발굴 현장Slate Quarry 사인 보드를 볼 수 있다. 커다란 동굴 같은 슬레이트의 발굴 현장인데 동굴 위 그로토Grotto에 서 있는 성모마리아상은 작업의 안전을 기원하는 것이다.
그로토Grotto는 둥근 돔으로 된 인공적으로 만든 작은 동굴을 의미한다.

스켈리그 마이클
Skellig Michael

전 세계적으로 유명한 스켈리그 두 개의 돌섬은 세계적으로 유명하다. 초기 기독교의 수도원이 잘 보존되어 있어, 고고학의 관심을 받으며 유네스코 세계문화유산에 등재되었다.

아일랜드 케리 카운티 이베라 반도 끝 포트마기에서 약 12㎞를 돌아가면, 하늘로 솟은 돌길을 따라 구름까지 오르면 수도사들의 삶터인 돌 움막에 도착한다. 스켈리그 마이클 정상에 있는 수도원에 오르는 길을 따라가면 높이 구름까지 오르면 수도사들이 쌓아 올린 돌집 움막과 성당이 있다.

아일랜드에 있는 유네스코 세계문화유산 3

아일랜드에는 유네스코 세계문화유산에 등재된 곳이 세 곳 있는데 더블린 북쪽 보인 지역 (Meath 지역)에 있는 뉴그랜드 Newgrange, 북아일랜드 엔트림에 있는 쟈이언트 코즈웨이(Giant's Causeway) 그리고 스켈리그 마이클(Skellig Michael)이다.

스켈리그 마이클(Skellig Michael)은 두 개의 섬으로 이루어져 있는데 작은 섬은 '리틀 스켈리그', 큰 섬을 '그레이트 스켈리그'라고 부른다. 스켈리그 마이클은 통상적으로 그레이트 스켈리그에 간다는 것을 말한다. 길이 800m, 폭 400m이, 높이 20m에 달하는 바위섬 스켈리그 마이클의 정상에는 1200년 전에 지은 수도원이 지금까지 보존되어 있다.
홈페이지 : www.skelligexperience.com

리틀 스켈리그(Little Skellig)
27,000쌍에 달하는 커다란 북양가마우지(Gannet - 부비새류)에서 작은 쇠바다 제비Stormy Petrel가 서식하고 있어, 조류학 연구 분야에서 세계적인 명성을 얻고 있다. 실제로 리틀 스켈리그는 세계에서 두 번째로 큰 북양가마우지 서식지이다.

Kerry Cliffs
시원하게 치는 파도와 장엄한 절벽의 해안선은 장관이다. 가파른 절벽에 걷기 좋게 만들어 놓은 길은 쉽게 케리 절벽을 볼 수 있도록 만들어 놓았다.

카허시빈
Cahersiveen

19세기 가톨릭 해방운동의 영웅 다니엘 오코넬Daniel O'Connell이 태어난 마을인 카허시빈Cahersiveen은 영웅의 도시라고는 보이지 않을 정도로 작은 마을이다. 작은 마을에 커다란 다니엘 오코넬 메모리얼 교회Daniel O'Connell Memorial Church는 오코넬을 기리는 마을 사람들의 마음을 알 수 있다.

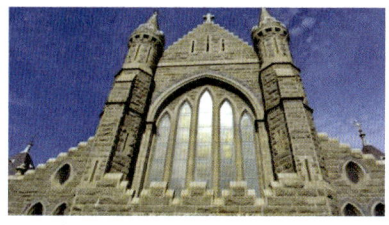

발리카버리 성(Ballycarbery Castle)
카허시빈Cahersiveen에서 3㎞정도 떨어진 바닷가 근처의 중세 성으로 20세기 초에 허물어졌다. 발리카버리 성Ballycarbery Castle은 전형적인 중세식의 전형적인 탑Tower형의 성으로 영주가 사용하였다. 지금은 허물어져 성의 단면만 남아 있다. 오랜 세월의 흔적으로 벽을 따라 끼어있는 이끼가 성을 지키고 있는 것 같다.

전화_ +353-66-947-2777

와일드 아틀란틱 웨이(Wild Atlantic Way)

와일드 아틀란틱 웨이는 남부의 코크 킨세일에서 북부의 도니갈 말린헤드까지의 2,500㎞로 뻗은 세계 최장의 해안도로를 일컫는 말로 아일랜드 정부는 아일랜드의 관광 홍보를 위해 아름다운 대서양을 맞대고 있는 아름다운 서부해안을 따라 나있는 해안도로Coastal Route의 이름을 정했다. 끝없는 가능성의 2,500㎞ 이상에서 아름답고 장엄한 풍경에서 자신을 찾을 수 있는 길을 찾을 수 있다고 말한다. 아일랜드 해안 도로를 따라서 떠나는 여행을 자전거와 자동차로 여행하는 여행자를 주 타켓으로 한다.
와일드 아틀란틱 웨이Wild Atlantic Way는 6개 지역으로 나누어 홍보하고 있다. 북부의 헤드Northern Head, 서프 코스트The Surf Coast, 베이 코스트The Bay Coast, 클리프 코스트The Cliff Coast, 남부 반도Southern Peninsula, 해븐 코스트The Haven Coast이다.

북부 헤드(Northern Head)

활발한 절벽, 손길이 닿지 않은 울퉁불퉁한 바위와 길들이지 않은 정신으로 인해, 도네갈Donegal의 노던 해드랜드Northern Headlands가 핵심지역이다. 와일드 애틀랜틱 웨이Wild Atlantic Way의 가장 먼 지역인 마린 헤드Malin Head와 도네갈 타운Donegal Town사이에는 거대한 빙하가 있는 계곡이 있고 아직도 아일랜드어를 사용하는 겔탁트Gaeltacht 지역과 북부 야생지역이 포함되어 있다.

서프 코스트(The Surf Coast)

먼 섬과 울퉁불퉁한 도로까지 슬라이고Sligo와 마요Mayo의 서핑 해안Surf Coast은 와일드 아틀란틱 웨이Wild Atlantic Way의 가장 아름다운 굴곡이 있는 만 중 하나이다. 도네갈 타운Donegal Town에서 에리스Erris의 모험에 이르기까지 역사와 신비로운 전설을 배경으로 홀로 온 여행자를 유혹하고 있다. 특히 초보부터 전문가까지 모두 즐길 수 있는 서핑을 할 수 있다.

베이 코스트(The Bay Coast)

마요Mayo의 야생지역이 골웨이Galway의 해변으로 연결되는 곳에서 해안Bay Coast을 발견 할 것이다. 골웨이 베이Galway Bay와 함께 에리스Erris의 맑은 해안을 연결하는 것은 농가와 해변, 섬으로 이어지는 해안 도로이다.

클리프 코스트(The Cliff Coast)

대표적인 도시인 클레어Clare, 골웨이Galway, 케리Kerry까지 절벽의 해안Cliff Coast을 자랑한다. 땅이 파도에 빠지면 절벽은 장엄한 해안을 따라 풍경을 여행자에게 보여준다. 모허 절벽Cliffs of Moher은 아일랜드에서 가장 장엄한 장관을 제공하는 것으로 유명하다.

남부 페닌 술라(Southern Peninsula)

남부 반도Southern Peninsula에서는 남부 코크Cork의 울창한 삼림 지대로 남쪽 반도인 케리 지역을 둘러싼 도로(링처럼 보인다고 하여 링 오브 케리 Ring of kerry라고 부른다.)를 따라 트레킹, 자전거, 바다 카약과 같은 엑티비티를 즐기는 곳으로 개발되고 있다.

해븐 코스트(The Haven Coast)

볼티모어Voltimore에서 킨세일Kinsale까지 신선한 요리재료, 고대 무덤, 조용한 해안이 야생 동물과 다양한 요리를 제공하는 지역으로 발전시키고 있다. 아일랜드에서 가장 호로운 요리, 자연적인 야생 동물, 아름다운 풍경에서 관광업을 활성화하고 있다.

275

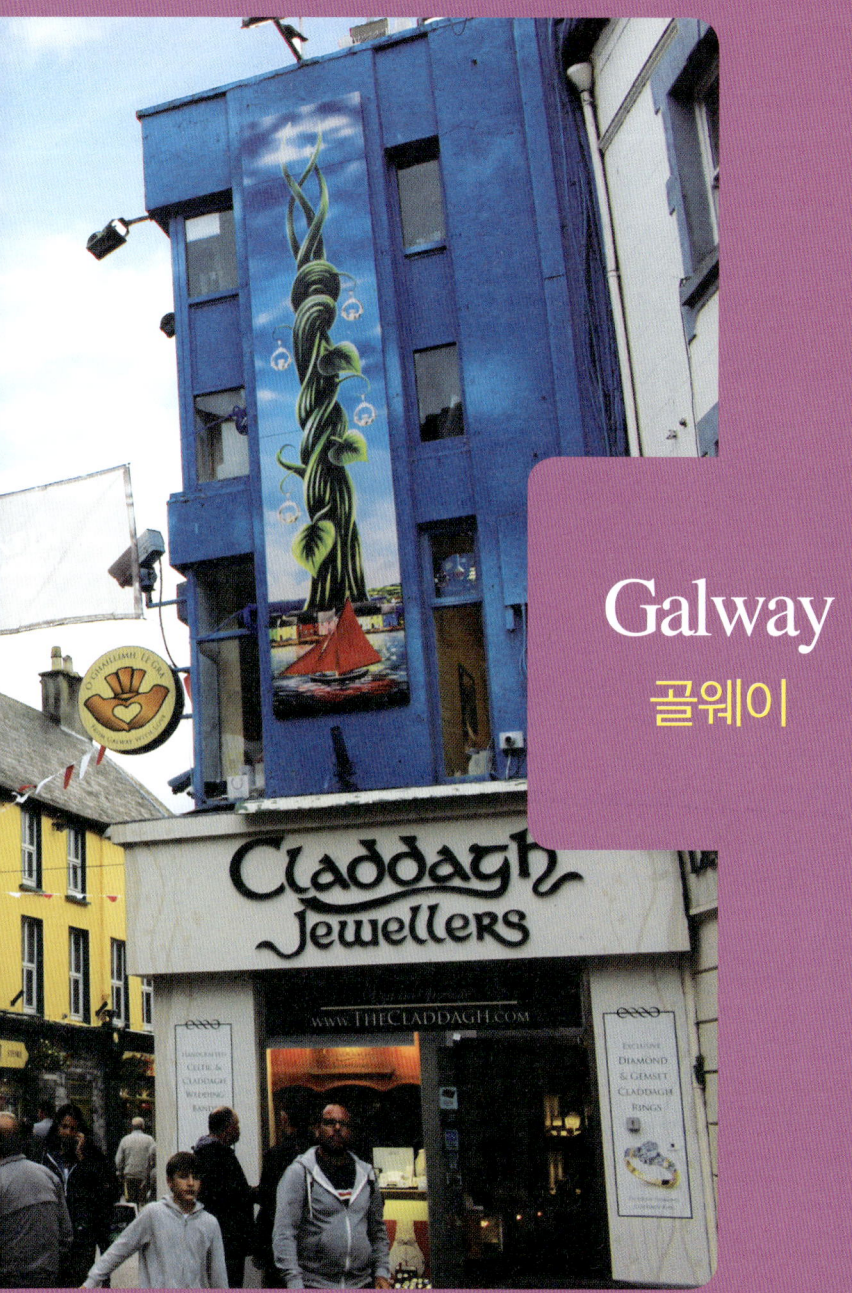

Galway
골웨이

Galway

아일랜드 서쪽에 위치한 골웨이는 흥미로운 중세의 역사를 간직하고 있는 아름다운 건축물로 유명하다. 풍요로운 문학적 배경, 생동하는 음악계와 미술계, 멋진 건축물을 갖춘 골웨이Galway는 아일랜드의 '문화 중심지'라 불린다.

골웨이는 아일랜드의 문화 중심지로 자부심을 갖고 있다. 도시 밖으로 당일 여행을 떠나 으스스한 풍경을 배경으로 서 있는 오래된 성을 감상하는 것도 좋다.

골웨이 사계절

북대서양 변의 한적한 위치에 자리 잡고 있는 골웨이는 연중 온난한 기후이다. 겨울에는 최고기온이 평균 9℃(화씨 48도)를 기록하며, 성수기인 여름에는 최고기온이 평균 19℃(화씨 66도)를 기록한다.

다양한 축제

축제 일정에 방문 일정을 맞추는 것도 좋다. 여름에는 골웨이 경주, 골웨이 성당 리사이틀, 아일랜드 최고의 미술 행사라 여겨지는 골웨이 미술 축제가 열린다. 9월에 열리는 골웨이 국제 굴 축제에는 전 세계의 미식가들이 몰려온다.

골웨이 IN

아일랜드 서부에 있는 골웨이는 버스터미널이 도시 안에서 가까워 이동하기가 편하다. 더블린에서 약 3시간 45분이면 도착하는 코치버스가 매일 운행하기 때문에 더블린에서 이동하는 여행자가 많은 도시이다. 더블린에서 투어를 신청해서 골웨이에서 내려 골웨이 여행을 하고 다시 더블린으로 돌아가는 여행자도 많다.

골웨이에 가려면 섀넌 공항Shanon Airport이나 노크의 아일랜드 웨스트 공항을 이용한다. 둘 다 골웨이에서 약 90㎞ 거리에 있다. 더블린에서 골웨이까지 기차를 2~2시간 30분 정도 걸려 이용할 수도 있다.

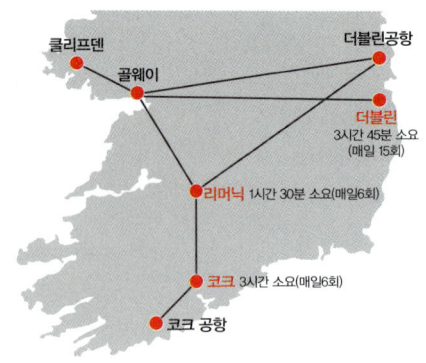

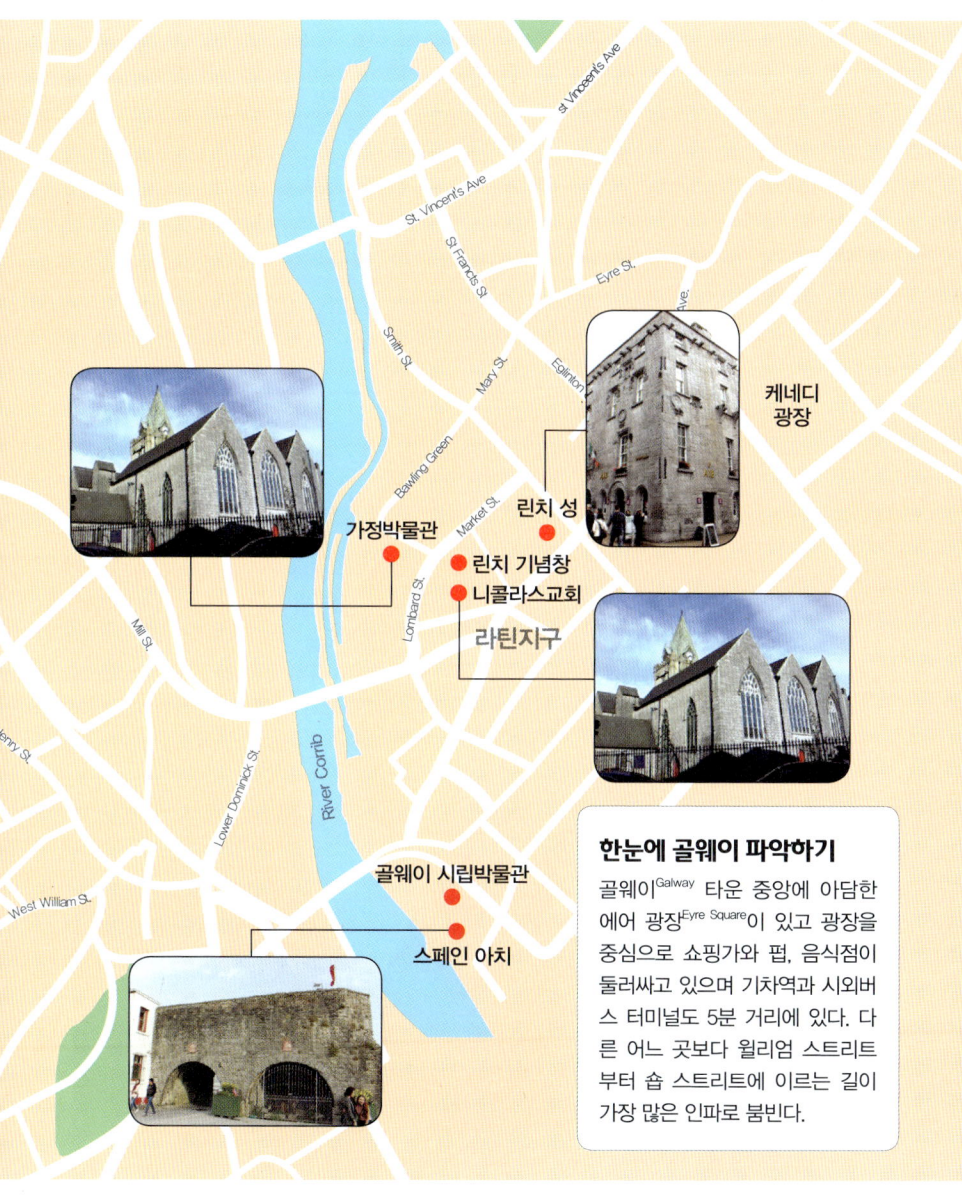

한눈에 골웨이 파악하기

골웨이^{Galway} 타운 중앙에 아담한 에어 광장$^{Eyre\ Square}$이 있고 광장을 중심으로 쇼핑가와 펍, 음식점이 둘러싸고 있으며 기차역과 시외버스 터미널도 5분 거리에 있다. 다른 어느 곳보다 윌리엄 스트리트부터 숍 스트리트에 이르는 길이 가장 많은 인파로 붐빈다.

골웨이(Galway) 1박 2일 코스

도보를 이용해 주요 관광지를 돌아볼 수 있을 정도로 도시는 작다. 조각품으로 가득한 에어 광장을 낮 시간에, 이어서 성 니콜라스 대성당과 린치 성을 방문해 골웨이가 자랑하는 중세 건축물을 감상한다. 코리브 강 건너편의 골웨이 성당은 르네상스 디자인에서 영감을 받아 20세기에 세워졌다.

아일랜드에서 더블린만큼 골웨이는 활기에 넘치는 도시이다. 오후에 골웨이 시립박물관로 이동해 북적이는 사람들과 흥겨운 분위기를 만날 수 있다. 골웨이 시립박물관의 개성 강한 건물에 들어서면 수준 높은 전시를 볼 수 있다. 인근의 스페인 아치는 1580년대에 세워진 성벽 중 일부이다. 저녁에는 라틴 지구의 선술집, 재즈바, 생맥주 가게, 극장, 코미디 클럽 중 취향에 맞는 곳을 골라 활기찬 분위기에 취해 보자. 라틴 지구 중간에는 오스카 와일드와 에두아르드 빌데가 벤치에 앉아 서로 마주보는 모습의 동상도 있다.

도시 밖으로 나가 킬레모어 수도원, 빅토리아 월드 가든이나 개성 강한 클리프덴 마을을 방문하고 차로 30분 거리에 있는 던귀에어 성에서는 중세식 만찬을 즐길 수 있다.

에어 광장
Eyre Square

에어 광장Eyre Square은 골웨이 중심에 있는 직사각형 모양의 광장으로 골웨이 Galway의 쇼핑 거리 근처에 있어 관광을 즐기다 잠시 쉬거나 여유를 갖기에 좋다. 도시의 분주함에서 벗어나 한가롭게 쉴 수 있는 에어 광장Eyre Square에서 동상이나 기념비, 예술 작품 등을 볼 수 있다. 여름이라면 나무 사이를 걷다가 그늘에 앉아 주변 경치를 보면서 청동상 둘레의

작은 분수대 주위를 뛰어다니며 노는 아이들을 바라보며 여유로운 휴식을 즐길 수 있다. 장미 덤불과 다양한 꽃으로 둘러싸인 편안한 분위기에서 휴식을 취하는 시민들을 볼 수 있다. 광장 한 쪽에는 보행자 전용 도로도 있어서 윌리엄 거리와 숍 거리의 상업 거리를 걸으며 주변을 구경할 수 있다.

에어 광장은 골웨이 시내 중심에서 코리브 강 바로 동쪽에 있다.

광장의 모습

1963년에 연설을 위해 에어 광장Eyre Square을 방문한 존 F. 케네디 미국 전 대통령의 반신 초상도 있다. 17세기 집의 입구였던 브라운 문은 1904년에 애비게이트 거리에서 옮겨져 현재 광장의 중앙에 있다.

독립 전쟁의 영웅인 리암 멜로우즈 동상과 통합된 골웨이 시의 500년을 기념하는 500주년 분수, 아일랜드 어선의 빨간색 돛 모형 등도 있다.

공식 명칭

광장에 나무가 처음 심어진 것은 1600년대로 에어 광장Eyre Square의 이름은 18세기 시장 에드워드 에어Edward Eyre의 이름을 본 딴 것이다. 하지만 미국의 케네디 대통령 암살 이후로 공식 이름이 '케네디 기념공원'으로 변경되었지만 시민들은 아직도 에어 광장Eyre Square으로 부른다.

주소_ American House Eyre Square
전화_ +353-91-563-081

클라다 반지(Claddagh Ring)'의 발상지

세인트 니콜라스 교회(St. Nicholas Collegiate Church)를 둘러싸고 있는 거리에는 치즈, 올리브 식초절임, 크레페, 베이글, 꽃, 양초, 춘권, 그리고 초밥까지 다양한 상품과 식품을 파는 거리시장도 열린다. 이 거리시장은 '클라다 반지(Claddagh Ring)'의 발상지로도 유명하다. 지금은 골웨이 어느 귀금속 상점이나 기념품점에서도 이 반지를 구입할 수 있을 만큼 아일랜드를 대표하는 관광 상품이 되었다. 왕관을 쓴 하트를 양쪽에서 손으로 잡고 있는 디자인의 클라다 반지에서 왕관은 충성 Loyality, 하트 모양은 사랑을 그리고 두 손은 우정(또는 관계)을 의미한다.

애인이나 남편이 있는 사람은 하트의 뾰족한 쪽이 손목을 향해(심장을 향하고 있음을 뜻함) 끼고 애인을 구하는 사람은 반대로 하트의 뾰족한 쪽이 손톱을 향하게 (다른 사람을 향해) 끼우는 것이다. 이 클라다 지역은 스페인 아치(Spanish Arch)에서 울프 톤 다리를 건너 남쪽에 있다.

'부족 도시(City of the Tribes)'라는 별명

중세시대 14개의 부유한 부족들이 지배했던 곳이라 부족 도시 City of the Tribes라는 별명도 갖고 있는 골웨이는 문화 전통의 색이 강하다. 특히 여름에는 골웨이 축제가 많이 열리는데 그중에서도 9월 말에 있는 오이스터 축제가 가장 화려하고 이색적이다.

▶www.discoverirdland.ie/west

EATING

오코넬
O'Connell 's

식료품 상점과 같이 운영하는 작은 술집이었지만 1970년대부터 전문적인 펍Pub으로 운영하고 있다. 앤티크 분위기로 스테인드글라스 창문이 정말 멋진 곳이다. 오코넬O'Connell 's은 현지 시민들이 더 많이 찾는 인기 장소로 2006년 이후에 확장하면서 골웨이에서 가장 유명한 야외 맥주 정원을 만들었다. 난방이 가능하기 때문에 겨울철에도 운영하고 있다고 한다.

홈페이지_ www.oconnellsbargalway.com
주소_ Eyre Square, East Villige
전화_ +353-91-563-634

가르베이스 인
Garveys Inn

에어광장Eyre Square 코너에 위치한 가르베이스 인Garveys Inn은 서쪽에서 기네스 최고의 파인트 중 하나로 레스토랑에서 맛있는 스낵, 샌드위치, 차와 커피 및 코스 요리도 즐길 수 있다.

홈페이지_ www.garveysinn.com
주소_ Eyre Square, East Villige
전화_ +353-091-562224

라틴지구
The Latin Quarter

다양한 유형의 상점과 레스토랑이 몰려 있고 골웨이에서 가장 활기찬 거리로 걸어서 다니다 보면 버스킹이 계속 있어 즐거운 음악을 들으며 하루 종일 있을 수 있는 장소이다. 미들 거리 Middle Street에 있는 라틴지구는 북쪽에는 오스카 와일드 Oscar Wild 에스토니아의 에두아르두 와일드 Eduard Wild의 동상부터 남쪽은 유명한 피쉬 앤 칩스 맛집인 맥도우 Mc Dough's까지이다.

버스킹의 천국

아일랜드를 버스킹의 천국이라고 한다. 그 대표적인 도시가 더블린과 골웨이이다. 골웨이의 라틴지구에는 매일 낮에 다양한 버스킹이 길거리에서 이루어지고 관광객과 현지인들은 버스킹을 즐긴다. 저녁이 되면 펍Pub에서 공연이 이루어지고 밤 늦게까지 활기찬 라틴지구는 시간 가는 줄 모르고 즐기게 된다.

오스카 와일드
& 에두아르도 빌데 동상
Eduard Vilde & Oscar Wilde

골웨이의 라틴지구의 북쪽 끝에 있는 동상으로 에스토니아 예술가인 티우 키르시푸Tiiu Kirsipuu가 제작한 청동색 동상으로 화강암 벤치에 앉아있는 아일랜드 작가인 오스카 와일드Oscar Wilde(1854~1900)와 에스토니아 작가인 에두아르도 빌데Eduard Vilde(1856~1933) 사이에 진지한 대화가 열리는 것을 가정해 만든 예술작품이다. 원래 1999년 작품은 에스토니아 제2의 도시인 타르투Tartu에서 제작된 것의 복제품인 이 작품은 2004년 아일랜드가 EU에 가입했을 때 에스토니아에서 온 선물이다. 두 명의 인물 사이에 앉아 사진을 찍는 경우가 많다.

아일랜드의 골웨이에 동상이 있는 이유

소련의 에스토니아 점령은 1991년 8월 20일에 끝났고 작은 발틱 국가 중 하나인 에스토니아는 공화국을 선언했다. 일주일 만에 아일랜드는 공식적으로 에스토니아 공화국을 인정했다. 2년 후인 2001년 메리 멕아레세Mary McAleese 아일랜드 대통령이 에스토니아를 방문했을 때, 에스토니아 대통령은 그녀에게 양국의 주민들이 즐기는 문화, 춤 및 음악에 대한 사랑을 찬양하는 연설로 아일랜드 대통령을 맞이했다.

메리 멕아레세Mary McAleese 아일랜드 대통령은 아일랜드에 동상의 사본을 제작하는 것을 지속적인 우호의 상징으로 제시했다. 골웨이가 동상의 장소로 선정되었다. 타르투와 마찬가지로 문화, 춤, 음악의 도시이기 때문이다.

작품 오스카 와일드 & 에두아르도 빌데 동상 설명

두 명의 저술가 오스카 와일드(Oscar Wilde)와 에두아르도 빌데(Eduard Vilde)는 동시대의 사람들이었다. 그러나 그들은 별개의 삶을 살았고, 그들은 결코 만난 적이 없다. 그럼에도 불구하고 그들은 골웨이에 함께 있다. 두 사람은 결코 만난 적이 없지만 오늘날까지 두 사람 모두 존경을 받고 있는 인물이어서, 동상에서 오스카와 에두아르드가 이야기를 나누고 소설이나 연극을 복잡하게 엮어 낸 것처럼 이 동상에서 두 사람의 이야기뿐만 아니라 두 나라의 이야기를 담고 있다.

에두아르도 빌데(Eduard Vilde)

에두아르도 빌데Eduard Vilde는 오스카 와일드Oscar Wilde처럼 시, 연극, 이야기 및 소설을 썼다. 그는 솔직한 작품을 쓰면서 1890년대 에스토니아에서 소련의 통치에 반대하여 몇 년 동안 자신의 나라에서 추방당했다. 그러나 에드아르도Eduard는 오스카 와일드처럼 세련된 양복을 입고 작품을 쓰기 좋아하는 사람이었다.

가장 세련된 옷을 입고 가장 세련된 카페에서 가장 세련된 커피를 마시고 가장 세련된 안경을 통해 신문을 읽었다고 한다. 그의 작품에는 사회적 양심이 있었다. 그는 오스카 와일드처럼 부자들과 가난한 사람들에게 중요했던 것에 관해 썼다.

오스카 와일드(Oscar Wilde)

오스카 와일드Oscar Wilde 자신의 이야기는 그가 쓰는 이야기만큼이나 잘 알려져 있다. 그는 옥스퍼드대학에서 교육받은 고전 학자였다. 자신이 살았던 딱딱한 사회에 대한 비판을 했다. 결국, 1895년에 '심한 폭력 행위'로 투옥되었을 때 그는 자신이 가지고 있던 모든 파멸을 맛보았다. 세련된 옷차림과 세련된 태도, 세련된 서체로 유명했던 그는 오늘날 그의 세련된 위트를 가진 것으로 유명하다. 그는 정기적으로 환상적인 저녁식사 손님리스트를 작성하고 그들과 함께 식사를 했던 것으로 유명하다.

맛집의 천국

아일랜드의 대표적인 음식을 생각한다면 아무것도 없다. 아일랜드는 가난한 영국의 식민지로 살았던 나라로 18세기에는 대기근을 겪으며 인구의 1/3이 줄어든 가난한 나라였다. 하지만 영국으로부터 독립을 하면서 새로운 그들만의 문화를 만들고 작가들이 성장하여 애국심 강한 문학으로 아일랜드를 표현했다. 아일랜드의 대표적인 항구를 기반으로 한 생선으로 만드는 해산물요리와 피쉬 앤 칩스 맛집은 골웨이에 몰려 있다.

피쉬 앤 칩스 맥도우
Mc Dough's

피쉬 앤 칩스로 아일랜드에서 가장 유명한 음식점이다. 피쉬 앱 칩스와 해산물요리를 나누어서 빠르게 고객에게 제공하고 있다. 골웨이나 모허 절벽 투어 중에 가이드도 소개해 줄 정도로 유명하다.
기다릴 시간이 있다면 해산물요리를 추천하고 기다리기 싫다면 피쉬 앤 칩스 줄로 옮기면 빠르게 먹을 수 있다. 맥주는 팔지 않지만 앞에 있는 펍Pub에서 맥주를 사와서 먹어도 된다. 앞 펍Pub도 많은 맥주를 팔기 때문에 맥도우에서 먹을 거냐고 물어볼 정도로 많기 때문에 미안해하지 말고 주문하자.

주소_ 22 Quay Street
시간_ 12~23시
요금_ 피쉬 앤 칩스 8.5€~
전화_ +353-91-565-001

케이 스트리트 키친
The Quay Street Kitchen

퀘이 스트리트Quay Street 중심에 있는 펍 Pub이자 레스토랑이다. 아일랜드에서 기다리면서 먹는 레스토랑은 맥도우Mc Dough's와 이곳일 것이다. 두껍고 푸짐한 풍미를 입안에 가득 채우는 굴과 해산물, 버거와 스테이크까지 다양하게 먹을 수 있다.

주소_ Quay Street
시간_ 11시 45분~22시 30분
요금_ 피쉬 앤 칩스 8.5€~
전화_ +353-91-865-680

소니 몰리
Sonny Molloy's

라틴 지구 Latin Quarter에 있는 펍 Pub이자 레스토랑이다. 원래 건물은 1600년대에 지어진 중세 건물로 서점이었지만 소니 몰리 Sonny Molloy가 운영하면서 펍 Pub으로 바꾸었다. 소니 몰리가 운영했던 때와 동일하게 지금도 유지하고 있다.

라틴 지구에 있기 때문에 항상 사람들로 붐비고 활기차다. 전통 아일랜드 요리인 매쉬 Mash도 있지만 대부분의 관광객은 피쉬 앤 칩스, 피자 등과 기네스 맥주를 마신다. 'A toast to Sonny'라는 말로 소니에 대한 경의를 표하면 직원은 놀라면서 어떻게 그 문구를 아느냐며 관심을 보일 것이다.

홈페이지_ www.sonnymolloysbar.com
주소_ High Street, Latin Quarter
전화_ +353-91-565-757

킹스 헤드
Kings Head

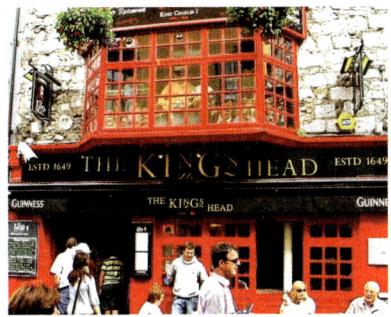

킹스 헤드 Kings Head는 가장 역사가 깊은 골웨이의 펍 Pub을 대표하는 곳이다. 골웨이의 펍 Pub에서 라이브 음악을 즐기는 대표적인 곳으로 유명하다. 800년이 넘은 건물 내부에는 400년 된 벽난로도 있다. 1649년에 찰스 1세 Charles 1st의 별명이었던 '킹스 헤드'로 펍 Pub의 이름을 따왔다.

메인 스테이지 Main Stage에서 매일 밤 라이브 음악을 들을 수 있고, 운이 좋다면 정기적으로 메가 피트 Megabeat와 피라미드 Pyramid와 같은 아일랜드 최고의 밴드가 공연을 하기도 한다. 매주 수요일에 아일랜드 댄서들의 공연 Trad at the Head도 볼 수 있다.

킹스 헤드 Kings Head에서는 11~22시까지 레스토랑으로도 운영하고 있는데 신선한 현지 계절 재료로 Irish Platter, Fish & Chips, 찐 굴요리를 제공한다.

홈페이지_ www.thekingshead.ie
주소_ High Street, Latin Quarter
전화_ +353-91-566-630

블레이크 코너 바
Blake's Corner Bar

엘링톤 스트리트Eglinton St와 메리 스트리트Mary St가 만나는 역사적인 블레이크 코너Blake's Corner에 위치해 있다. 에어 광장Eyre Square에서 타운 홀 극장Town Hall Theatre과 골웨이 대성당Galway's Cathedral으로 가는 길에 있다. 골웨이 부족Tribes of Galway의 창립자이자 골웨이 도시 최초의 시장인 존 블레이크John Blake(1487~1488)의 이름을 딴 모퉁이 바Bar이자 레스토랑이다. 2002년에 시작한 위스키 브랜드인 페르세 위스키Persse's Whisky양조장을 가지고 있어 위스키를 마시고 싶은 관광객도 많이 찾고 있다.

블레이크 코너 바Blake's Corner Bar는 현대적인 바로 엄선된 맥주와 위스키로 현지에서 조달된 신선한 해산물음식과 함께 즐길 수 있다.

홈페이지_ www.blakesbargalway.com
주소_ Eglinton Street, Latin Quarter
전화_ +353-91-530-333

다일 바
Dáil Bar

크로스 스트리트Cross Street와 미들 스트리트Middle Street의 교차점에 위치한 다일 바Dáil Bar는 장난감 가게였지만 현재 골웨이의 가장 유명한 스포츠 바Bar 중 하나로 콘낙트 럭비Connacht Rugby의 스폰서이기도 하다. 다른 펍Pub이나 바Bar처럼 레스토랑의 역할도 하고 있어 음식의 주문도 가능하다. 아일랜드 위스키인 블랜디Blended, 그레인Grain, 멀트Malt, 팟 스틸Pot Stilled 아일랜드 위스키시음도 가능하고 저녁부터 라이브 음악을 즐길 수 있다.

홈페이지_ www.thedailbar.com
주소_ Cross Street, Latin Quarter
전화_ +353-91-563-777

린치 캐슬
Lynch's Castle

애비게이트 거리Abbeygate Street와 숍 거리 Shop Street 모퉁이에 있는 린치 캐슬은 우리가 아는 '린치를 가하다'라는 단어를 만든 장소가 아니다. 린치를 뜻하는 어원의 장소는 '린치 메모리얼The Lynch Memorial'로 구별해야 한다.

아일랜드에서 가장 훌륭한 성 중 하나로 1,300년대에 지어진 블럭Block이 많은 석조의 집이다. 그러나 400년 전에 원래 구조의 대부분이 대체되었다. 린치 캐슬Lynchs Castle은 석조 벽돌로 헨리 7세의 문장을 비롯한 몇 가지 뛰어난 기능이 있는데 가르고레스gargoyles는 성을 감시하고 있고 고울스ghouls와 악령을 막아주고 있다. 15~16세기에 골웨이에서 강력한 힘을 가졌던 가문의 캐슬로 석회석을 사용하여 고딕양식으로 다시 건립하였다.

아일랜드에서 일반 상인들이 돈을 벌어 부자가 되면 마을에다 개인 소유의 성을 세우던 15~16세기 무렵에 건축된 것이다. 오랜 세월이 흘렀으나 건축 당시의 부유한 상인의 집 모습이 그대로 남아 있다. 캐슬 외벽에는 다양한 모습의 돌 조각들이 남아 있으며 창문도 장식되어 있다.

골웨이에 있는 유일한 비종교적 중세 건물이다. 골웨이의 역사적 우수성을 분명하게 상기시켜주는 4층 건물로 1930년 린치 성Lynchs Castle은 연합군의 아일랜드 은행Allied Irish Banks에 의해 구입되어 지금은 은행으로 사용되고 있으며, 일반인에게 개방되는 작은 박물관(은행의 업무시간)도 있다.

주소_ Lynch's Castle 40 Shop Street
전화_ +353-91-567-041

린치 메모리얼
The Lynch Memorial

골웨이에는 린치에 대한 관광명소가 2곳이 있다. 린치 캐슬은 라틴 지구 안에 있어 찾기가 쉽지만 린치 메모리얼 문은 찾기가 힘들다. 제임스 린치 피츠 스테판 James Lynch FitzStephen은 1493년 골웨이의 시장이자 치안판사였다. 그의 아들이 여자친구의 라이벌인 스페인 상인 선원의 살해 혐의로 기소되었을 때, 린치Lynch Sr는 개인적으로 사형 집행인으로 행동했으며, '린치lynch'의 표현의 근원이기도 하다. 증서가 진술된 창문은 마이라Myra의 세인트 니콜라스 대학Collegiate Church of Myra 묘지 근처에 있다. 린치 메모리얼 창문The Lynch Memorial Window만 따로 에어 광장위에 위치해 있다.

주소_ Market Street
전화_ +353-91-563-081

린치(lynch)

법적 절차 없이 폭력을 가하는 것을 말하고, 죄보다 형이 무거운 것을 지칭한다. 영어로 lynch는 일반적으로 알려진 '잘못한 녀석한테 폭력으로 벌을 준다'가 아니라 잘못한 녀석을 판결 없이 죽인다는 뜻으로 사용되기 때문에 주의해야 한다.

린치의 2가지 이야기

1. 아일랜드

골웨이의 이야기 중 하나로 1493년 골웨이 제임스 린치 피츠 스테판의 시장과 치안 판사는 자신의 아들을 자기 집 창문에서 교수형에 처했다. 린치의 아들은 여자 친구와 사건 가족을 돌보는 스페인 선원 한 명을 살해했다고 고백했다. 아무도 시장의 아들에 대해 판결을 수행할 수 없을 때, 린치 판사는 은둔 생활로 은퇴하기 전에 정의가 승리했음을 확인하기 위해 아들 자신을 교수형시켰다. 이 사건 이후 전 세계에 알려져 기념관에는 현재, 세인트 니콜라스 교회(St. Nicholas 's Church)의 묘지 근처의 Market Street에 있는 고딕 양식의 출입구 위의 돌에 매립되어 있다.

2. 미국

18세기 미국의 개척시대 서부에서는 동부의 발전된 도시와 달리 시설이 매우 조악하였다. 특히 사법기관이 매우 부족하여 각종 흉악 범죄에 대한 대비가 극히 미비했다. 1774년 미국 버지니아 주의 치안판사로 부임한 찰스 린치는 이와 같은 상황을 타개하고자, 용의자라고 생각되는 자를 적법한 절차를 생략하고 사형시킬 수 있는 '사형법'을 만들게 된다. 이 때부터 치안판사 린치의 이름을 따 적법한 절차를 밟지 않고 사람에게 폭력을 가하는 행위를 '린치를 가하다'라고 표현하게 되었다.

세인트 니콜라스 교회
St. Nicholas Collegiate Church

아일랜드에서 가장 큰 중세 양식의 교회로 1320년에 작은 교회로 건축하였으나, 16세기에 골웨이가 번창하면서 교회의 남쪽, 북쪽 복도와 종탑 등을 증축하면서 큰 교회로 변모하면서 세인트 니콜라스에게 봉헌되었다.

세인트 니콜라스(St. Nicholas)
4세기 무렵 리시아(Lycia) 지방 미라(Myra)의 대주교였으나 오늘날에는 산타클로스(Santa Claus)로 알려져 있고 중세시대에는 뱃사람들의 수호신으로 숭배되었다. 아메리카를 발견한 콜럼버스가 아메리카 항해를 확신했던 아일랜드의 수사 세인트 브렌던(St. Brendan)의 이야기에서 영감을 얻은 뒤, 1477년에 이곳을 참배하기도 하였다고 전해진다.

스페인 아치
Spanish Arch

골웨이의 강과 바다가 만나는 곳인 코리브Corrib제방 둑에 있는데, 골웨이Galway 시립박물관으로 들어가는 입구로 사용하고 있다. 막상 스페인 아치를 찾아보게 되면 작고 초라한 모습에 실망을 하게 되지만 문 앞에 있는 잔디밭에 피크닉을 나온 사람들을 보면서 여유를 즐기는 모습에 위안을 얻게 된다.

스페인 아치Spanish Arch는 16세기에 상선의 약탈을 막기 위해 골웨이 성벽에 연결해서 세운 요새의 일부이다. 스페인 아치로 불리게 된 유래는 19세기에 스페인 상선이 정박하여 스페인 상인들이 상륙하면서부터 선원들이 출입을 빈번하게 하면서 불리게 되었다. 클라이어 세리단Claire Sheridan이 조각한 나무 조각이 특징적이다.

주소_ Spanish Arch
전화_ +353-91-569-600

로스트 마리너스 메모리얼
Lost Mariner's Memorial

스페인 아치 옆에 있는 기념비로 16세기에 어촌이었던 골웨이에 콜럼버스가 여기에 마지막 지점을 표시한 것을 기념하기 하기위해 만들어졌다. 배로 새로운 지점을 찾아가는 네비게이션 역할을 하는 선원의 기술을 가르치는 W.J. 울리W.J. Woolley가 만들게 되었다.

주소_ R336 Spanish Arch

골웨이 시립 박물관
Galway City Museum

2006년에 세워져 1,000여 개의 전시품을 소장하고 있는 골웨이 시립박물관Galway City Museum에서 선사 시대부터 현재까지 골웨이 시와 관련된 다양한 자료를 확인할 수 있다. 골웨이 시립박물관Galway City Museum은 수 세기 동안 이어진 골웨이 역

사와 관련된 자료를 모아둔 곳이다. 선사시대의 유물을 포함해 전쟁, 지역 문화와 관련된 내용을 전시하고 있다. 박물관의 멀티미디어 프레젠테이션, 전시를 통해 골웨이의 역사에 대해 알 수 있다.
코리브 강Corrib River 근처에 있는 골웨이 시립박물관Galway City Museum은 강과 바다가 보이는 부두의 스페인 아치Spanish Arch 옆에 있다.

전시 설명

1층
루츠 투 더 패스트(Routes to the Past)라는 상시 전시회가 열려 고고학적인 자료로 골웨이의 선사시대를 확인하는 곳이다. 중세는 골웨이 위딘 더 월스(Galway Within the Walls) 섹션에서 전시되고 있다. 16세기 성곽의 남은 부분인 스페인 아치 Spanish Arch도 볼 수 있다.

2층
과학을 주제로 전시하여 아이들과 함께 가족들이 주로 찾는다.

주요 볼거리
1600년대 초의 유물인 '시빅 소드(Civic Sword)'와 박물관 전시를 위해 제작된 전통 갈색 돛의 골웨이 배도 볼 수 있다. 골웨이 시장이었던 에드워드 에어가 마을에 선물한 18세기 유물 '그레이트 메이스(Great Mace)'도 볼 만하다.

주소_ Galway City Museum Spanish Parade
전화_ +353-91-532-460

솔트힐 비치와 산책로
Salthill Beaches

바닷가를 따라 산책하기에 좋은 해안으로 날씨가 좋으면 피크닉을 즐기거나 수영과 다이빙을 즐기는 사람들로 가득하다. 현지인들이 수영을 즐긴다고 무턱대고 수영을 한다면 의외로 추워 다시 옷을 입게 될 수 있으니 미리 확인하고 수영을 즐기는 것이 좋다. 가장 기억에 남는 것은 밤하늘에 가득한 별들을 보는 것도 해진 후에 즐거움으로 남아있다.

해안을 따라 시작되는 산책로는 클라다리Claddagh Bridge표지판을 보고 따라 가면 나온다. 약 5㎞를 해안과 강가를 따라 만들어져 현지인들은 주로 산책과 자전거를 탄다. 또한 데이트 장소로 인기가 높고 아름다운 풍경을 즐길 수 있는 곳이다.

주소_ 157/159 Upper Salthill
전화_ +353-91-563-081

골웨이 항구
Galway Docks

항구에 정착지가 마련된 것은 성이 건설된 1100년대 초기였다. 13세기에 항구는 중요한 교역 장소로 발전하였다. 골웨이는 과거 천년이 넘는 기간 동안 골웨이 항구를 중심으로 발전해 왔다. 골웨이 항구Galway Docks는 수 세기 동안 바다를 휘저은 어선으로 빨간색 돛이 특징적인 골웨이 배의 정착지이다. 항구는 흥미로운 유적지가 있는 애런 제도 여행의 출발점이기도 하다.

항구에서 보이는 다양한 색상의 집들은 더욱 매력적인 분위기를 연출한다. 항구를 걸으며 골웨이 해변과 줄지어 늘어선 요트를 볼 수 있다. 해질녘 알록달록한 색의 하늘이 비친 물가를 배경으로 물 위에 떠 있는 여러 보트를 사진에 담는 관광객도 보인다. 호텔에 숙박하며 바다가 보이는 레스토랑에서 식사를 즐기는 것도 좋은 생각이다. 골웨이 항구에서 배를 타고 골웨이 해변의 멋진 전경을 감상하거나, 역사적인 스페인 아치와 다양한 색의 집들을 구경하고 바다를 보며 레스토랑에서 맛있는 식사도 즐겨보자.

골웨이 항구는 코리브 강이 바다와 만나는 지점인 골웨이 중심에서 동쪽으로 약 1.5km 떨어진 곳에 있다.

> **애런 제도로 출발하는 크루즈**
>
> 항구에서 출발해 아일랜드 게일어가 제1언어로 사용되는 애런 제도로 출발할 수 있다. 애런 제도에는 기원전 1500년의 선사 시대 돌로 이루어진 바위투성이 절벽으로 유명한 세계문화유산으로 지정된 던 앵거스가 있다.

골웨이 대성당
Galway Cathedral

골웨이 성당Galway Cathedral은 시내의 북서쪽에 있는 코리브 강Corrib River 서쪽 근처에 있다. 존 F. 케네디 미국 전 대통령이 방문하기도 했던 현대식 교회인 골웨이 성당Galway Cathedral은 장미꽃 모양의 창문과 아름다운 장식의 외관을 갖추고 있다. 녹색 돔 지붕은 골웨이에서 볼 수 있는 가장 유명하고 특징적인 모습이다. 인상적인 골웨이 성당Galway Cathedral은 1900년대 중반에 건설된 현대적 건축물이다. 녹색과 회색으로 된 성당의 기둥, 돔 지붕을 보면 다양한 건축 양식이 조화를 이루고 있다는 것을 알 수 있다.

코리브 강Corrib River과 에그링턴 운하Agrington Canel의 수로 사이에 있다. 기둥과 돔 지붕에서 느껴지는 르네상스 양식을 보고 성당의 모습을 사진에 담아보자. 주변의 강과 줄지어 늘어선 나무가 멋진 자연 배경을 보여주기도 한다. 외부의 회색 벽과 조화된 옅은 녹색의 지붕은 성당의 전체적인 외관을 형성하고 있다.

정문을 통해 들어가 화려하게 장식된 좌석과 오르간 위에는 아름다운 색상의 장미꽃 모양 창문도 있다. 십자가에 매달린 예수의 정교한 모자이크 장식이 인상적이다. 옅은 녹색의 장식이 아케이드 아래 대리석과도 이어져 있다. 내부 벽을 장식하는 조각과 밝은 스테인드글라스 창문, 교회 모서리 쪽에 있는 예술 작품 등 곳곳에 아름다운 장식들이 가득하다. 부활 예배당에는 미국의 최초 가톨릭신자 대통령인 존F. 케네디의 모자이크가 있다. 아일랜드에서 미국의 대통령인 존F. 케네디의 인기를 알 수 있다.

아일랜드에서 종교적 건물을 여럿 제작한 건축가 존 J. 로빈슨에 의해 설계되었다. 성당의 정식 명칭은 Cathedral of Our Lady Assumed into Heaven and St. Nicholas로 '모님과 니콜라스 성인에 봉헌된 성당'이라는 의미이다.

에어 광장에서 10분 정도 걸으면 바로 성당이 나온다.

주소_ University and Gaol Rds, Cathedral Square
전화_ +353-91-563-577

키란스 레인
Kirwan's Lane

번잡한 골웨이 라틴지구를 걷다가 나오면 중세의 모습이 살아있는 골목이다. 생선요리, 기념품 상점, 유리 공예점과 도자기점 가게들이 늘어서 있어 조용하다. 번잡한 골웨이의 모습이 싫다면 바다요리와 와인을 마시며 쉬어갈 수 있는 키란스 거리Kirwan's Lane를 추천한다.

주소_ Kirwan's Lane off Quay St.
전화_ +353-91-563-081

골웨이 국립 대학교
National University of Irdland, Galway

아일랜드의 기근이 심하던 시기에 국가에서 주도하는 구제 사업으로 대학교 건물을 지으면서 1845년 '골웨이 퀸스 칼리지Queen's College Galway'라는 단과대학으로 설립하였다. 1849년 10월 30일 63명의 학생으로 시작하여 1908년에는 아일랜드 국립대학NUI 중에서 골웨어 유니버시티 컬리지University College Galway로 변경되었다가 1997년에 지금의 종합대학교로 확대되면서 'NUI Galway'라고 부르고 있다.

홈페이지_ www.nuigalway.ie
전화_ +353-91-563-081

골웨이에서 당일치기로 다녀올 수 있는 투어

골웨이Galway는 모허절벽Cliff of Moher, 아란 섬Aran Islands, 코네마라Connemara로 가는 투어를 이용하기 위한 기지로 생각하면 된다.

모허 절벽(Cliffs of Moher)

짙은 녹색과 대서양이 만나는 절벽 위에서 아일랜드의 어머니 같은 느낌을 받는 것이 바로 모허 절벽Cliffs of Moher이다.

> **투어 출발 전 준비물**
>
> 투어를 출발하기 전에 물, 샌드위치(2~3개), 과자를 미리 준비하여 출발하면 식사대용이나 출출할 때 먹으면 좋다. 투어를 하다보면 점심 시간대에 1시간 정도 정차하는 데 먹을 곳을 찾을 수 있지만 비싸다. 골웨이의 던네스(DUNNES)로 가면 저렴하게 구입할 수 있는 먹거리가 많다. 9시에 상점들이 열기 때문에 투어출발시간을 미리 확인하여 (대개 9시~10시정도 출발)여유가 되면 당일에 구입하는 것도 가능하다.

렌트카로 모허 절벽(Cliffs of Moher) IN

❶ 리머릭(Limerick)

N18 ▶ N85 ▶ 에니스Ennis ▶ N85 ▶ 에니스티몬Ennistimon ▶ N67 ▶ R478 ▶ 라힌치Lahinch에서 R478을 돌아가면 있다.

❷ 골웨이(Galway 1)

N18 ▶ N67 ▶ 킨바라Kinvarra ▶ N67 ▶ 발리번Ballyvaghan ▶ N67 ▶ R478 ▶ 모허 절벽

❸ 골웨이(Galway 2)

N18 ▶ N67 ▶ 킨바라Kinvarra ▶ N67 ▶ 발리번allyvaghan ▶ R477 ▶ 버른 해안도로 ▶ R477 ▶ R479 ▶ 둘린 ▶ T478 ▶ 모허 절벽

모허절벽(Cliffs of Moher) 투어

에어링크Airlink나 그레이라인Greylind, 패디웨건Paddywagon, 골웨이투어 등 다양한 투어 회사가 모허 절벽투어를 운영 중이다.
자이언트 코즈웨이와 함께 아일랜드에서 가장 활발한 투어로 관광객은 누구나 찾는다고 생각하면 된다.

1. 더블린Dublin (45€)

더블린에서 투어를 신청하면 버스나 기차로 골웨이Galway로 이동한 뒤에 1일이나 2일(1박 2일)로 투어를 할 수 있다. 또는 골웨이에서 투어를 종료하고 골웨이를 여행하고 돌아오는 방법도 있다.

CLIFFS OF MOHER

WILD ATLANTIC WAY

골웨이 Galway

둘린

와일드 애틀랜틱 웨이

클리프스 오브 모허

Cliffs of Moher Cruises

DOOLIN VILLGE

CLIFFS OF MOHER CRUISE

2. 골웨이 Galway (25€)

골웨이에서 모허 절벽 Cliffs of Moher 투어는 약 4시간 정도 소요된다. 그래서 오후 1시에 출발하는 투어도 있으므로 시간대를 잘 확인하고 투어를 이용해야 한다. 더블린에서 골웨이까지 이동하는 비용이 빠지기 때문에 절반정도 저렴하다.

주의
자동차로 모허 절벽을 가려면 좁은 도로를 따라 가야 한다. 좁은 도로는 구불구불한 것도 문제이지만 많은 관광객들의 차량으로 마을을 지나갈 때도 지체되고 좁은 도로를 곡예 하듯 지나가야 한다.

저렴하게 모허절벽 보는 방법
에어링크(Airlink) 버스(13€ / 약 2시간 30분~3시간 소요)로 골웨이 버스터미널까지 간 후에 골웨이에서 출발하는 관광버스를 이용하면 저렴하게 여행할 수 있다. 기차(더블린 휴스턴역 출발 → 골웨이 역) / 버스 시외버스 (더블린~골웨이 왕복)

3. 크루즈 투어(모허절벽투어+크루즈투어/60€)

모허 절벽을 바다에서 보는 장면은 장엄하다. 그래서 크루즈를 이용해 보는 투어도 많이 신청한다. 크루즈 투어는 각 모허 절벽 투어회사가 모두 취급하고 있다. 파도가 심해 배멀미가 발생할 수 있으니 미리 멀미약을 먹는 것도 좋은 방법이다.

모허 절벽Cliffs of Moher은 대서양에서 230m 솟아오른 웅장한 절벽에 바람의 힘으로 절벽을 따라 흐르던 물이 위로 올라오는 기현상을 보는 장면이 압권이다. 거친 파도가 모허 절벽을 강타하고 뒤로 물러서 휘몰아치면서 물안개를 일으키는 장대한 해안절벽이다. 날씨가 흐리면 시야가 가려지면서 짙은 안개가 끼므로 아무것도 보지 못하고 오는 경우가 있기 때문에 일기예보를 미리 확인해야 한다.

바다 안개가 자주 끼는 이유
해수면 온도보다 기온이 낮아지면 발생하는데, 바다에 접해있는 모허 절벽은 더욱 짙어진다. 그러므로 모허 절벽(Cliffs of Moher)을 여행한다면 꼭 일기예보를 미리 확인하자.

모허절벽을 보는데 필요한 시간
제대로 보려면 3시간 정도는 시간이 필요하다. 절벽을 따라 나있는 굽이굽이 펼쳐지는 절벽 소로길 옆으로 약 8km에 달하는 트레킹 코스가 있다.

둘린 (Doolin)

모허 절벽Cliffs of Moher 인근에 있는 작은 마을들 중에 모허 절벽에서 가장 가까운 전통악기 마을이 둘린Doolin이다. 바다를 조망할 수 있는 있어서 주로 배낭 여행자가 자전거로 모허 절벽을 가거나 트레킹을 한다. 아란 아일랜드Aran Island를 오가는 페리 선착장이 있어서 골웨이에서 출발하는 페리보다 티켓비용이 더 저렴하다는 장점도 있다. 다만 6~8월에만 아란 아일랜드Aran Island로 가는 페리를 운행한다.

블랙헤드 라임스톤 (Blackhead Limestone)

모허 절벽을 보고 자동차로 구불구불한 도로를 지나다 보면 회색 암석이 층을 이루어 평면을 이루고 있는 레이브힌Leibhinn을 볼 수 있다. 모허 절벽에서 와일드 아틀란틱 웨이의 해안도로로 이동하다가 보이는 작은 절벽지역을 아일랜드 인들은 '아기 절벽Baby Cliffs'이라고 부르기도 한다.
언덕의 단면으로 석회암이 층을 이루고 있는 모습도 드러나 있다. 다양한 식물군이 화산이 폭발하여 생긴 석회암이 침식해 생긴 암석 틈을 채우면서 이색적인 풍경을 보여준다. 다양한 야생화가 바위틈을 비집고 나와 숨 쉬고 있는 중요한 곳이다.

풀나브론 (Poulnabrone)

풀나브론은 아일랜드어로 '슬픔의 구덩이The Hole of the Sorrow'라는 뜻을 가지고 있다고 한다. 고인돌로 들어가는 의미가 삶을 뒤로하고 죽음을 통해 저승으로 간다는 뜻이기 때문에 같이 있던 사람들과 더 이상 함께 살지 못하는 떠나는 슬픔을 의미한다.

선사시대의 무덤과 켈트 십자가, 교회 유적지가 많다. 거석은 가던 길을 멈추게 할 만큼 고인돌의 모습이 그대로 잘 보존되어 있어서 흥미롭다. 풀나브론은 기원전 2500년경에 만든 것으로 추정되며 이 주변에서 출토된 인골과 도기, 화실촉 등의 유물은 당시의 생활상을 추측할 수 있는 중요한 자료가 되고 있다.
▶ www.shannonregiontourism.ie

던귀에어 캐슬 (Dunguaire Castle)

1520년대에 마틴가문Martyn Family이 골웨이 해변을 바라보고 있는 성을 세울 때는 방어 목적이었다. 던귀에어 캐슬을 방문하는 목적은 대부분 성의 가장 높은 층에 올라가 골웨이 만과 대서양의 장엄한 장관을 보기 위해서다.

샤넌 헤리티지 센터가 관리하고 여름에만 개방하는데, 성 내부에는 가족이 모두 함께 연회를 즐기던 장소가 재연되어 있다.

쿨리 파크 (Coole Park)

고르트Gort 타운에 있는 쿨리파크는 아일랜드에서 유명한 여류작가인 레이디 오거스타 그레고리Lady Augusta Gregory가 살았던 곳이다. 레이디 그레고리가 살던 쿨리파크에서 예이츠와 다른 문학인들이 모임을 가지면서 문학에 대해 고민하였다고 한다.

커다란 고목의 숨소리와 함께 뿜어져 나오는 신선한 공기는 작가에게 새로운 영감과 안식을 주는데 부족함이 없었을 것이다. 쿨리파크 안에는 유명 작가들과 시인들이 서명을 한 나무The Autograph Tree가 있다. 이 나무에는 예이츠를 비롯해 아일랜드 작가와 시인들의 서명이 새겨져 있지만 누구의 사인인지 잘 알아보기 힘들다. 나무가 나이를 먹어가면서 나이테가 늘어나기 때문에 오래전에 새겨진 서명도 함께 늘어나면서 글씨가 늘어나 알아보기가 힘들다. 쿨리파크는 규모가 커서 산책하다가 길을 잃기 쉽다. 공원을 돌아보는 데는 약 1시간 정도 소요된다.

여류작가인 레이디 오거스타 그레고리(Lady Augusta Gregory)

극작가이면서 민속학자였던 그녀는 20세기 초에 예이츠와 함께 국립극장(The Abbey Theatre)를 공동 설립하였다. 이때부터 아일랜드는 문학을 통해 소통하고 국민들의 염원을 쏟아내며 문예 부흥기를 맞는데 큰 영향을 미쳤다고 보고 있다.

투르 밸릴리 탑 (Thoor Ballylee)

쿨리파크에서 멀지 않은 곳에 예이츠가 살았던 밸릴리 타워Thoor Ballylee Tower가 있다. 한 쪽에서 보면 성의 타워Tower Castle이지만 반대쪽에서 보면 이어진 아담한 주택을 볼 수 있다. 투르 밸릴리 타워는 탑을 보는 것보다 주위의 정원을 거닐면서 여러 생각을 해 보는 재미가 있다.

예이츠는 무엇을 상상했을지 당신도 한번 상상의 나래를 펼쳐보는 것도 좋을 것이다. 예이츠Yeats는 여기에서 1919년에 딸을 낳았고, 1921년에는 아들을 낳았다. 예이츠의 '나선계단'이라는 작품도 이성의 계단을 보고 영감을 얻어 탄생한 작품이라고 한다.

기념비 글
To be carved on a Stone at Thoor Ballylee
I, the poet William Yeats,
With old mill boards and sea-green slates,
And smithy work from the Gort forge,
Restored this tower for my wife George;
And may these characters remain
When all is ruin once again.

투르 밸릴리 초석문(礎石文)
나, 시인 윌리엄 예이트는
오래된 물방앗간의 판자와 쪽빛 슬레이트
그리고 고르트 대장간에서 버린 물건들을 가져다
아내 조지를 위해 이 탑을 복원하노니,
모든 것이 또다시 폐허가 되더라도
이 글자들은 남아 있기를!

Western Ireland
서부 아일랜드

Aran Islands
아란 섬

Aran Islands

대표적인 아이리시 어를 구사할 수 있고 전통 풍습을 그대로 이어오고 있는 지역이다. 아란 섬에 도착하여 날씨가 좋으면 자전거를 빌려 섬의 이곳저곳을 다니면 편리하고 자전거를 타는 맛도 즐길 수 있다.

섬을 돌아볼 때는 자전거를 빌리거나 버스투어를 하면 된다. 무엇보다 섬 정상에 있는 오래된 아일랜드 인들의 생활이 그대로 보존된 모습을 볼 수 있는 기회이다. 대서양의 강한 바다 바람과 90도로 꺾인 절벽을 보며 가난에 굶주려 아메리카 대륙으로 떠날 때의 심정을 생각해보기도 한다.

아란 섬 투어

다양한 투어 회사가 대기하고 있지만 투어상품의 가격은 모두 같으니 아무데나 신청해도 된다. 페리와 버스가 합쳐진 투어가 왕복 26€이고 출발하는 장소는 아이레 스퀘어 주변이기 때문에 투어회사를 구분하지 않아도 괜찮다.

숙소에서 예약 대행을 해주는 곳도 있기 때문에 숙소에서 투어를 신청해도 가능하다. 성수기가 아니라면 당일 투어를 신청해도 대부분 가능하다. 투어가 20€라면 버스는 별도로 티켓을 구입해야 하니 한꺼번에 티켓을 구입하는 것이 편리하다. 같은 투어회사로만 구입해야 한다는 투어회사가 대부분이지만 차이는 없다.

- 자전거 : 10€(보증금 10€가 필요)
- 버스투어 : 10€(미니버스 / +353 87 235 6584)
- 말 타기 : 10~15€

▶**경비행기 투어**(요금 및 예약 www.aerarannislands.ie)
08시 30분 IN → 12시 45분 OUT

▶**준비물**
던 에훌라(Dun Eochla)에 몇 개의 카페와 B&B 등이 있어서 점심식사가 가능하지만 다소 가격이 비싸기 때문에 투어 전날에 미리 샌드위치나 햄버거와 물이나 음료수 등의 점심 도시락을 준비하면 편리하다.

▶**아란스웨터 구입**
아일랜드의 대표적인 쇼핑품목인 스웨터(7~60만원)는 가격이 다양하다. 아란 섬에서 구입하기보다 킬메어(Kilmare)의 아울렛에서 구입하는 것이 저렴하다.

1 킬라몬 항구와 마을(Kilronan Harbour and Village)
아란 섬으로 들어가는 항구

2 던 앵거스 절벽(Dun Aonghusa(핵심))
아란 섬의 핵심으로 모허 절벽과 비교될 정도로 아름다운 자연을 볼 수 있다.

3 킬라무베 블루 플래그 해변
(Kilmurvey Blue Flag Beach)
자전거를 타고 아란 섬 중간에 있는 작고 조용한 해변으로 옥색의 해변이 인상적이다. 수영도 가능하다.

4 아란 코티지(Aran Cottage)

7 아란 실 콜로니(The Aran seal colony)
인상적인 돌 요새가 있는데 모두 2000년 이상 된 것으로 추정된다.

5 세븐 교회(The Seven Churches)
10세기에 지어진 교회는 언덕 위에 위치한 묘지와 함께 있다.

8 웜 홀 레드불 절벽 다이빙 (Worm Hole Red Bull Cliff Diving)
빨간 색 화살표를 따라 가면 나오는 직사각형 모양으로 뚫려 있는 석회암 바위 구멍로 천연 수영장이 되기도 하고 가끔 파도가 심하게 치면 파도가 올라오기도 한다. 현재 매년 절벽 다이빙을 유치하여 인지도가 올라가고 있다.

6 붕고와라 피싱 빌리지(Bungoqala Fishing Village)
이니시에어 등대(Inishere Lighthouse)가 있는 마을이다.

Connemara National Park
코메마라 국립공원

Connemara National Park

토탄Peat의 산지이자 감자로 빚는 '포틴Poteen'이라고 하는 밀주가 만들어졌던 황량한 언덕이 비밀스러운 분위기를 풍기는 코네마라Connemara는 게일 어를 쓰는 켈탁트 지역으로 중세시대를 세트장으로 해놓은 듯하다. 골웨이 북서쪽에 자리한 코네마라 국립공원Connemara National Park은 골웨이에서 코네마라& 콩 투어Connemara & Cong Tour(20€)로 가는 것이 일반적이다.

> **주의!**
> 코네마라 국립공원(Connemara National Park)에서 가장 가까운 도시는 클리프든(Clifden)이지만 클리프든으로 가서 투어를 하지는 않는다.

토탄(Peat) 산지

코네마라Connemara 지역은 토탄산지로 길을 걸어가면 토탄을 잘라서 말리고 있는 곳을 많이 볼 수 있다. 아일랜드가 가난한 옛 시절에 토탄을 잘라 여름에 말려놓았다가 겨울 난방에 이용하였다.

지금도 토탄을 채취하여 차곡차곡 쌓아 말리고 있는 모습을 가진 시골집 헛간에 장작더미처럼 쌓인 장면을 볼 수 있기도 하다. 하지만 가끔 토탄을 이용해 난방하지 않고 기름난방을 사용한다. 또한 토탄층을 통과한 물은 위스키를 만들 때 이용하기 때문에 코네마라Connemara는 아일랜드의 유명한 위스키생산지이다.

코네마라 국립공원 투어 순서

콩(Cong) → 멕네스 호수와 산 트레킹 → 멋진 해안선의 피오르드(Fjord) → 리난(Quiet Man's Bridge) → 카일모어 수도원

토탄(Peat)

습지(bog)에서 자란 식물이 썩지 않고 퇴적해 탄화된 것으로 아일랜드에서는 연료에 사용하면서 아일랜드 가정에서 겨울 난방에 벽난로를 가열할 때 이용한다. 토탄토지에는 강이나 호수의 물이 진갈색(Pete색)인 것은 토탄의 영향 때문이다. 스코틀랜드의 하이랜드(High Land)도 진갈색의 강을 볼 수 있다.

포틴(Poteen)

17세기부터 아일랜드에서 은밀하게 빚어진 술 포틴(Poteen)은 감자로 빚은 밀주이다. 감자를 증류한 위스키의 원조로서 알코올 도수가 65~80도에 이르기 때문에 마시는 것은 조심해야 한다. 포틴을 마셨다가 사망하여 한때 증류와 판매가 금지되었다.
농가에서 몰래 계속 술이 만들어졌기 때문에 지금까지 제조법이 내려오고 있는데, 지금은 알코올 농도와 증류방법, 시설 등을 엄격하게 규제해 합법적으로 생산하도록 하였다. 지금은 대형마트나 공항 면세점, 주류 판매전문점에서 구입이 가능하지만 도수가 높아 인기 있는 술은 아니다.

애슈포드 캐슬 호텔
Ashford Castle

13세기에 지어진 이 애슈포드 성은 현재 캐슬 호텔로 이용하고 있다. 아담한 콩 Cong 타운에 화려하고 웅장한 성은 특별한 추억을 만들려고 하는 가족단위의 관광객이나 귀빈들이 이용하고 있다.

홈페이지_ www.ashford.ie
주소_ Main Street Co Mayo
전화_ +353-94-954-6089

콩
Cong

리네인Leenane에서 R336, R345도로를 따라가면 코리브 호수Lough Corrib를 지나 도착한다. 1952년에 미국의 영화배우 '존 웨인'이 주연한 '조용한 남자The Quiet Man 1952'의 촬영지이다. 영화에 나왔던 이름의 상점들이 영화세트장처럼 남아 있다. 영화가 촬영된 옛집은 조용한 남자The Quiet Man Heritage Cottage로 미국인 관광객이 주로 찾는다. 숙소의 이름도 화이트 하우스White House라고 할 정도로 특이하게 지금도 옛 미국분위기를 간직하고 있다. 호텔에는 아일랜드 국기와 성조기를 내걸고 미국인 관광객을 끌어들이고 있다.

The Quiet Man Heritage Cottage

조용한 남자 The Quiet Man 1952

킬라리
Killary

아일랜드 유일한 빙하계곡이 있는 킬라리는 호수가 아름답다. 킬라리 선착장 인근의 리네Leenane인 중심에 펍Pub 게이노어Gaynore가 있다. 코네마라 지역에서 촬영한 영화, 비극 '카인의 반항The Field' 1990을 촬영한 펍Pub으로 유명하다. 간판에 'The Field's Bar'라고 쓰여져 있다.

홈페이지_ www.killarycruises.com

카일모어 수도원
Kylemare Affey

아름다운 호숫가에 자리 잡고 있는 카일모어 수도원Kylemare Affey은 1871년 미첼 헨리의 개인 저택으로 세워졌다. 훗날 1차 세계대전의 발발로 벨기에를 떠난 수녀들이 이곳을 구입하여 수도원이 되었다. 아일랜드에서 가장 낭만적인 카일모어 수도원Kylemare Affey은 1920년부터 베네딕트 수도회 수녀들의 보금자리가 되었다. 카일모어 수도원Kylemare Affey은 1970년대에 대중에게 공개되어 아일랜드 최고의 관광지가 되었다. 시청각실, 중앙홀, 내부홀, 거실, 중간 방과 식당을 둘러보자. 수도원은 1959년의 화재로 손상을 입었지만, 이후 오래된 가구와 벽난로, 바닥재 등을 갖추어 복원되었다. 투어에 참여하지 않아도 수도원을 둘러볼 수 있다. 카일모어 수도원Kylemare Affey을 방문할 때는 하루를 계획하는 것이 좋다. 주변의 삼림 지대에는 어린이 놀이터도 있어, 가족과 함께 즐거운 시간을 보내는 가족 단위 관광객을 볼 수 있다. 가족 여행객들의 나들이 장소로 안성맞춤이다.

홈페이지_ www.kylemoreabbey.com

카일모어 수도원의 이야기

1868년, 영국 맨체스터의 백만장자인 미첼 헨리(Mitchell Henry)가 아내 마가렛과 코네마라로 신혼여행을 왔다가 산을 배경으로 호수에 비친 풍경에 매료되었다. 미첼 헨리는 호수의 아름다운 풍경에 반한 아내를 위해 아름다운 성을 약속하였고 결국 고딕양식의 성을 지어 생일선물로 주었다. 하지만 6년 후에 이집트 여행을 떠난 아내는 말라리아 병을 얻어 먼저 세상을 떠나게 되었다.
남편인 헨리는 아내가 떠난 후에 자녀들과 함께 카일모어 성에 거주하며 아내를 위해 고딕양식의 교회까지 지었다. 헨리 가족이 떠난 후에 방치된 교회를 베네딕트 수도회에서 사들여 수도원으로 운영하고 있다. 수도원에서 5분만 걸으면 중세 양식의 성당이 있는데 이것은 영국의 노리치 성당(Norwich Cathedral)을 모방해 건축하였다.

크로크 패트릭
Croagh Patrick, Murrisk

세인트 페트릭이 수행을 쌓았다는 높이 772m의 크로크 페트릭 산Croagh Patrick Mountain은 삼각형 모양을 하고 있다. 기원전부터 원주민들이 숭배했다는 크로크 페트릭 산은 마요Mayo 지방에서 가장 알려진 순례길이다.

441년 세인트 페트릭이 아일랜드의 안녕을 위해 40일 동안 금식기도를 한 후부터 많은 사람들이 찾아와 수행을 하면서 아일랜드에서 가장 알려진 수행장소가 되었다. 결국 산의 이름조차도 세인트 페트릭의 이름을 본 따 부르게 되었다.

발린투버 아비
Ballintubber Abbey

캐슬바Casrlebar에 있는 발린투버 아비는 크로크 페트릭 산으로 향하는 순례길의 시작점으로 3월 17일 세인트 패트릭 데이에는 이곳에서 크로크 페트릭까지 맨발로 순례를 하는 행사가 행해진다.

홈페이지_www.ballintubberabbey.ie/home.htm

크로크 패트릭 산 순례길

- 트레킹 소요 시간 : 4시간

크로크 패트릭 산은 자갈로 된 바위산이어서 등산화가 반드시 필요하다. 작은 자갈에 발목을 삘 수 있어 조심하면서 천천히 걸어야 한다.

매년 7월 마지막 일요일
순례자들이 세인트 패트릭을 기리며 정상을 향해 오르는데 정상으로 오르는 길이 시작되는 머리스크 마을에는 세인트 페트릭의 동상이 세워져 있다.

Sligo
슬라이고

Sligo

슬라이고Sligo 주의 주도이며 인구 약 6만 명의 작고 아담한 도시이다. 슬라이고는 와일드 아틀란틱 웨이Wild Atlantic Way에서 가장 매력적인 해안선으로 알려져 여름에 서핑과 다양한 트레킹 코스를 즐기는 여행자와 안개가 자욱한 산꼭대기에 이르기까지 모험을 사랑하는 여행자를 끌어 모으는 도시이다.

폭풍이 불어오는 아름다운 파도가 펼쳐지는 황금의 해안에서 푸른 언덕과 구름이 우거진 '예이츠 컨트리Yeats country'로 알려져 있다. 훌륭한 음식, 유쾌한 지역 주민, 믿을 수 없는 예술과 문학으로 생동감 있는 삶의 방식을 불러일으키며 시대에 따라 문화를 형성해 왔다.

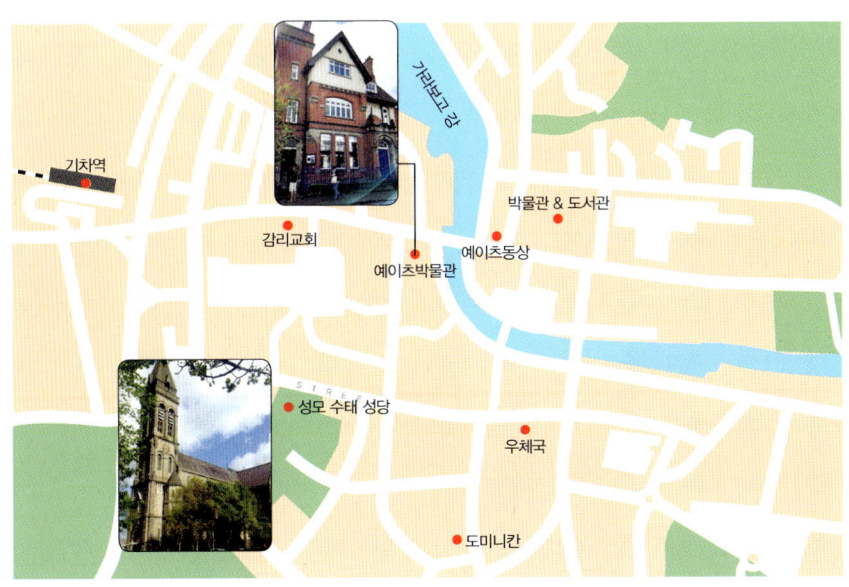

한눈에 슬라이고 파악하기

예이츠Yeats가 AIB은행 건물 앞에 서 있다. 이 곳이 슬라이고의 중심이다. 건너편에는 예이츠 박물관이 있어 그 앞을 따라 다양한 상점들이 늘어서 있다. 과거와 현재의 조화를 자랑하는 슬라이고는 작지만 매력적인 도시이다. Hargadon Bros, Michelin 가이드가 나열된 펍Pub과 레스토랑은 가라보그 강Garavogue River 양쪽을 연결하는 돌다리와 연결되어 있다.

월리엄 버틀러 예이츠의 고향인 슬라이고Sligo는 작고 아담한 도시이다. 슬라이고Sligo의 모든 이야기와 내용은 예이츠와 연관된다고 할 정도로 예이츠라는 이름이 나온다. 슬라이고Sligo에서 예이츠가 이야기하고 쓴 지명은 많은 투어로 다녀올 수 있다. 자동차가 있다면 더 자세하게 둘러볼 수 있을 것이다.

모델 아트 닐랜드 갤러리에서 창의적인 예술의 세계에 빠져보고 슬라이고 카운티 박물관에서 흥미로운 과거 사실과 유용한 역사 지식도 얻을 수 있다. 슬라이고 수도원과 기근 추모관에도 과거 여행을 즐길 수 있는 매력적인 요소로 가득하다.

키사이드 쇼핑 센터에서 슬라이고 여행을 생각나게 하는 몇 가지 선물을 골라보자. 분명 좋은 추억으로 간직될 것이다. 슬라이고에서 가장 유명한 공연장인 호크스 웰 극장에서 생생한 라이브 공연을 즐길 수 있다. 공연이 끝난 후 근처 레스토랑에서 음식을 먹으면서 즐거운 대화를 나눠볼 수 있다.

숙박

슬라이고에서 이용할 수 있는 호텔은 상당히 제한적이라 예산과 여행에 맞는 숙소를 확보하려면 미리 예약하는 것이 좋다.

슬라이고 푸드 트레일

슬라이고 푸드 트레일 (Sligo Food Trail)이 유명하다. 전문가의 도움을 받아 나만의 음식경로를 계획하여 가장 좋아하는 요리를 선택하고 신선하고 영양이 풍부한 지역 음식을 즐겨볼 수 있다.

예이츠 메모리얼 빌딩
Yeats Memorial Building

예이츠 메모리얼 빌딩 Yeats Memorial Building은 하이드 다리 Hyde Bridge 중심부에 위치해 있다. 이 건물은 예이츠 Yeats의 주 활동 무대였으며 1973년 AIB은행에서 사들였다가 예이츠 사회공헌센터 Yeats Society에 기증되었다.
방문객들에게 예이츠 Yeats의 삶과 경력에 큰 영향을 끼친 사람들과 장소에 대해 설명하고 있다. 전시회의 가이드 투어는 현지 자원 봉사자의 요청이 있을 경우 모든 방문객에게 제공된다. 그룹의 경우, 방문하기 전에 요구 사항에 맞게 준비하여 제공하고 있다.

주소_ Douglas Hyde Bridge
요금_ 3€ **시간_** 10~17시
전화_ +353-071-42693

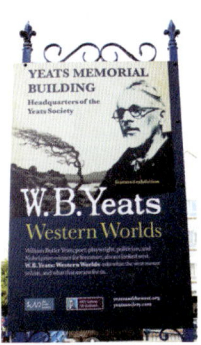

릴리&롤리 카페
Lily's & Lolly's Cafe

릴리 & 롤리 카페Lily's & Lolly's Cafe는 에이츠 소사이어트 빌딩Yeats Society Building의 1층 예이츠 전시관 앞에 있다. 아침 식사, 아침 차 및 커피와 함께 뜨거운 스콘 또는 가벼운 간식을 제공한다. 특히 점심 식사는 저렴한 가격에 푸짐한 양으로 제공하는 데 피쉬 앤 칩스와 오늘의 메뉴가 인기가 있다.

성모 마리아 축일 성당
Cathedral of the Immaculate Conception

성모 마리아 축일 성당으로 지금도 슬라이고Sligo 시민들이 활발히 예배를 보는 성당이다.

주소_ John Street
전화_ +353-71-62670

다양한 예이츠 빌딩의 활동

예이츠 국제 여름학교
예이츠 국제 여름학교는 2주 동안 아일랜드 문화와 문학적 경험을 하기 위해 전 세계의 모든 나라와 대륙에서 학생과 교수를 받아 다양한 수업을 제공하고 있다.

예이츠 레퍼런스 라이브러리
연구 목적으로 학자가 이용할 수 있는 3,000여 종 이상의 타이틀과 54년 동안의 시청각 자료가 포함되어 있다.

하이드 브릿지 갤러리(Hyde Bridge Gallery)
지역, 국가 및 국제 전시회를 위해 1년 내내 공개되고 있다.

예이츠 시 서클(Yeats Society Poetry Circle)
9월~다음해 5월까지 매주 수요일 10시 30분~12시 30분에 시작한다. 우리가 좋아하는 시를 읽고, 생각을 토론하고, 시인에 대해 국내외에서 배운다.

대기근 가족동상
The Famine Family Memorial

비극적 시간을 미리 안 듯 아내와 아이를 감싸고 흐느껴 우는 것처럼 보이는 동상이다. 더  블린의 대기근 동상과 함께 아일랜드의 대기근을 기억하자는 의미로 만들어졌다.

주소_ The Quay
전화_ +353-71-61202

슬라이고 수도원
Sligo Abbey

지금은 폐허가 된 슬라이고 수도원Sligo Abbey은 유사적인 슬라이고Sligo의 심장부에 있는 인상적인 석조 도미니크회 수도원이다. 슬라이고의 역사적인 수도원 지구Abbey Quarter에 있는 수도원은 13세기 중반에 지어져 수세기 동안 화재, 전쟁, 폭동에서 살아남았다. 고대 구조물을 둘러보면 수도원의 견고한 건축을 확인할 수 있다.

오펄리의 영주, 머리스 피츠제럴드Maurice Fitzgerald에 의해 세워진 수도원은 1414년에 화재로 완전히 파괴되었고 1641년에 폭동으로 참혹하게 파괴되었다. 지금은 늘어선 아치형 창과 조각된 벽감으로 당시의 모습을 확인할 수 있다. 보존된 회랑과 아일랜드 수도원 교회에서 유일하게 살아남은 15세기의 높은 제단을 확인할 수 있다.

슬라이고 수도원Sligo Abbey 관광 안내소에서 이어지는 돌계단을 통해 들어가면 수도원이 묘지가 나오고 당시의 웅장한 고딕과 르네상스 양식 무덤 조각상들을 찾아볼 수 있다. 폐허가 된 수도원의 중세 회랑을 걷고 돌로 조각된 무덤 조각, 보존된 회랑, 높은 제단을 살펴보면서 수세기의 역사를 발견할 수 있다. 슬라이고 수도원Sligo Abbey 부지의 바닥은 울퉁불퉁하므로 비오는 날씨에는 우산과 튼튼한 신발을 준비해야 다치지 않는다.

주소_ Abbey Street 전화_ +353-719-146406

Sligo Outside
슬라이고 근교

슬라이고 주 관광지

아름다운 자연경관과 시원한 폭포수가 보고 싶다면 글렌카 폭포에 가보자. 길 호수와 탈트 호수에는 소풍을 즐기거나 야생 동, 식물을 관찰하기에 좋은 장소이다. 충분한 휴식과 여유를 원한다면 1~2일 동안 해안선을 구경하러 가면 된다. 스트랜드 언덕 비치와 로세스 포인트 비치, 스트리다 스트랜드, 멀라모어 비치도 유명한 관광지이다. 벤 블벤과 노크나리아는 자연을 사랑하는 사람들이 많이 찾는다.

로세스 포인트
Rosses Point

슬라이고에 있는 해변으로 주거지로서는 슬라이고에서 가장 부촌이며 잔잔하고 부드러운 바다를 배경으로 한 해변마을이다. 해변을 따라 골프장과 예이츠 호텔이 자리하고 있으며 해물요리를 하는 식당도 있다. 슬라이고는 해수욕을 하기에 적당한 곳이기도 하다.

W.B. YEATS의 무덤

카운티의 북동쪽에 예쁜 드럼클리프(Drumcliffe)에서 아일랜드 시인이자, 노벨상 수상자인 예이츠W.B Yeats의 무덤을 발견하게 될 것이다. 교회 마당에 자리 잡은 교회는 고요한 곳이며 근처에는 원형타워, 성전, 교회, 선물 가게가 보인다.

벤불벤(Benbullben)

3억 2천만년의 바위산은 카쉘가란(Cashelgarran)근처의 풍경 위에 눈에 띈다. 아일랜드어로 '바구니의 산등성이(Droim Chliabh)'를 의미하는 것처럼 벤블벤 산도 바구니를 뒤집은 형상이다. 가끔 예이츠를 동경하는 여행자가 벤블벤 산과 예이츠 무덤을 보러 슬라이고를 방문하지만 안개로 뒤덮인 벤블벤 산을 보고 아쉽게 돌아서는 경우가 있다. 비가 자주오고, 안개가 낀 벤불 벤(Benbulben)을 등반하는 것을 권장하지 않지만 벤불벤 산(Benbulben)과 슬라이고 근처를 돌아다니는 산책로가 있다. 아일랜드 역사에 유일한 여왕이었던 퀸 메이브 무덤(Queen Maeve's tomb)이 산 정상에 보인다. 슬라이고 사람들은 '배꼽산(Belly Button Mountain)'이라 부른다.

드럼클리프
Drumcliffe

N15도로 슬라이고에서 북쪽으로 약 8km 정도 떨어진 드럼클리프에 있는 세인트 콜롬바St. Columba교회는 교회자체보다 예이츠의 무덤으로 더 유명하다.

글렌카 폭포
Glencar Waterfall

그물처럼 얽혀 있는 산책로를 따라 바위 곶에서 이끼 낀 틈 새로 곤두박질치는 폭포를 찾아가는 길을 시원하다. 글렌카 폭포Glencar Waterfall는 리트림 주의 가장자리에 있는 바위투성이 절벽 위로 떨어져 내리는 멋진 폭포이다. 벤 블벤Ben Bulben의 날카로운 산등성이에서 뻗어나가는 절벽이 깊은 글렌카

3가지 산책로

다트리 산맥(Dartry Mountains) 속으로 나 있는 나무가 우거진 길과 트레일을 따라 산책을 즐기며 멋진 폭포를 감상할 수 있다. 튼튼한 신발과 걷기에 적합한 옷을 미리 착용하자. 특히 힘이 많이 드는 Bog Road 트레일을 걸으려면 물 한 병을 챙겨가면 좋다.

1. 가장 짧은 경로가 폭포 아래의 환상적인 전망대로 바로 이어진다. 숲길을 따라 산책을 즐기고 아름다운 숲을 감상할 수 있다. 포장된 길을 1km 미만이며 전망대에서 끝이 난다. 15m 위 절벽에서 떨어지는 인상적인 폭포를 볼 수 있다.
2. Lake Shore Walk를 따라 걸어가면 슬라이고와 리트림 주의 국경을 가로지르는 긴 호수인 글렌카 호수Glencar Lough의 고요한 풍경을 볼 수 있다. 가벼운 산책을 통해 호수의 물과 주변 습지의 조류 생활과 생태에 대한 상식도 얻을 수 있다.
3. 가장 난이도가 높은 산책로는 호숫가에서 숲으로 이어지는 구불구불한 트레일 10㎞의 보그 로드 Bog Road이다. 울창한 삼림 지역을 지나 시냇물을 건너 골짜기에서 500m 높이로 솟아있는 예쁜 야생화로 덮인 언덕까지 걸어간다. 절벽의 가장자리에서 글렌카 호수Glencar Lough와 스위스 밸리의 아름다운 풍경을 감상할 수 있다.

호수Glencar Lough로 떨어져 들어간다. 폭포는 폭우가 내린 후에 수량이 많을 때에 특히 아름답다. 글렌카 폭포Glencar Waterfall는 미세한 흰 안개 속에서 폭포수가 깊은 웅덩이로 떨어지는 비가 오는 날씨에 가장 환상적인 모습을 보여준다. 글렌카 폭포는 마노라밀튼에서 서쪽으로 14㎞ 떨어져 있으며 슬라이고 마을에서 북동쪽으로 13㎞ 떨어져 있다.

주소_ Glencar, leitrim carik-on-charon

벤블벤
Benbulben

벤블벤Benbulben은 슬라이고의 북쪽에 있는 아일랜드 전설과 W.B. 예이츠의 시에 등장하는 아이콘 같은 산이다. 다트리 산맥Dartry Mountains 위에 우뚝 솟아 있는 벤블벤Benbulben은 수천 년 동안 아일랜드 문화와 신화에 중요한 역할을 한 거대한 석회암 암석이다. 슬라이고Sligo 주를 여행하는 동안 단연 눈에 띄는 랜드마크로 정상으로 올라가거나 산기슭과 정상을 가로지르는 트레일을 따라 산책해 보면 좋다.

벤블벤Benbulben은 전사 종족, 거인, 마법에 걸린 동물들의 놀이터로 아일랜드 전설에 등장한다. 빙하에 의해 깎아진 정상이 고향을 그리워한 윌리엄 버틀러 예이츠William Butler Yeats에게 아일랜드의 아이콘이었던 것으로 생각하여 만들어낸 시구에서 주목을 끌었다. 이제는 '예이츠 컨트리Yeats Country'라는 애칭으로도 불리고 있다. 도시에서 산기슭까지 차로 30분 정도 소요된다. 시내 버스로는 45분 이내에 도착한다.

트레일 코스

에메랄드 색의 산기슭을 산책하면서 벤블벤(Benbulben)의 아름다운 풍경을 만나고 산봉우리를 순환하는 트레일을 따라 오를 수 있다. 고르타로웨이 루프 워크(Gortarowey Loop Walk)는 예쁜 숲 지역을 지나가고 산의 완만한 비탈을 따라 이어진다. 쉬운 오르막길을 타고 올라가면 정상에서 도니골 베이와 대서양 연안의 아름다운 경관이 눈에 들어온다. 멀리 있는 슬리브 리그(Sleeve League), 클래시반 성(Classiebawn Castle), 물라모어(Mullaghmore)를 찾아볼 수 있다. 능선을 따라 자라고 있는 북극 고산 식물과 야생 토끼, 여우, 다리가 붉은 까마귀를 볼 수도 있다.

돌아오는 길에 산기슭에서 소풍을 즐기거나 산의 남쪽을 따라 동쪽으로 계속 가면 리트림 주와의 경계선에 다다른다. 근처에는 글렌카 호수(Glencar Lough)로 흘러 들어가는 글렌카 폭포(Glencar Waterfalls)가 있다.

걸으려면 튼튼한 신발을 착용하고 물을 준비한다. (순환 코스는 약 90분이 소요)

길 호수
Lough Gill

이니스프리Innisfree 섬과 수십여 개의 호수 섬이 있는 길 호수Lough Gill는 예이츠의 시로 유명해진 호수이다.
지금도 길 호숫가에서 이니스프리Innisfree 섬으로 가는 투어가 매일 운행하고 있다.

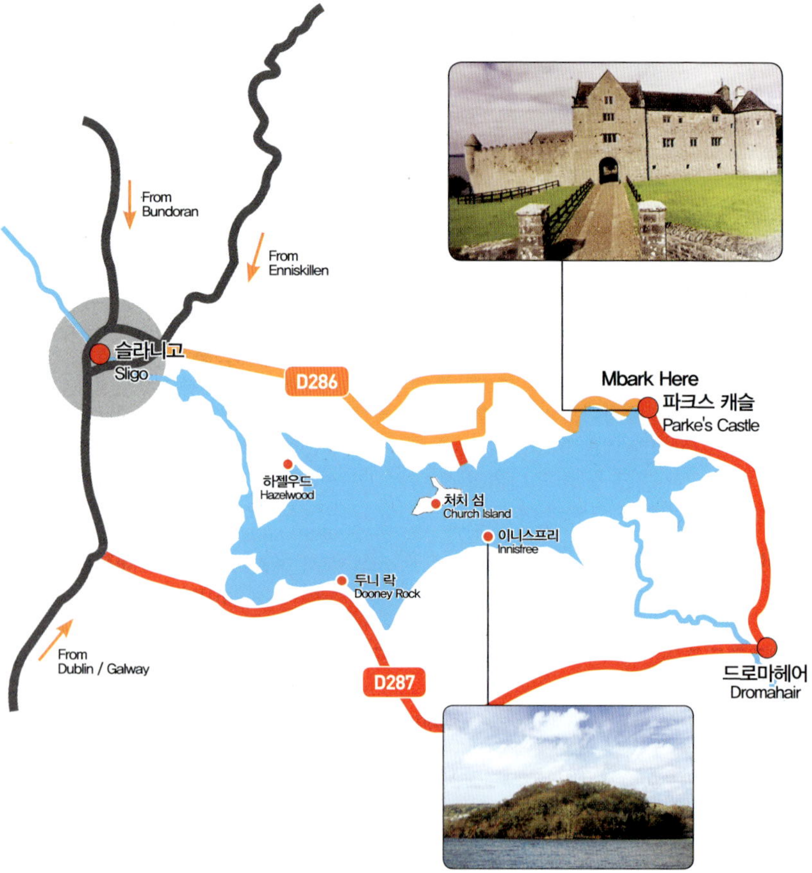

파크 성
Parke's Castle

길 호수Lough Gill북쪽에 위치해 있는 16세기에 지어진 성이다. 오랜 시간 방치되었다가 17세기에 로버트 파크와 그의 가족이 살면서 복원되었다. 차가운 바람이 불고 작은 성에 도착해 보면 실망할 수 있다. 성 안에는 복원된 도구와 기술이 설명되어 있다.

주소_ Fivemile Bourne
시간_ 10~18시
전화_ +353-71-916-4149

물라모어
Mullaghmore

예이츠 시에 등장하는 물라모어 바닷가, 이 지형은 곶으로 되어 있어, 육지가 가까운 쪽은 모래사장이 있는 해변이고 방파제 쪽으로 작은 항구가 있다. 대서양을 바다보고 있는 반대쪽은 '케스타 지형'으로 항상 거친 파도가 널름거린다. 햇빛이 따사롭게 내리쬐는 모래사장에 해피한 소들이 한가로이 일광욕을 즐기는 모습도 쉽게 볼 수 있다.

물라모어 바닷가 마을에 있는 고성은 환상적인 스트란드힐Strandhill 해변에서 로세스 포인트Rosses Point, 글렌코 폭포Glencar Waterfall에 이르기까지 약 110km에 달하는 와일드 아틀란틱 서프 코스트Wild Atlantic Way Surf Coast의 명소에서 잊지 못할 해안 휴가를 찾을 수 있다.

물라모어Mullaghmore 의 서핑 피난처는 슬라이고Sligo에서 가장 인기 있는 장소 중 하나이다. 바위가 많은 절벽으로 뒤덮인 2km의 모래사장과 아름다운 석조 항구가 여행자를 부르고, 물라모어 헤드Mullaghmore Head는 이뉴머레이 섬Inishmurray Island의 멋진 전망을 볼 수 있다.

카로모어
Carrowmore

거의 6,000년 동안 슬라이고Sligo 주의 심장부에 놓여 있는 고대 거석묘지이다. 카로모어Carrowmore 거석 공동묘지는 신석기 시대로 거슬러 올라가는 무덤과 환상열석이 모여 있는 구역이다. 슬라이고Sligo주의 푸르른 들판에 도처에 놓여 있는 편마암과 규암 거석은 5,500년 전에 통로 무덤으로 지어진 것이다.

유적지의 복원된 시골집과 자료관에서부터 카로모어Carrowmore 거석 공동묘지의 관광을 시작한다. 시골집 안에는 알려진 역사와 묘지의 고고학적 연대표가 자세히 설명되어 있다. 지금도 여전히 볼 수 있는 30개의 기념물을 관찰할 수 있다.

〈Tomb 51〉 리스토힐Listoghil 위의 거대한 돌무덤은 지름이 34m 이상이다.

잔디로 덮인 목초지로 나가 19세기에 부분적으로 파괴된 후 복원된 경이로운 바위 돌무덤을 찾아볼 수 있다. 리스토힐

서핑(Surfing)

물라모어(Mullaghmore)에서의 큰 파도와 스트란드힐(Strandhill), 에니스크론(Enniscrone)까지, 서핑 보드에 꼭 가보자. 서핑 스쿨은 초보자들이 자신감을 가지고 노는 것을 도울 수 있으며 프로는 비밀 장소를 찾을 수 있을 것이다.

Listoghil의 거대한 돌 더미에는 중앙 공간 내에 상자 모양의 무덤
이 있다. 그 안으로 들어가서 무덤의 거석을 확인해 볼 수 있다. 기원전 3,500년경에 건설된 무덤은 공동묘지가 세워진 중심 지점인 것으로 보인다.

주변에는 위성 무덤들이 있고, 통로 무덤으로 알려진 이 거석은 환상열석으로 둘러싸여 있으며 리스토힐Listoghil의 주요 무덤 주위에 자리 잡고 있다. 남동쪽을 바라보면 거석묘지가 있는 3개의 언덕인 발리가우레이 언덕Ballygawley Hills이 윤곽을 분명히 드러낸다.

홈페이지_ www.heritageireland.ie
주소_ Carrowmore, Silgo
입장료_ 3€

스트레다 스트랜드
Streedagh Strand

스트레다 스트랜드Streedagh Strand에 있는 긴 모래 해변은 스트레다 포인트Streedagh Point의 북서쪽 해안에 펼쳐져 있는 아름다운 비치이다. 해변을 방문하여 부드러운 모래를 따라 거닐고, 석회암 절벽에서 화석을 살펴볼 수 있다.

해변은 스트레다 포인트Streedagh Point와 Connor's Island라는 좁은 통로를 연결하는 모래톱의 일부이다. 1588년에 해안에 난파되어 대서양 폭풍을 피하고 있었던 스페인 함대의 선장 프란시스코 드 쿠에야르 Francisco de Cuéllar는 결국 3대의 함대가 난파되었다. 썰물 때는 난파한 스페인 함대 갈레온선 3대 중 하나의 뼈대를 볼 수 있다. 이 지역에 거주하는 지역 주민들과 영국 군인들이 스페인 군인들을 강탈했다. 군인들 중에는 살아남아 아일랜드에서 자신의 도망자 생활에 대한 이야기를 알린 스페인의 선장 '프란시스코 드 쿠에야르 Francisco de Cuéllar'도 있었다. 매년 9월에 셀틱 프린지 페스티벌Celtic Fringe Festival에서 이 이야기에 대한 공연을 한다.

3km 길이의 스트레다 스트랜드Streedagh Strand를 따라 산책하고 주변의 언덕과 대서양의 해안 경치를 즐겨보자. 해안선을 따라 걸으면 대서양에서 동그랗게 말려 들어오는 파도와 씨름하는 서핑족을 볼 수 있다. 물속으로 뛰어들 수 있지만 조수와 저류를 조심해야 한다. 수영은 보다 안전하게 수영을 즐길 수 있고 여름철에 안전 요원이 순찰하는, 스트레다 포인트 Streedagh Point의 서쪽의 작은 만에 있는 스트레다비치Streedagh Beach만 할 수 있다.

리사델 하우스
Lissadell House

리사델은 예이츠의 친구이자 독립운동가였던 에바 골어 부스와 콘스탄츠 미키에비츠Eva Gore-Booth and Con Markiewicz (공화국이 창설되고 콘스탄츠는 첫 여성장관으로 임명됨) 백작부인의 저택과 영지가 있던 고향마을의 지명이다.

Northern Ireland
북부 아일랜드

Belfast
북부 | 벨파스트

Belfast

친근한 느낌을 주는 북아일랜드의 수도는 흥미로운 역사로 가득하며 대서양까지 1시간 거리에 있다. 아일랜드의 정치, 문화, 역사중심지인 벨파스트Belfast는 아름다운 자연으로 둘러싸여 있다. 1960~70년대 격정적인 국가 갈등의 흔적이 갈수록 사라진 벨파스트는 이제 수많은 관광객들이 즐겨 찾는 안전한 관광지가 되었다.

인구 30만이 채 되지 않는 벨파스트Belfast는 북아일랜드에서 가장 큰 도시이지만, 도시화가 심하게 진행되지 않았다. 구도심의 자갈길을 따라 걸으며 오래된 성과 교도소에서 과거로 시간여행을 떠날 수 있다. 벨파스트Belfast는 전통적이지만 현대적이기도 한 도시이디. 라간 강변에 자리한 엔터테인먼트 겸 컨퍼런스 센터인 워터프런트 홀이 있다. 아담한 벨파스트Belfast는 도보를 이용해 둘러보기 좋다. 저렴한 대중교통을 이용하여 외곽으로 나가거나, 투어에 참여하여 해변으로 갈 수 있다.

한눈에 벨파스트 파악하기

시내에는 르네상스 양식의 시청을 중심으로 영국 성공회 대성당, 미술관, 박물관, 퀸즈 대학, 오페라 하우스가 주변에 있다. 펍(Pub)으로 유일하게 문화재로 등재된 크라운 살롱이 있다.

벨파스트는 빅토리아여왕이 건재하던 시대에 번성한 것을 한눈에 알아 볼 수 있을 만큼 빅토리아 양식의 건축물과 주택이 있다. 커다란 시청은 벨파스트가 조선 산업의 본거지였다는 사실을 알 수 있게 한다.

주변의 쇼핑가와 레스토랑은 마치 영국에 들어 온 듯하다. 아일랜드에서 처음으로 문화재로 지정된 크라운 살롱은 역사와 전통의 펍(Pub)으로 사랑받고 있다.

About 북아일랜드

유럽 가장자리에 위치한 북아일랜드에는 장관을 이루는 지질학적 형태, 아름다운 해안선, 친절한 도시, 깊은 빙하 계곡, 역사적인 기념물 등 명소가 많다. 분쟁의 아픈 역사가 있었지만 이를 극복하고 이제는 관광객의 발길이 이어지고 있다. 산속을 거닐고 타이타닉호가 만들어진 곳을 방문하며, 아일랜드 전통 음악도 즐겨 볼 수 있다. 또한 가장 중요한 것은 북아일랜드의 경치도 무척 아름답다는 사실이다.

몬 산맥을 하이킹하며 산기슭에 마을에 들러보고, 수로가 형성된 네이 호수를 보트로 여행해도 좋다. 북아일랜드에는 해변이 많고, 마블아치 동굴의 여러 방, 강과 폭포를 탐험하는 지하 모험도 즐거운 추억거리가 된다.

북부 앤트림 해안에는 북아일랜드 최고의 인기 관광명소인 자이언츠 코즈웨이 Giants Causeway가 자리해 있다. 걸어서 지나갈 수 있는 거대한 현무암 기둥은 약 6천만 년 전에 일어난 화산 활동에 의해 형성되었다. 북아일랜드의 아마Ama에는 기원후 445년 아일랜드의 수호성인이 건축한 세인트 패트릭 성당이 있다. 런던데리London Derry에서는 세인트 콜럼스 대성당을 방문해 도시를 에워싸는 17세기의 방어벽을 걸어보는 것도 특별한 경험이 된다.

벨파스트의 사계절

여름은 따뜻하거나 선선하며, 연중 많은 비가 내린다. 겨울에는 바람이 많이 불고, 큰 눈이 내리는 때도 많다.

1박 2일 코스

1일차

쇼핑과 엔터테인먼트의 허브이자 교통의 중심지인 도네갈 광장 내에 있는 벨파스트 관광객 센터Belfast Visitor Centre에서 지도를 비롯해 유용한 정보를 얻을 수 있고 인근에는 크럼린 로드 교도소가 있다.
유서 깊은 타이타닉 쿼터에는 벨파스트Belfast에서 출항한 불운한 타이타닉호의 이야기를 몸소 체험할 수 있다.

벨파스트 성Belfast Castle을 감상하고 성이 자리한 케이브 힐에서 하이킹을 즐기고, 스토몬트 국회의사당을 둘러싸고 있는 공원에서 휴식을 취하자. 벨파스트Belfast의 상징적인 세인트 조지 마켓을 둘러보고, 아이리시 펍Pub에 들러 맛있는 감자 요리를 맛보며 하루 여행의 피로를 풀 수 있다.

2일차

네 호수 인근의 앤트림 주에서는 아름다운 자연 경관과 더불어 신나는 모험을 즐길 수 있다. 대서양이 넘실대는 북쪽 해변에서 던루스 성의 폐허를 탐험하고, 자이언츠 코즈웨이에서 주상절리를 경험한 다음, 세계에서 가장 오래된 위스키인 옛 부시밀 양조장을 방문하자.

벨파스트 시청
Belfast City Hall

정원의 조각상, 기념물, 식물에 둘러싸여 휴식을 취하고 이 역사적인 장소의 바로크 양식의 실내 장식을 둘러보자.

벨파스트 시청Belfast City Hall의 녹색 돔은 북아일랜드 상징이다. 홀의 용도는 시의회가 정책을 모으고 토론하는 것이지만, 쾌적한 녹지와 넓은 정원에는 학생과 관광객들이 많이 찾아온다. 네오바로크 건축물은 1906년에 포틀랜드 석을 사용하여 지어졌다.

대리석 장식, 웅장한 계단, 대형 연회장이 있는 실내의 화려한 장식과 정교한 스테인드글라스 창을 감상할 수 있다. 강한 흰색 조명을 받아 환하게 빛나는 밤에 장엄한 건축물을 구경할 수도 있다. 밸런타인 데이, 성 패트릭 데이, 크리스마스 같은 이벤트를 기념하기 위해 조명 시스템을 사용하여 다양한 빛을 연출한다. 벨파스트 시청은 북아일랜드 수도의 심장부인 도네갈 광장에 있다.

무료 가이드 투어
기둥, 아치, 페디먼트, 돔형 탑이 있는 우아한 흰색 외관을 사진에 담아보고 대형 정문을 통해 건물에 들어가서 홀과 방들을 무료 투어로 둘러볼 수 있다. 경험이 풍부한 가이드가 약 1시간 동안 투어를 진행한다.

퀸즈 대학교
Queen's University

빅토리아 여왕이 1845년에 설립한 이 대학은 다양한 분야에서 훌륭한 업적을 내고 있으  며 화학분야에서 세계적인 명성을 얻고 있다. 고풍스러운 느낌은 붉은 벽돌이 자아내고 고딕양식으로 기품을 올렸다. 대학의 캠퍼스는 산책하고 싶은 정원을 가져 시민들도 휴식을 즐기는 곳이다.

주소_ University Rd.
전화_ +44-28-9024-5133

벨파스트 식물원
Botanic Gardens

1828년에 사유지로 시작하여 1895년에 완공되어 대중에게 공개되었다. 북쪽 경계에 있는 벨파스트 퀸스 대학에서 남쪽 기슭에 있는 리릭 극장까지 펼쳐지는 한 폭의 그림 같이 아름다운 11헥타르는 화려하고 생기 넘치는 장소 중 하나이다. 박물관과 스포츠 단지도 있는 이 커다란 공원의 동쪽을 가로질러 라간 강이 흐르고 있다. 북아일랜드의 시원한 기후에서 찾을 수 없는 열대 식물을 볼 수 있다. 19세기 초반에 지어진 최초의 온실 중 하나인 이 국적인 팜 하우스 안에는 이국적인 식물과 화분을 살펴볼 수 있다.

장미 정원, 식물원, 조각 섹션, 성목 등외에 식물원은 관광객과 대학 학생들에게 특히 인기가 많아서 수시로 콘서트와 축제가 열린다. 공원의 북쪽 입구에는 아일랜드에서 가장 큰 박물관 중 하나인 얼스터 박물관이 있다. 박물관 안으로 들어가서 고고학, 식물학 등 다양한 주제로 구성된 방대한 컬렉션을 감상할 수 있다.

벨파스트 식물원을 찾아가려면 벨파스트 도심에서 남쪽으로 30분 정도 걸어가면 된다. 벨파스트 워터 프론트에서 남쪽으로 3km 이내에 있으며 정원 옆의 벨파스트 Botanic Station 역에서 내리면 된다.

주소_ College Park
전화_ +44-7767-271683

모자이크 물고기
Big Fish

벨파스트의 상징으로 떠오르는 조각품으로 벨파스트 항구의 둑Dock에 세라믹 타일로 설치되었다. 현지해의 깨끗한 환경으로 야생 연어가 돌아오는 지점에 환경 문제까지 고려해 조각된 것이다. 푸른색과 하얀 색이 조화롭게 이루어져 푸른 느낌을 살렸다.

주소_ Donegall Quay

그랜드 오페라 하우스
Grand Opera House

작은 하얀 탑과 붉은 벽돌의 외관을 지닌 건물의 디자인은 유명한 극장 건축가 프랭크 매첨Frank Matcham이 1895년에 설계한 이후, 100년이 넘는 기간 동안 예술 활동을 선도해 온 벨파스트Belfast의 예술 중심지. 그랜드 오페라 하우스Grand Opera House에서 공연을 보며 즐거움을 느낄 수 있다. 뮤지컬, 드라마, 오페라, 무용 공연, 코미디 중 하나를 골라 북아일랜드의 수도에서 즐거운 저녁 시간을 보낼 수 있다. 코미디언이자 가수인 해리 라우더Harry Lauder와 만능 엔터테이너인 그레이시 필즈 등이 20세기 초반의 인기 있는 공연자였다. 공연장은 제2차 세계대전의 종전을 축하하기 위해 사용되기도 했다.
관객석이 불과 100개뿐인 아늑한 베이비 그랜드 스튜디오에서 공연을 관람할 수 있다. 오페라 하우스 안에는 간식과 음료를 사먹을 수 있는 3개의 바Bar가 있다. 사전 예약제로 진행되는 단체 투어를 할 수 있다. 그랜드 오페라 하우스는 벨파스트의 Great Victoria Street역에 하차하여 동쪽으로 몇 블록을 걸어가면 나온다.

주소_ 2 Great Victoria St.
전화_ +44-28-9024-1919

알버트 메모리얼 시계탑
Albert Memorial Clock Tower

벨파스트Belfast의 역사와 전통에 없어서는 안 되는 부분으로, 과거에 기울어져 있기도 했다. 알베르트 기념 시계탑Albert Memorial Clock Tower은 벨파스트Belfast에서 가장 상징적인 건물 중 하나이다. 19세기에 만든 34m 높이로 솟아 있는 기념비에는 프랑스와 이탈리아의 고딕 양식이 혼합되어 있다. 시계 문자판이 부드러운 노란 빛깔로 빛나는 황혼녘에 붉은 하늘을 배경으로 탑의 실루엣이 가장 아름답다.

나무, 조각, 분수가 있는 매력적인 광장을 구성하고 있다. 퀸즈 광장Queens Square과 커스텀스 하우스 광장Customs House Square에서 책을 읽는 시민들을 볼 수 있다.

탑에 가까워지면 부벽과 사자상 등 밑 부분에 있는 고딕양식의 특징을 볼 수 있다. 최근 복구공사를 통해서 1992년에 폭탄 폭발로 벨파스트판 피사의 사탑으로 여겨졌던 완만하게 기울어졌던 탑을 바로잡았다. 탑의 서쪽에는 이타적인 행동으로 유명했던 빅토리아 여왕의 남편인 앨버트 공의 동상이 있다. 그는 기사도 정신과 명망이 높은 자에게 수여하는 영예인 가터 훈장의 외투를 걸치고 있다. 시계탑은 앨버트 공이 사망하고 4년 후인 1865년에 그를 기리기 위해 세워졌다.

알베르트 기념 시계탑은 벨파스트 중심부의 라간 강 서쪽에서 몇 블록 떨어진 곳에 있다.

주소_ Queen's Square
전화_ +44-28-9024-6609

세인트 앤 성당
Saint Anne Cathedral

세인트 앤 성당은 흥미로운 예술 작품, 매력적인 모자이크, 역사적 유물로 가득한 아일랜드의 보물이며 18세기 교회 건물을 대체하기 위해 1900년대 초에 세워졌다. 정문과 조각된 페디먼트로 교회의 정교한 파사드를 볼 수 있다.

건축물의 지붕에서 솟아올라 있으며 밤에는 성당 지구를 밝히는, 유명한 '희망의 첨탑'을 올려다볼 수 있다. 성당 지붕의 유리 천장을 통해 솟아오른 조명이 켜진 40m의 희망의 첨탑은 밤에도 잘 보이기 때문에 약속 장소로 정하면 좋다. 첨탑의 밑 부분을 아래에서 올려다 볼 수 있는 튼튼한 대형 회색 기둥과 아치를 눈여겨보자.

착한 사마리아인 이야기를 묘사하는 스테인드글라스 창의 성소는 원래 교회에서 보존된 유일한 부분으로 성 패트릭을 묘사한 모자이크를 볼 수 있다. 성령 예배당을 방문하면. 가장 훌륭한 부분은 15만 개가 넘는 조각으로 이루어진 성 마르티누스 수녀들의 이탈리아 유리 모자이크이다.

1907년에 만들어진 아일랜드에서 가장 큰 파이프 오르간 중 하나가 있다. 군사 기념비와 아일랜드의 통합론주의자 정치인인 에드워드 카슨의 지시에 의해 만들어졌다. 성당 지구는 벨파스트 중앙 도서관 같은 고요한 장소들이 있는 것으로 유명하다.

타이타닉 벨파스트
Titanic Belfast

1912년에 침몰한 영국 여객선이 탄생한 역사적인 장소를 찾아가서 그 비극적인 항해에 대해 알아보자.

타이타닉 벨파스트는 라간 강 근처의 스카이라인 위로 솟아 있는 반짝반짝 빛나는 빙산의 모습을 한 대형 전시 단지로 1912년에 사우샘프턴에서 뉴욕으로의 첫 항해 중에 침몰한 타이타닉 호에 대한 것이다. 1997년, 오스카상을 수상한 영화에 영감을 준 선박의 실제 이야기에 대해 알 수 있다. 오디오 가이드를 구입하면 박물관을 둘러보면서 타이타닉에 대해 이해할 수 있다.

타이타닉 벨파스트는 도심에서 북동쪽으로 2㎞ 떨어져 있는데, 라간 강 동쪽의 타이타닉 쿼터에 있다.

디스커버리(Discovery)
배가 설계된 사무실과 조선소를 둘러보면서 타이타닉 벨파스트 건물의 상징적인 디자인에 대해 알려준다.

타이타닉 익스피리언스
(Titanic Experiences)
20세기 초의 벨파스트(Belfast)와 타이타닉 출범에 대한 전시가 포함되어 있는 타이타닉 익스피리언스(Titanic Experiences)의 9가지 쌍방향 소통형 갤러리에는 선박 침몰 사건의 여파와 반향에 대한 짧은 영상을 관람하고 1900년대 초반의 조선 환경을 재현하는 쉽야드 라이드(Shipyard Ride)를 타본다. 타이타닉 호와 다른 선박, 올림픽 호가 조선된 슬립웨이(Slipway)가 둘러싸고 있다. 타이타닉 메모리얼 가든을 따라 걸으며 목숨을 잃은 1,500명 이상의 승객과 승무원을 기리는 데크(Deck)를 눈여겨보자. 수직 유리 패널 위의 희생자 명단을 보고 초대형 선박의 실제 크기를 보여주는 LED 스케치를 따라간다. 타이타닉 전시 센터, 타이타닉 조선소, 펌프하우스, 타이타닉 워킹 투어를 통한 침몰한 선박의 역사를 쉽게 알 수 있도록 구성되어 있다.

타이타닉 메모리얼 가든
(Memorial Garden)
불운의 배에서 목숨을 잃은 사람들을 추모하는 타이타닉 메모리얼 가든(Memorial Garden)의 근처에서 거대한 배는 건조되었다. 1912년 바다에서 일어난 참사의 희생자 1,500여 명의 명판이 있다. 시청 동쪽에 위치한 정원은 비극이 일어난 지 100주년이 된 2012년에 문을 열었다. 건물의 부지는 린넨 거래소의 무역단지였다. 건물은 2017년 여름까지 보수 공사가 진행되었다.

홈페이지_ www.titanicbelfast.com
주소_ Queens Road 1 Olympic Way
시간_ 10〜19시
요금_ 18€(5〜16세 10€)
전화_ +44-28-9076-6386

SS 노마딕
SS Nomadic

유일하게 남은 타이타닉 유람선 회사의 선박으로 역사의 현장으로 보존하고 있다. 타이타닉 벨파스트 입장권을 구입하면 무료로 관람이 가능하나 타이타닉 호 전시관이 더 흥미로울 것이다.
20세기 초에는 가장 큰 배였지만 지금 보는 배의 크기는 크지 않다. 내부도 화려한 유람선이라고 생각이 들지 않을 정도로 작지만 나무로 미감된 것을 보면 당시에는 화려했다는 사실을 인지할 수 있다. 타이타닉 벨파스트에서 걸어서 10분 정도면 도착할 수 있다.

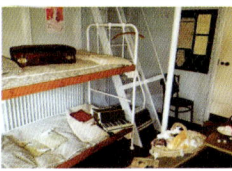

홈페이지_ www.nomadicbelfast.com
주소_ Hamiltion Dock Queens Road
시간_ 10~19시
요금_ 7€(5~16세 5€)
전화_ +44-28-9076-6386

벨파스트 성
Belfast Castle

수백 년의 역사를 자랑하는 이 고풍스러운 사암 성은 도시가 한 눈에 들어오는 전망 덕분에 벨파스트에서 가장 인기 높은 무료 관광 명소이다.

벨파스트의 상징인 벨파스트 성Belfast Castle은 시내 어디에서든 눈에 띈다. 벨파스트에서 가장 멋진 전망을 보고 싶다면 반드시 벨파스트 성에 들러야한다. 스코틀랜드 남작이 기거하던 정원을 거닐면서 지하 저장고에서 전통 아일랜드 식사를 맛보거나 케이브 언덕Cave Hill으로 하이킹을 떠나는 것도 좋다.

벨파스트 성은 시내에서 차로 10분 거리에 있는 벨파스트 외곽, 앤트림 로드에 위치해 있다. 버스를 이용할 수 있지만, 성문에서 건물까지 15분 정도 도보로 이동해야 한다.

간략한 벨파스트 성(Belfast Castle) 역사

수백 년의 세월 동안 벨파스트 성(Belfast Castle)은 3번 재건되었다. 최초의 벨파스트 성(Belfast Castle)은 노르만 양식의 12세기 건축물로, 현재의 시 중심지에 있는데, 1611년에 목재와 석재를 이용해 재건되었다. 100년이 지난 후 벨파스트 성(Belfast Castle)은 화재로 소실되었고, 1862년 3대 도네갈 후작이 케이브 언덕(Cave Hill) 사면에 완전히 새로운 성을 지었다. 이후 1934년 벨파스트에 시에 기증되었고, 1978~1988년까지 대대적인 보수 공사가 단행되었다.

벨파스트 성Belfast Castle에서 할 수 있는 4가지
1. 성 주변을 거닐다 보면 고유의 동식물을 발견할 수 있다.
2. 케이브 언덕 카운티 공원(Cave Hill County Park)의 하이킹 코스를 다녀올 수도 있다.
3. 성에서 벨파스트 시의 모습을 한눈에 감상하거나, 케이브 언덕 정상까지 하이킹한 다음 꼭대기에서 성의 모습을 내려다 볼 수 있다.
4. 성에는 아이들을 위한 놀이터도 마련되어 있다.

홈페이지_ www.belfastcastle.co.uk
주소_ Antrim Rd
전화_ +44-28-9077-6925

케이브 언덕 컨트리 공원
Cave Hill Country Park

공원의 이름은 절벽의 측면을 따라 있는 5개의 동굴에서 유래되었다. 19세기 성은 스코틀랜드 남작의 저택에 있을법한 모습이며 화려한 꽃 장식으로 둘러싸여 있다. 장엄한 건축물 안으로 들어가면 공원의 트레일과 식물에 대한 정보가 있는 관광 안내소가 있다.

케이브 언덕 컨트리 공원Cave Hill Country Park에는 놀이터, 고고학 유적지, 생태 산책로 등 다양한 볼거리가 있다. 가족 여행, 역사 탐방, 삼림욕, 휴가 등을 즐기러 온 사람들이 한 폭의 그림 같이 아름다운 공원에서 즐기는 장면을 보고, 미로 같은 루트를 통해 푸른 언덕 꼭대기까지 하이킹을 할 수 있다.

언덕 지대의 푸른 봉우리에서 북아일랜드의 풍경을 감상하고 아래쪽에 펼쳐져 있는 벨파스트 시의 아름다운 장면을 찍어볼 수 있다. 아이들과 함께 케이브 언덕 컨트리 공원Cave Hill Adventurous Playground에 있는 미끄럼틀과 화려한 정글짐을 찾아 즐기고 있는 가족들을 볼 수 있다. 이곳은 공원 남쪽, 벨파스트 성 뒤에 있는 숲에 있다.

성의 관광안내소에서 받은 지도를 가지고 오리엔티어링 코스를 따라갈 수 있다. 지도에는 각자의 페이스에 따라 도전할 수 있는 다양한 난이도의 루트가 표시되어 있어서 자신에 맞는 코스를 선택하면 된다. 케이브 힐 꼭대기에서 벨파스트와 아일랜드 해의 탁 트인 전망을 감상하고 프랑스 황제의 옆모습을 닮았다고 하는 바실리카 언덕을 찾아가면 된다.

주소_ Antrim Road **전화_** +44-7920-187643

세인트 조지 마켓
St. George's Market

19세기 말에 만들어진 세인트 조지 마켓은 오랫동안 벨파스트Belfast의 전통에 있어서 중요한 역할을 해왔다. 가판대를 장식하고 있는 신선한 현지 농산물과 수공예품들이 생기 넘치는 분위기를 자아낸다. 세인트 조지 마켓은 도심의 벨파스트 워터프론트 근처에 있어 시민들이 쉽게 찾는 시장으로 라간 강Ragan River에서 남서쪽으로 몇 블록 거리에 있으며, 벨파스트 시청에서 동쪽으로 걸어서 10분 거리에 있다.

노천 시장이 17세기부터 건물이 지어진 것은 1890년이다. 벨파스트Belfast의 비상 영안실로 사용되었던 제2차 세계대전 당시에는 수백 구의 시신들이 신원 확인 작업을 위해 운반되어 왔다. 1980년대에 파손된 후에 건물은 완전히 개조되었고 1997년에 다시 문을 열었다.

다른 많은 이벤트로 음식 축제, 예술 전시회, 콘서트 등에 딥 퍼플, 카다디안 같은 인기 아티스트들이 시장 건물 안에서 연

주를 했었다. 도시에서 가장 오래된 관광지인 시장에서 수공예품과 음식을 판매하는 가판대들을 둘러보고 라이브 이벤트를 즐겨보자.

> **금~일요일 이벤트**
>
> 3가지 주요 시장이 금요일에서 일요일까지 열리며 금요 시장과 토요 시장은 이른 오후에 문을 닫지만 일요 시장은 더 늦게까지 문을 연다.
>
> **금요일**
> 버라이어티 마켓은 신선한 음식을 판매하는 250여 개의 가판대가 매주 늘어서는 아침 시장이다. 생선 판매 구역이 특히 대규모이며 인상적이다.
>
> **토요일**
> 시티 푸드, 크래프트 & 가든 마켓이 열린다. 이곳에서 판매하는 세계 각국의 요리들로 미각을 자극할 수 있다. 시장에서는 라이브 재즈 공연, 플라멩코 공연을 관람하면서 식물, 꽃, 공예품을 구입할 수 있다.
>
> **일요일**
> 푸드, 크래프트 & 앤티크 마켓을 방문하면 다양한 예술 작품과 수공예품을 볼 수 있다. 향초, 장신구, 골동품, 기념품 등과 값싸고 질 좋은 의류를 찬찬히 둘러볼 수 있다.

주소_ May Street
영업시간_ 10~16시
전화_ +44-28-9024-6609

메트로폴리탄 아트 센터(MAC)
Metropolitan Art Centre

벽돌, 판유리, 현무암 탑이 혼합되어 있는 현대적인 디자인의 외관을 가진 메트로폴리탄 아트 센터(MAC)는 벨파스트에서 음악, 연극, 예술을 즐길 수 있는 중요한 장소로 북아일랜드의 현대 미술에서 중요한 역할을 하고 있다.

350석의 공연장과 120석의 작은 극장에서 연극을 감상하는 문화를 향유하도록 만들어진 문화공간이다. 또한 3개의 아트 갤러리에서 예술 전시를 볼 수 있다. 센터에는 입주 작가 스튜디오, 댄스 스튜디오, 상주 예술 단체를 위한 4개의 사무실과 리허설 공간 등 다른 방들도 있다. 아이들과 함께 즐길 수 있는 패밀리 룸에는 책, 장난감, 분장 상자가 있고, 아이들을 위한 스토리텔링 룸도 있다.

메트로폴리탄 아트 센터는 도심의 북쪽에 위치해 있으며 얼스터 대학교 캠퍼스 옆의 부이 파크와 세인트 앤 성당 사이에 있다.

영원한 존재(The Permanent Present)

유일한 고정 예술 전시품인(The Permanent Present)는 아일랜드 예술가 마크 게리는 살해 당한 10대를 추모하기 위해 다양한 색깔의 구리 와이어 400개로 작품을 만들었다. 이 작품은 폭력의 무의미함과 젊음의 열망을 강조하고 있다.

주소_ 10 Exchange Street West Cathedral Quarter
전화_ +44-28-9023-5053

세인트 말라키 교회
St. Malachy's Church

도시의 소음에서 벗어나, 고요한 공간에서 조용한 시간을 보내보고 라이브 음악이 연주되는 근처의 펍Pub에서 기네스 맥주를 즐길 수 있다. 세인트 말라키 교회St. Malachy's Church는 19세기의 튜더 양식의 건축물이다. 런던 웨스트민스터 수도원의 일부분을 닮은 정교한 부채꼴의 둥근 천장을 볼 수 있다. 제2차 세계대전 당시 독일의 공습 중에 한번은 근처에 떨어진 폭탄에 창문이 깨지기도 했지만 무사했다.

제단을 둘러싸고 있는 파란 모자이크 바닥을 감상하고 높은 제단, 설교단, 제단 난관 등의 대리석 장식을 살펴볼 수 있다. 원래 아일랜드 오크로 만들어졌지만 1920년대의 개조 공사 중에 교체되었다. 제단 밑의 펠리컨은 희생을 상징하며 스테인드글라스 창은 성경 속 이야기를 담고 있다.

본당을 장식하고 있는 다양한 조각상을 감상하고 벽에 늘어서 있는 예술 작품을 살펴본 후, 꽃 장식을 보면 고요한 교회에 색을 더하는 느낌을 받는다. 교회의 하이라이트는 매혹적인 부채꼴의 둥근 천장이다. 신도자리에 앉아 거미줄처럼 복잡하게 얽혀있는 하얀 천장 디자인을 살펴보자. 황금빛 조명이 밝혀지는 밤에 교회의 모습을 사진에 담는 관광객이 많다.

세인트 말라키 교회는 벨파스트의 중심부에 있어 걸어서 이동할 수 있다.

주소_ 24 Alfred Street
전화_ +44-28-9032-1713

 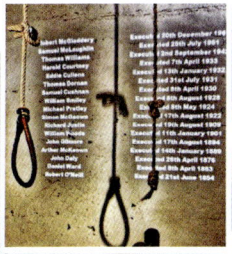    

크럼린 로드 교도소
Crumlin Road Gaol

벨파스트 최대의 교도소인 이곳은 151년의 긴 역사 동안 남녀노소 포함 25,000명이 넘는 범죄자들이 수감되었다. 총 17건의 사형이 이루어졌으며, 교도소 내의 이름 없는 묘에는 15구의 시체가 묻혀 있다. 1996년 폐쇄된 후 10여 년 간 방치되다 2012년에 보수 공사가 완료되었다. 1800년대의 원형이 그대로 재현되어, 벨파스트 시에서 가장 인기 있는 관광지로 손꼽힌다.

교도소에서 구 법원으로 이어지는 지하 터널과 교도소장실, 정신병원처럼 꾸며놓은 교도소 내 병원까지 구석구석을 둘러볼 수 있다. 수감자 묘 근처의 벽에는 사형 당한 이들의 이름 이니셜과 사형 집행일이 표시되어 있다. 사형 집행장에서 실제 교수형에 사용된 올가미와 사망을 확인하기 전까지 사형수를 매달아 놓았던 장소도 보게 된다.

유령투어
소문에 따르면 유령이 살고 있다고 한다. 유령에 겁을 먹게 될지 아닐지 궁금하다면, 해가 진 뒤 초자연 현상을 볼 수 있는 초자연 현상 투어에 참여해 보자. 성인을 대상으로 하는 투어로, 매일 저녁 진지한 분위기 속에서 유령 사냥을 떠난다. 역사적인 교도소에서 수용실과 사형 집행실을 둘러보다가 유령을 만나게 될지도 모른다. 아일랜드의 악명 높은 범죄자들이 사형에 처해진 교수대를 구경하는 유령 투어에 참여하여 끝내 이곳을 벗어나지 못한 이들을 만나는 시간을 갖는다. 매일 진행되는 투어는 1시간 정도 소요되는 데, 의외로 인기가 높아 예약은 필수이다.

홈페이지_ www.krumlin-belfast.com
주소_ Crumlin Road
시간_ 9시 30분~17시 30분
전화_ +44-28-9074-1500

스토몬트 국회의사당
Stormont Parliament Buildings

'언덕 위의 집'이라 알려진 스토몬트 국회의사당Stormont Parliament Buildings의 흰색 건물은 북아일랜드 의회정치의 중심으로서, 과거 분단 국가였던 북아일랜드의 승리를 상징하는 곳이다.

영국 연방에 속해있지만 자치정부로 새롭게 수립된 북아일랜드 정부의 중심 역할을 하기 위해 건축된 스토몬트 국회의사당Stormont Parliament Buildings은 1932년부터 공식적으로 사용되기 시작했다. 북아일랜드 의회는 1998년, '북아일랜드 분쟁'이라 불리던 시기의 종식을 선언하고, 지금까지 이곳에서 국정을 논의해 왔다.

국회의사당Stormont Parliament Buildings 건물은 역사와 정치에 관심 있는 관광객에게 인기가 있지만, 모두가 즐길 수 있는 공원인 스토몬트 에스테이트Stormont Estate도 인기가 높다. 국회의사당 건물로 향하는 프린스 오브 웨일즈 애비뉴 거리를 따라 양 옆으로 줄지어 서있는 라임나무 사이를 '로열 마일'이라고도 부른다.

밖으로 나가면 오른쪽의 동상과 석상, 왼쪽의 그림 같은 스토몬트 성Stormont Castle이 감탄을 자아낸다. 화단과 잔디, 숲의 아름다움 속에서 가족과 함께 소풍을 즐기고 산책로를 거닐거나 어린이 놀이공원에서 아이들과 함께 즐거운 시간을 보내는 가족들을 볼 수 있다.

스토몬트 국회의사당은 시내 중심에서 동쪽으로 8㎞(5마일) 정도 떨어져 있으며, 차와 버스로 갈 수 있다. 스토몬트 에스테이트 외부에 주차하거나, 버스에서 하차한 뒤 걸어 들어가야 한다.

가이드 투어

북아일랜드 인에게 상징적인 의미를 지니는 스토몬트 국회의사당(Stormont Parliament Buildings)은 가이드 투어를 진행하고 있다. 투어가 끝나면 정원을 거닐거나 국회의사당 부지이자 공원으로 사용되는 넓은 잔디밭에서 휴식을 취한다. 주 2회 하원 의원들의 회의를 실시간으로 참관할 수 있다.

주소_ Stormont Upper Newtownards Road
시간_ 9~16시(월~금요일)
전화_ +44-28-9052-1001

평화의 벽
Stormont Parliament Buildings

아일랜드는 분단국가로 북아일랜드는 영국령이고, 남부의 아일랜드는 1922년에 독립하였다. 북아일랜드의 수도인 벨파스트에는 분쟁 지역이 있는데 바로 샨킬Shankill과 폴스Paul's 로드이다. 샨킬 로드 Shankill Road에는 영국에서 이주해온 신교도가 거주하고 폴스 로드Falls Road에는 아일랜드 인 구교도가 대부분 거주한다.

구교도 인들은 영국의 잔혹한 통치에 대해 고발하는 벽화를 그리고 신교도 인들은 테러단체인 아일랜드 공화국(IRA)의 만행을 벽화로 그렸다. 평화협정 후 정치적인 안정으로 분쟁도 거의 사라졌다. 지금은 역사의 현장으로 소개되면서 평화의 벽Peace Wall이라는 관광명소가 되었다. 인상적인 벽화들이 연속해 그려져 있는데 독립을 포함한 다양한 주제를 가진 벽화들이다. 수준 높은 그림벽화에서 사진을 찍기에도, 메시지를 생각해보기에도 좋다. 시내에서 떨어져 있어 버스를 타고 돌아와야 하지만 가치가 있는 장소이다.

주소_ Cupar Way **전화_** +44-78-0891-2543

London Derry
런던데리

런던데리는 북아일랜드에서 2번째로 큰 도시로서, 현지인들은 보통 데리Derry로 부른다. 이 지역은 겨울에 시원하고 비가 자주 오며, 여름은 온화하고 따뜻하다. 북아일랜드의 북서쪽 모서리에 위치한 데리Derry는 아일랜드와의 경계에서 10km 정도 떨어져 있다. 벨파스트에서 차로 약 90분 달리면 데리Derry에 이르게 된다. 런던데리는 수백 년간 이어진 사회적 분열에 관해 이야기해주는 살아있는 박물관이다.

잘 보존된 성벽을 지나면 나오는 현대적인 도시는 북아일랜드 분쟁으로 인해 수십 년 동안 나뉘어 있던 곳이다. 성벽의

도시 런던데리는 1900년대 후반 아일랜드를 분열시킨 북아일랜드 분쟁의 기원지로 여겨지고 있다. 지금은 아름답게 꾸며진 거리를 거닐며 세계대전, 시민권 운동, 북아일랜드 분쟁 등을 기리는 여러 동상과 벽화들을 살펴볼 수 있다.

둘레길이가 1.6㎞인 잘 보존된 17세기 데리 성벽Derry City Wall은 한 번도 공격으로 부서지지 않았다. 성벽을 돌면서 대포와 전망대를 구경하고 중심점에 위치한 다이아몬드에서 4개의 원래 성문을 모두 볼 수 있다. 데리Derry의 에드워드 왕조, 조지 왕조, 빅토리아 왕조 양식의 건물을 모두 볼 수 있는 곳이다.

다른 스타일의 건축물을 보려면 신 고딕 양식의 길드홀The Guildhall에 가면 된다. 광장에서 건물의 화려한 외관을 보고 아일랜드 역사에 대한 전시도 둘러보고 웅장한 계단도 직접 올라가 보자.

프리데이박물관

블러디 선데이 추모비

데리Derry의 복잡한 역사를 이해하기에 가장 좋은 곳은 성벽에서 북서쪽에 자리한 프리 데리 박물관Derry Museum과 블러디 선데이Blood Sunday 추모비이다. 이 박물관은 정치적 그림과 추모비로 가득하다.
북아일랜드 분쟁의 대표적인 사건으로 상징되는 보그사이드 전투Bogueside War와 블러디 선데이의 여러 사진과 유물을 살펴볼 수 있다. 1969~1972년 프리 데리를 자치 지역으로 소개한 프리 데리 코너 벽화Free Derry를 사진으로 담을 수 있다.
세인트 컬럼 대성당St. Column Cathedral에서 아름다운 예술품을 볼 수 있고 리버 포일을 가로지르는 구불거리의 평화의 다리 Peace Bridge는 통합론주의자들과 독립주의자들 간의 화해를 상징한다. 부티크와 카페가 즐비한 상업 지구에는 포일사이드 쇼핑센터와 리치몬드 센터가 있다.

Giants Causeway

북부 | 자이언트 코즈웨이

Giants Causeway

1986년에 유네스코 세계자연유산으로 지정된 북아일랜드의 유일한 세계유산으로 국가소유 National Trust로 북아일랜드 수도인 벨파스트나 아일랜드의 더블린에서 1일 투어로 다녀올 수 있다. 주상절리는 지질시대, 제 3기인 5~6천만 년 전 용암이 분출하여 바다로 흘러나갈 때 생성된 것으로 추정하고 있다.

까마득히 오래 전 화산 활동으로 이루어진 암석인 자이언츠 코즈웨이 Giants Causeway는 북아일랜드의 수많은 자연 명소 중 가장 인기가 많은 곳이다. 기이한 암석을 구경하고 절벽에 올라 전망을 즐기는 즐거운 시간이 될 것이다. 북아일랜드 해안의 세계문화유산으로 지정돼 있는 자이언츠 코즈웨이 Giants Causeway는 5~6천만 년 전에 화산 활동으로 생성된 4만여 개의 현무암 기둥으로 이루어진 독특한 암석이다. 아일랜드 전설에 따르면 거인인 핀 맥쿨 Pinn Macool이 적을 물리치기 위해 자이언츠 코즈웨이 Giants Causeway를 만들었다고 한다.

자이언츠 코즈웨이 Giants Causeway를 자세히 살펴보면 주민들이 어느 부분을 보고 거인을 떠올렸는지 알 수 있다. 소원을 들어주는 의자 Wishing Chair, 오르간 Organ, 거인의 신발 Giant's Boot을 직접 확인하고 오래된 현무암 기둥에 올라 아름다운 바다를 풍경으로 주옥같은 사진을 찍어보자. 구멍이 뽕뽕 뚫려 있어 걷기에 어렵지 않다.

자이언트 코즈웨이 Giants Causeway에는 다양한 희귀식물도 볼 수 있어, 자연 애호가들이 이곳을 즐겨 찾는다. 또한 아일랜드 고유의 바닷새와 가마우지와 슴새, 가위제비갈매기들이 물고기를 찾는 해안선을 걸어보고 가을에는 바다표범이 새끼를 낳기 위해 해변으로 몰려드는 장면도 볼 수 있다.

방문자 센터에서 지역의 역사와 전해 내려오는 흥미로운 전설, 북아일랜드 고유의 동식물에 대해 알아볼 수 있으므로 사전에 방문해서 알고 출발하는 것이 좋다.

자이언트 코즈웨이(Giants Causeway)

핀 맥쿨(Fin MacCool)이라는 거인이 바다 건너에 보이는 스코틀랜드의 스태퍼 섬으로 건너가기 위하여 만든 '거인의 둑길'이라는 뜻에서 붙여진 이름이다. 약 4만 개의 검은색 현무암 기둥이 바다에서 솟아나와 있는데 바다에 접해 있는 파도가 넘나드는 부분과 주상절리가 파도보다 높이 솟은 삼각형 모양은 압권이다. 자이언트 코즈웨이의 주상절리와 다른 지역의 주상절리를 비교하는 것은 불가능할 정도로 많은 육각형의 검은 기둥이 넘실대면서 장관을 연출한다.

비교 금지!
아이슬란드에도 주상절리가 있고 아르메니아에도 육상의 주상절리 파도가 있지만 바다와 접해 있는 수많은 주상절리 중 멋진 장면을 보여주는 장소는 이곳이 유일하다. 파도와 접한 주상절리에서 안으로 갈수록 높아지는 주상절리가 계단처럼 층을 이루며 올라가기 때문에 웅장한 풍경이 펼쳐진다.

▶전화: +44 28 2073 3419
▶홈페이지: www.northantrim.com/giantscauseway.htm

자이언트 코즈웨이 투어 순서

1. 앤트림 해안도로(Antrim Coast Road)

북아일랜드 앤트림Antrim의 북쪽 해안 포트러쉬Portrush에 위치한 아름다운 해변에서 다양한 모습의 장관을 볼 수 있다. 하얗게 이어진 해안절벽인 화이트 락White Rocks이 연출하는 아치모양의 모습이 가장 유명하다. 허물어진 던세버릭Dunseverick Cartle 옆으로 코끼리 형상의 화이트 락White Rocks이 성을 지켜온 것 같기도 하다.

화이트 락

2. 던세버릭 성(Dunseverick Cartle)

던세버릭 성Dunseverick Cartle은 북아일랜드 카운티 앤트림 북쪽 해안의 작은 마을로 자이언트 코즈웨이Giants Causeway에서 5km정도 떨어져 있다. 이 성은 잉글랜드의 크롬웰 군대가 아일랜드 왕조 중 한 가문인 타라 왕조를 던세버릭Dunseverick에서 멸망시키고 점령하였다가 1650년 파괴하고 철수하였다. 탑 부분은 1978년 바다 속으로 무너져 버렸고, 지금은 문 부분Gatelodge만이 유일하게 남아 있다. 던세버릭 성은 아일랜드 역사의 열쇠가 되는 중요한 고대 유적지로 알려져 있다.

3. 케릭 어 리드 로프 다리(Carrick-a-Rede Bridge)

캐릭 섬으로 건너가는 로프로 된 다리는 출렁다리로 유명하다. 어부들이 연어 그물을 치고나서 다리를 건너 확인하기 위해 깊이 30m, 너비 20m의 틈에 세운 줄로 된 다리이다. 2004년부터 자이언트 코즈웨이와 함께 관광을 위해 보수를 하고 개장하였다.

▶ 입장료 : 5.09£ (3~10월)
▶ 홈페이지 : www.nationaltrust.org.uk/carrick-a-rede

4. 자이언트 코즈웨이(Giants Causeway)

시간이 많지 않거나 다리가 불편하다면 셔틀버스나 자전거로 갈 수도 있지만 걸어서 볼 것을 추천한다. 관광안내소의 오른쪽으로 돌아서 내려가면 도로가 나오고 그 도로를 오른쪽으로 돌면서부터 주상절리가 펼쳐진다. 트레킹 코스가 정비되어 걸어서 직접 올라가야 주상절리의 장관을 느낄 수 있다.

▶ 입장료 : 10£ (09~19시)

5. 던루스 성(Dunluce Castle)

파도가 오랜 세월 깎은 흔적이 있는 절벽 위에 세워진 던루스 성Dunluce Castle은 자이언트 코즈웨이Dunseverick Cartle를 보고 나서 조금만 북쪽으로 이동하면 나온다. 해안 절벽 위에 우뚝 서 있는 중세시대의 성은 절벽 위에 세워져 있어 장관이다. 루이스CS Lewis 작가의 소설을 영화화한 〈나니아 연대기The Cheonicles Of Narnia〉에 나오는 성인 '케어 패러벨Cair Paravel 성'의 모티브가 되어 유명하다.

▶ 홈페이지 : https://discovernorthernireland.com

6. 올드 부쉬밀 양조장(The Old Bushmills Distillery)

스코틀랜드가 위스키의 본고장이라고 알고 있는 사람들이 많을 테지만 북아일랜드 북쪽 앤트림 주에 있는 부쉬밀 양조장The Old Bushmills Distillery Co LTD이 위스키 역사의 시작이다. 1608년에 설립되어 400년이 넘는 시간동안 몰트위스키를 고집하고 있다.

몰트 위스키

토탄(Peat)은 비가 오면 땅속으로 스며든 빗물이 토탄층을 통과하며 청정수로 걸러지면서 토탄향이 물속에 녹아든다. 토탄물로 위스키를 제조하기 때문에 부쉬밀(Bushmill)에는 토탄향이 진하게 배어난다. 북아일랜드의 토탄은 세계 최고로 치기에 북아일랜드의 위스키, 부쉬밀은 세 번 증류하여(스코틀랜드 스카치위스키는 2번 증류) 위스키 맛이 상대적으로 부드럽게 느껴진다.

위스키

위스키는 맥주나 와인처럼 우리가 쉽게 마실 수 있는 술은 아니다. 하지만 유럽의 스코틀랜드에 왔다면 결코 빼놓지 말고 마셔봐야 할 술이다. 우리가 흔히 위스키나 브랜디, 진 등 값나가는 서양의 술들은 그냥 통칭하여 '양주'라고 부르지만 다른 술이다. 위스키는 맥주와 와인 등과 다른 증류주이다. 맥주와 같이 곡물을 원료로 한  양조주를 다시 증류하면 위스키나 보드카, 진 등이 되고 포도로 만든 와인을 다시 증류하면 브랜드가 되는 것이다.

증류는 맥주와 와인 등 양조주(발효주)를 가열하면 증발하여 나오는 기체를 모아 적절한 방법으로 냉각시키면 본래의 양조주보다 알코올 농도가 훨씬 높은 액체를 얻게 되는데, 이러한 과정을 통해 얻은 술을 '증류주'라고 한다. 그러므로 포도가 많이 나는 지방에서는 와인을 증류하여 브랜드를 만들고 곡류가 풍부한 지방에서는 위스키나 보드카, 진 등을 만들고, 사탕수수가 많은 곳에서는 럼주를 생산한다. 곡물을 발효시킨 양조주를 증류하면 무색 투명한 술을 얻게 되는데 이것을 나무통에 넣어서 오랜 기간 동안 숙성시킨 것이 위스키이다.

숙성 기간 중 나무 통의 성분이 우러나와서 술은 호박색으로 변하고 동시에 향도 좋아져서 맛있는 술로 변한다. 똑같은 증류주라고 할지라도 보드카나 진처럼 나무 통의 숙성 과정이 있으면 위스키라고 할 수 없다. 위스키 제조에서는 나무통도 중요한 재료가 된다.
위스키는 원래의 향취보다 나무통의 영향을 더 많이 받는다. 숙성된 민감한 술이라 최소 3년 이상 숙성시켜야만 위스키라는 이름을 붙일 수 있다. 위스키는 세계 곳곳에서 만들어지고 있지만 그 중에서도 스코틀랜드에서 만들어지는 '스카치 위스키'가 위스키를 대표한다.

위스키의 탄생과 발전

18세기, 산업혁명이 영국에서 일어나면서 영국은 해가 지지 않는 나라가 되면서 웨일스, 아일랜드, 스코틀랜드를 합병시켜 대영제국으로 태어났다. 합병된 스코틀랜드에 영국식의 세금부과 방식이 적용되면서 맥아세가 생겨나고 세금이 많이 오르기 시작하였다.
스코틀랜드 서민들은 그 동안 마시던 술에 세금을 많이 부과하였지만 위스키를 마시지 않을 수 없었다. 정부 단속의 눈을 피해 하이랜드 산간 지방에 숨어서 밀주를 만들기 시작했다. 하지만 이들은 증류시킬 연료가 부족해 석탄의 한 종류인 피트(무연탄보다 지이 낮은 석탄)를 대신 사용하였고, 용기의 사용도 쉽지 않아 와인을 담았던 오크통을 사용해 밀주를 저장하였다. 술의 판매도 정부의 통제를 피해 산속의 작은 집에 숨겨 놓아 오랜 시간을 저장하게 되었다.

나중에 밀매를 하기 위해 열어 보니 원래 무색이었던 술이 맑은 갈색을 띠고 코끝을 감도는 짙은 향기를 내는 맛좋은 술로 변해 있었다. 더구나 맛과 풍미 또한 이전보다 훨씬 뛰어났다.

결국 궁여지책으로 숙성이라는 공정이 만들어져 위스키 풍미 향상에 기여하여 오늘날 최고의 위스키로 통하는 스카치 위스키를 탄생시킨 것이다.

그 후에 진하고 독한 몰트 위스키와 밀과 귀리 등을 발효시켜 만든 그레인 위스키로 혼합하는 기술이 발달하면서 스카치 위스키는 영국은 물론 전세계적으로 이름을 알리게 되었다. 이때부터 스카치 위스키는 피트를 이용해 만들고 나무통에서 장기간 숙성하는 전통을 가지게 되었다. 지금은 스카치 위스키의 메이커만도 3천여 개가 넘고 가업을 이어받은 양조장이 늘어나면서 독특하고 전통 있는 위스키로 명성을 지켜 나가고 있다.

위스키의 종류
조니워커(Johnnie Walker)
우리나라에도 잘 알려진 스카치 위스키로 1820년, 농민 출신인 존 워커가 마을의 조그마한 잡화점을 인수하여 술을 판매하면서 시작되었다. 1908년, 그의 손자인 알렉산더 워커가 할아버지의 애칭을 새로운 위스키의 이름으로 사용하였고,

미술가에게 의뢰하여 신제품에 마크를 정해 넣었다. 실크 모자를 비스듬히 쓰고 지팡이를 든채 당당하게 걷는 멋쟁이 신사의 그림은 쾌활하면서도 의젓한 사업가의 모습으로 받아들여져 전 세계 사업가들의 애주가 되었다. 조니워커 위스키는 레드 레이블과 블랙 레이블 올드 하모니 등 3가지가 있는데, 그 중 레드 레이블은 스카치 위스키 중에서 가장 많이 팔리는 스카치 위스키의 표본으로 되어 있다.

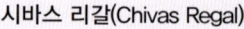

시바스 리갈(Chivas Regal)
시바스 가문의 왕이라는 뜻의 술로 '스카치 위스키의 왕자'라는 평을 받고 있는 술이다. 시바스 리갈의 고급 위스키인 로열 살루트^{Rogal Salute}는 현 영국 여왕 엘리자베스 2세가 즉위한 1952년에 발매한 한정판 술이다.

국왕을 영접할 때 쓰는 예포라는 뜻의 로열 살루트는 21발이 울리는 것을 기념하여 21년 동안 숙성한 위스키를 도자기로 된 병에 넣어 판매하고 있다.

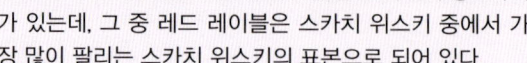

패스포트(Passport)
1968년에 발매한 위스키로 고대 로마의 통행증을 본떠 디자인한 명주이다.

썸씽 스페셜(Something Special)
영국 왕실에 납품하는 위스키로 우리에게도 친숙하다.

발렌타인(Ballantine's)
1827년, 조지 발렌타인이 에든버러에 세운 식료품가게에서 시작해 위스키를 판매하면서 번창하기 시작했다. 숙성기간에 따라 12, 17, 30년 등이 있다. 유럽에서 항상 상위에 랭크되는 판매량을 자랑한다.

스카치위스키 헤리테지 센터
스코틀랜드의 스카치위스키 제조 과정을 체험할 수 있는 장소로 에든버러 성으로 가는 마지막 부분에 위치해 있다. 익살스럽게 만든 스카치위스키를 담는 술통 모양의 트레일러 차를 타고 스카치위스키 제조 과정을 체험할 수 있다. 각 마을로 떠나는 위스키 투어에 대한 정보도 제공한다.

▶ Open : 10~17(6~8월 : 9시30분~17시30분)
▶ 요금 : 9£

왕좌의 게임 지도

① 쿠센던 동굴 / Csendun Cave
② 앤 트림 해안도로 / Antrim Coast Road
③ 래리베인 / Larrybane
④ 케릭 어 리드 로프 다리 / Carrick-a-Rede Rope Bridge
⑤ 자이언츠 코즈웨이 / Giants Causeway
⑥ 던루스 성 / Dunluce Castle
⑦ 다크 헤지스 / The Dark Hedges

아일랜드 음악

아일랜드는 악기(하프)를 국가의 상징으로 삼고 있는 세계에서 유일한 나라이다. 음악을 지극히 사랑하는 아일랜드에서도 음악의 진수는 역시 전통음악이다. 아일랜드의 전통음악은 민속학자들이 '민속음악FolkMusic'이라고 부르는 것으로, 민중들을 위해 민중들이 만든, 비전문적인 입에서 입으로 전수되는 레퍼토리를 의미한다.

기악 음악은 하프, 이일리언 파이프uilleannpipe(백파이프의 일종), 피들(바이올린), 플루트, 페니 휘슬('틴 휘슬'과 동일함), 만돌린, 밴조banjo, 보드란, 멜로디언melodeon("버튼 아코디언'이라고도 함) 등과 같은 아일랜드 전통악기로 연주되는 음악을 의미한다. 아일랜드의 전통음악이라고 말할 때에는 단지 노래나 기악 음악만을 말하는 것이 아니라 춤과 이야기까지도 함께 아우르는 종합예술을 의미한다. 아일랜드 전통음악의 기원은 18세기로 거슬러 올라간다. 대략 서기 1700년까지 하프는 아일랜드 음악에서 가장 중요한 악기였다. 최초의 아일랜드 음악은 음유 시인들bards이 금속 줄로 된 하프 음악에 맞춰서 불렀던 노래에서 유래되었다. 17세기까지는 그 어떤 음악도 기록으로 남아 있는 것이 별로 없다.

오늘날 아일랜드의 전통음악은 17~19세기보다 더 널리 유행하고 있다. 그러나 1695년부터 효력이 발효된 '형법'은 아일랜드의 문화, 그중에서도 특히 춤과 음악에 치명적인 영향을 미쳤다. 영국인들의 문화 말살 정책으로 인해 모든 예술 활동이 지하로 숨어들었기 때문이다. 아일랜드의 음악에서 느낄 수 있는 분위기는 이러한 역사적인 사건과 관련이 있다.

아일랜드의 음악은 전 세계적인 음악의 흐름에 동참하면서 대중음악으로 자리를 잡기 시작했다. 1960년대 이래로 아일랜드의 음악가들이나 그룹들은 영국이나 미국에서 들여온 음악에 아일랜드의 전통음악과 자신들의 독창적인 아이디어를 더해 하이브리드hybrid 음악을 양산해 냈다. 1950년대부터 1960년대까지 아일랜드의 대중음악은 '쇼 밴드show band'가 주도했다. 이 밴드는 로큰롤 히트 곡rock-and-roll hits과 컨트리country-and-western 음악의 연주뿐만 아니라, 독창적인 곡과 전통적인 곡을 뒤섞어 공연함으로써 전국에 있는 공연장을 관중들로 가득 메웠다.

1960년대 후반에는 밴 모리슨, 로리 갤라허RoryGallagher, 필 린노트Phil Lynnott가 혜성처럼 등장해 록 음악계를 뒤흔들었다. 특히, 벨파스트 출신의 밴 모리슨은 그룹 "뎀Them'의 리드 싱어로 활동하면서 '애스트럴 윅스Astral Weeks, 문댄스Moon-dance'라는 히트 앨범을 냈다. 또한 록 밴드인 U2는 아일랜드의 가장 큰 음악 수출품이다. 1978년에 더블린 교외에서 보노Bono, 디 에지The Edge, 아담 클레이턴Adam Clayton, 래리 멀렌 2세Larry MullenJr.가 '하이프The Hype'라는 그룹을 만들었는데, 이것이 나중에 U2로 널리 알려졌다.

조대현

63개국, 298개 도시 이상을 여행하면서 강의와 여행 컨설팅, 잡지 등의 칼럼을 쓰고 있다. KBC 토크 콘서트 화통, MBC TV 특강 2회 출연(새로운 나를 찾아가는 여행, 자녀와 함께 하는 여행)과 꽃보다 청춘 아이슬란드에 아이슬란드 링로드가 나오면서 인기를 얻었고, 다양한 여행 강의로 인기를 높이고 있으며 '해시태그트래블' 여행시리즈를 집필하고 있다. 저서로 블라디보스토크, 크로아티아, 모로코, 나트랑, 푸꾸옥, 아이슬란드, 가고시마, 몰타, 오스트리아, 족자카르타 등이 출간되었고 북유럽, 독일, 이탈리아 등이 발간될 예정이다.

폴라 http://naver.me/xPEdID2t

아일랜드

인쇄 l 2024년 6월 19일
발행 l 2024년 7월 14일

글 l 조대현
사진 l 조대현
펴낸곳 l 해시태그출판사
편집·교정 l 박수미
디자인 l 서희정

주소 l 서울시 강서구 허준로 175
이메일 l mlove9@naver.com

979-11-93839-44-7(03920)

- 가격은 뒤표지에 있습니다.
- 이 저작물의 무단전재와 무단복제를 금합니다.
- 파본은 구입하신 서점에서 교환해드립니다.

※ 일러두기 : 본 도서의 지명은 현지인의 발음에 의거하여 표기하였습니다.